风起南沙

全球溯源中心标准体系

中共广州南沙经济技术开发区工作委员会
政　策　研　究　和　创　新　办　公　室　组织编写

谢　伟　主　编
刘家君　徐于棋　副主编

中国财富出版社有限公司

图书在版编目（CIP）数据

风起南沙：全球溯源中心标准体系／中共广州南沙经济技术开发区工作委员会政策研究和创新办公室组织编写；谢伟主编；刘家君，徐于棋副主编.—北京：中国财富出版社有限公司，2023.3

ISBN 978－7－5047－7826－0

Ⅰ.①风…　Ⅱ.①中…　②谢…　③刘…　④徐…　Ⅲ.①信息经济－基础设施建设－中国　Ⅳ.①F492.3

中国版本图书馆CIP数据核字（2022）第248756号

策划编辑	王　靖	**责任编辑**	白　昕　王新月	**版权编辑**	李　洋
责任印制	尚立业	**责任校对**	杨小静	**责任发行**	敬　东

出版发行	中国财富出版社有限公司		
社　　址	北京市丰台区南四环西路188号5区20楼	**邮政编码**	100070
电　　话	010－52227588转2098（发行部） 010－52227566（24小时读者服务）		010－52227588转321（总编室） 010－52227588转305（质检部）
网　　址	http：//www.cfpress.com.cn	**排　　版**	宝蕾元
经　　销	新华书店	**印　　刷**	宝蕾元仁浩（天津）印刷有限公司
书　　号	ISBN 978－7－5047－7826－0/F·3524		
开　　本	710mm×1000mm　1/16	**版　　次**	2023年3月第1版
印　　张	27.5	**印　　次**	2023年3月第1次印刷
字　　数	494千字	**定　　价**	128.00元

序 言

南沙，地处全球经济最活跃地区之一的粤港澳大湾区地理几何中心，近年来先后被赋予广东省唯一的国家新区、广东自贸区最大片区、粤港澳全面合作示范区等战略使命，成为中国改革开放“前沿中的前沿、窗口中的窗口”，呈现出高质量发展的蓬勃态势。2022 年 6 月，国家出台了《广州南沙深化面向世界的粤港澳全面合作总体方案》，要求南沙打造立足湾区、协同港澳、面向世界的重大战略性平台，标注了南沙新的历史方位和奋斗坐标，将南沙改革开放推向前所未有的高度。南沙牢记使命任务，不断深化以“规则和标准”为核心的制度型开放，打造高水平对外开放门户，更好地服务于构建以国内大循环为主体、国内国际双循环相互促进的新发展格局。

中共二十大擘画了全面建设社会主义现代化国家、实现第二个百年奋斗目标的宏伟蓝图，作出加快建设数字中国、贸易强国的重要部署。习近平总书记强调，要不断做强做优做大我国数字经济。数字经济具有高创新性、强渗透性、广覆盖性，加快发展数字经济、促进数字经济和实体经济深度融合，是助推中国式现代化的重要战略选择。南沙敢为人先、勇于担当，在全国率先打造数字经济公共基础设施——全球溯源中心，以商品数据为切入点、以“物”到“数”的转化为目标，实现商品信息向数据生产要素的转化，并探索构建全新的数据生产关系，为数字经济发展和数据基本制度建设提供“南沙方案”。南沙在规则衔接上攻坚突破，用标准贯穿产业链各环节，打通目前规则限制，促进数据要素流动，坚持推动“标准共识、规则共识、价值共识”，深化全球溯源中心的理论构建和服务实践，打造数字贸易创新发展新生态，从开放的参与者到开放的发起者，从规则的参与者到规则的倡导者，让“有形”的商品货物买卖全球、“无形”的规则畅通流转，为社会经济高质量发展提供新动能。

2023 年 3 月

前　言

全球溯源中心是广州南沙在全国首创的具有全自主知识产权的制度创新成果，是以全球溯源体系理论规则为基础，服务于区域数字治理、数字产业化和产业数字化的数字经济公共基础设施。全球溯源中心秉持“共建共享、真实安全、开放便利”的原则，由地方政府主导建设、监管部门共建共用、社会组织共同参与，是集规则、标准、技术、工具于一体的数字经济集成创新，包含规则标准、公共技术、运营团队和标准化运营场所。全球溯源中心基于“开放、协同、确权、自治”的数字治理规则，面向社会全面开放，支持全球互联互通、共建共享、共治共用。

自 2015 年在南沙上线以来，全球溯源中心的应用已涵盖一般贸易、跨境电商、市场采购出口等全贸易方式，全球累计 15039 家企业参与溯源，涉及商品品牌 8716 个，累计赋码 1.09 亿个，溯源商品货值达 607 亿美元，约 1692 万人次进行溯源查询。目前，南沙已与山东青岛、海南洋浦、福建厦门等地达成全球溯源中心共建意向。

为便利各参与方全面理解全球溯源中心理论体系，共同遵守统一的规则，发挥标准的基础性、规范性、引领性作用，我们构建了完整的标准体系。全球溯源中心标准化以理论为基石循序渐进推进，包含三个维度：从理论标准化到中心服务标准化，再到应用标准化。本书基于三个维度的标准化成果，对标准体系框架和标准进行了梳理和汇编。其中“理论标准化”方面，基于全球溯源体系理论规则构建了全球溯源体系标准体系，旨在通过对全球溯源体系运行的底层规则进行标准化，完成理论到标准化的转型，由总体标准体系、共建标准体系、信息化标准体系和溯源中心运营标准体系四个子体系组成；“中心服务标准化”方面，聚焦全球溯源中心服务和管理，构建了全球溯源中心服务标准体系，旨在提升全球溯源中心公共服务效能，其由通用基础标准体系、服务保障标准体系、服务提供标准体系三大子体系组成；“应用标准化”还需持续完善，在本书中先行编入全球溯源体系在新型离岸国际贸易领域的应用标准，以便向读者完整展示全球溯源中心的标准化架构。全球溯源中心标准化建设仍在持续推进，未来，我们将争取创造更多的成果，与读者分享。

本书以“标准”的方式向读者阐明南沙在数字经济发展及数字治理领域的“自贸经验”。我们期望全球溯源中心能得到社会各方的认同和参与，在更大范围、更宽领域、更深层次发挥作用，实现南沙制度创新的“自贸经验”走向国际，向国际规则转变。全球溯源中心的研究和实践工作仍在不断深化，希望读者，尤其是各参与方，在阅读本书后，向我们提出宝贵的意见和建议，以便我们及时改进，让创新实践更契合数字经济时代之需、更具实践指导意义。

中共广州南沙经济技术开发区工作委员会
政策研究和创新办公室
2023 年 3 月

第一章

全球溯源体系标准体系

全球溯源体系标准体系是全球溯源中心在理论层面的标准化建设成果，是秉持全球溯源中心“共建共享、真实安全、开放便利”基本原则、结合全球溯源中心“1 个理论体系 +1 个运营中心 +1 套公用技术 +N 个功能平台”的建设模式而制定的标准体系。按照全球溯源体系内容属性进行结构层级的划分和设计，全球溯源体系标准体系由总体标准体系、共建标准体系、信息化标准体系和溯源中心运营标准体系四个子体系组成，整个标准体系做到了整体性、科学性、开放性、协调性和先进性。

（一）全球溯源体系标准体系框架

全球溯源体系标准体系分为三个层次，第一层为总体标准体系，第二层为共建标准体系和信息化标准体系，第三层为溯源中心运营标准体系。其中：

（1）总体标准体系是全球溯源体系标准体系的“源”，对共建标准体系和信息化标准体系有指导作用。

（2）共建标准体系和信息化标准体系是全球溯源体系标准体系的具体化和支撑，通过不同视角分析全球溯源体系。共建标准体系是保障全球溯源体系运转，以全球溯源体系共建方为构成要素，为规范共建内容而建立的体系；信息化标准体系是为满足全球溯源体系信息化建设需求，规范信息化技术、功能服务、功能要求而建立的体系。

（3）溯源中心运营标准体系是在共建标准体系和信息化标准体系共同指导制约下的体系，主要针对全球溯源体系运营而制定。

全球溯源体系标准体系框架结构如图 1 所示。

（二）全球溯源体系标准体系框架说明

1. 总体标准子体系

总体标准是全球溯源体系所需的指导性、通行性的规范性文件，包括基础通用标准和溯源通用标准：

（1）基础通用标准：用于指导其他标准而制定和实施的标准，如术语、

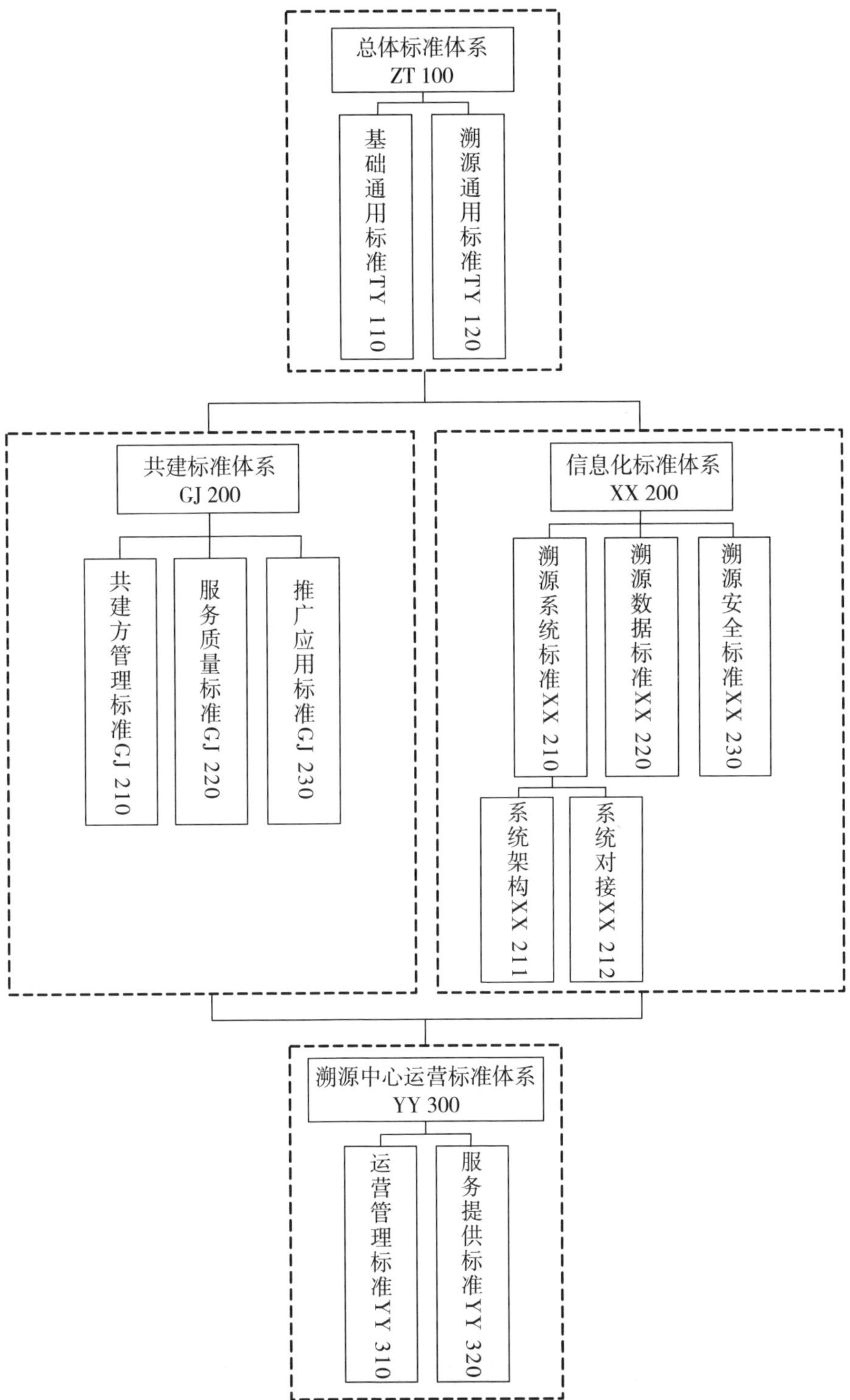

图 1　全球溯源体系标准体系框架结构

标志标识等。

（2）溯源通用标准：为规范全球溯源体系自身属性而编制的标准。

2. 共建标准子体系

共建标准是为规范全球溯源体系共建行为、优化溯源服务而编制的规范性文件，包括了共建方管理标准、服务质量标准、推广应用标准。其中：

（1）共建方管理标准：规范全球溯源体系共建方类型、要求等的标准，如全球溯源体系共建方通则等。

（2）服务质量标准：规范全球溯源体系服务范围、内容以及提供的方法、要求等的标准，如全球溯源体系服务通则等。

（3）推广应用标准：指导全球溯源体系推广应用工作的标准，如全球溯源中心建设指南、全球溯源体系开放应用指南等。

3. 信息化标准子体系

信息化标准是围绕溯源信息化建设所需的技术及管理要求而编制的规范性文件，包括了溯源系统标准、溯源数据标准和溯源安全标准。其中：

（1）溯源系统标准：规范全球溯源系统的技术架构和基础功能的标准，包括系统架构和系统对接。

——系统架构：规范全球溯源系统的总体架构和关键功能的技术标准。

——系统对接：规范系统接口管理，指导各类系统在统一的平台上进行对接的标准。

（2）溯源数据标准：规范溯源数据的标准，包括数据格式，数据采集、传输、处理等数据集成过程的技术要求和管理规定等。

（3）溯源安全标准：为保障溯源数据、溯源业务和溯源信息化系统安全而采用的技术及管理要求。

4. 溯源中心运营标准子体系

溯源中心运营标准是面向全球溯源体系运行需求而制定的规范性文件，用于指导溯源中心运营，包括运营管理标准和服务提供标准。其中：

（1）运营管理标准：规范溯源中心的管理事项和工作机制的运作、实施、控制等的标准。

（2）服务提供标准：规范运营中心在实现服务过程中的服务提供要求、方法、程序等的标准。

（三）全球溯源体系标准体系标准明细

依照全球溯源体系标准体系框架，结合全球溯源体系对标准的需求，以及国际标准、国外先进标准、国家标准和行业标准的实施情况和研究重点，形成标准明细表，如表1所示。

表1　　标准明细表

序号	子体系	标准类别	标准子类别	体系编号	标准名称	标准号
1	总体标准体系 ZT 100	基础通用标准 TY 110		TY 110.001	全球溯源体系　术语	Q/QQSY 011—2022
2				TY 110.002	全球溯源体系　图形符号与标志	Q/QQSY 012—2022
3		溯源通用标准 TY 120		TY 120.001	进口商品质量溯源规程	SN/T 4941—2017
4				TY 120.002	商品全生命周期溯源通用要求	DB44/T 2352—2022
5	共建标准体系 GJ 200	共建方管理标准 GJ 210		GJ 210.001	全球溯源体系共建方　通则	T/GNDECPA 0014—2022
6				GJ 210.002	全球溯源体系　溯源共建方共建规范	Q/QQSY 027—2022
7				GJ 210.003	全球溯源体系　服务共建方共建规范	Q/QQSY 029—2022
8				GJ 210.004	全球溯源体系　协同共建方共建规范	Q/QQSY 031—2022
9				GJ 210.005	全球溯源体系　支撑共建方共建规范	Q/QQSY 033—2022
10		服务质量标准 GJ 220		GJ 220.001	全球溯源体系服务通则	T/GNDECPA 0015—2022
11				GJ 220.002	全球溯源体系　溯源标识要求	T/GNDECPA 0020—2022
12		推广应用标准 GJ 230		GJ 230.001	全球溯源中心建设指南	T/GNDECPA 0016—2022
13				GJ 230.002	全球溯源体系　开放应用指南	T/GNDECPA 0021—2022
14				GJ 230.003	全球溯源中心　产业搭建管理规范	Q/QQSY 026—2022

续表

<table>
<tr><th>序号</th><th>子体系</th><th>标准类别</th><th>标准子类别</th><th>体系编号</th><th>标准名称</th><th>标准号</th></tr>
<tr><td>15</td><td rowspan="6">信息化标准体系
XX 200</td><td rowspan="3">溯源系统标准
XX 210</td><td>系统架构
XX 211</td><td>XX 211. 001</td><td>全球溯源体系　信息系统架构规范</td><td>T/GNDECPA 0017—2022</td></tr>
<tr><td>16</td><td rowspan="2">系统对接
XX 212</td><td>XX 212. 001</td><td>全球溯源体系　公共技术组件</td><td>T/GNDECPA 0018—2022</td></tr>
<tr><td>17</td><td>XX 212. 002</td><td>全球溯源体系　客户端对接规范</td><td>Q/QQSY 017—2022</td></tr>
<tr><td>18</td><td>溯源数据标准
XX 220</td><td></td><td>XX 220. 001</td><td>全球溯源体系　数据采集、存储和共享</td><td>T/GNDECPA 0019—2022</td></tr>
<tr><td>19</td><td rowspan="2">溯源安全标准
XX 230</td><td rowspan="2"></td><td>XX 230. 001</td><td>信息技术—安全技术—信息安全风险管理
Information technology – Security techniques – Information security risk management</td><td>ISO/IEC 27005：2018</td></tr>
<tr><td>20</td><td>XX 230. 002</td><td>信息技术—安全技术—访问管理框架
Information technology – Security techniques – A framework for access management</td><td>ISO/IEC 29146：2016</td></tr>
<tr><td>21</td><td rowspan="4">溯源中心运营标准体系
YY 300</td><td>运营管理标准
YY 310</td><td></td><td>YY 310. 001</td><td>全球溯源中心运行管理规范</td><td>Q/QQSY 041—2022</td></tr>
<tr><td>22</td><td rowspan="3">服务提供标准
YY 320</td><td rowspan="3"></td><td>YY 320. 001</td><td>全球溯源中心溯源共建指引</td><td>Q/QQSY 028—2022</td></tr>
<tr><td>23</td><td>YY 320. 002</td><td>全球溯源中心溯源服务共建指引</td><td>Q/QQSY 030—2022</td></tr>
<tr><td>24</td><td>YY 320. 003</td><td>全球溯源中心协同服务共建指引</td><td>Q/QQSY 032—2022</td></tr>
</table>

注：采用现行标准 12 项，其中国际标准 2 项、行业标准 1 项、地方标准 1 项，团体标准 8 项。

第二章

全球溯源中心服务标准体系

全球溯源中心作为全球溯源体系的落地载体，以实际运行需求为导向、以服务应用为核心，从服务层面对全球溯源中心进行标准化建设，其建设能力和成果获得国家标准化管理委员会高度认可，并于2021年3月获批成为第七批社会管理和公共服务标准化试点项目。

全球溯源中心以社会管理和公共服务标准化试点项目为抓手，全面构建了科学、协调、适用、有效的全球溯源中心服务标准体系，强化对全球溯源中心具体服务的指导性，有助于全球溯源中心服务准确、具体的实施，指导各地全球溯源中心建设运营统一标准化，推动全球溯源中心快速成长为具备广泛社会影响力的全球数字经济公共基础设施。

全球溯源中心服务标准体系构建过程中，遵循重点突出、特色明显、全面成套、层次清晰、科学合理、适度超前的原则，以提升全球溯源中心服务质量、效益和效率为根本，搭建合理、层次清晰、内容全面的标准体系框架，标准体系内各标准之间相互协调补充，形成一个科学、合理、适用、先进的有机整体。同时，全球溯源中心服务标准体系从全球溯源中心的实际运行出发，运用标准化基本原理和全球溯源体系规则，使全球溯源中心服务不断适应形势的变化，保持标准明细表的可扩充性，为新标准的发展预留空间。

（一）全球溯源中心服务标准体系框架

全球溯源中心服务标准体系是在GB/T 24421.2—2009《服务业组织标准化工作指南　第2部分：标准体系》基础上，结合全球溯源中心的定位、运行情况、业务相关内容构建。全球溯源中心服务标准体系以“标准化法律法规及标准化试点相关文件”“全球溯源中心服务适用的法律法规、规章、政策”“全球溯源中心发展规划、定位”作为整个标准体系的上层指导，置于整个标准体系之上。全球溯源中心服务标准体系（见图1）包括服务通用基础标准体系、服务保障标准体系、服务提供标准体系三大子体系。其中：服务通用基础标准体系是服务保障标准体系、服务提供标准体系的基础，服务保障标准体系是服务提供标准体系的直接支撑，服务提供标准体系促使服务保障标准体系更为完善。

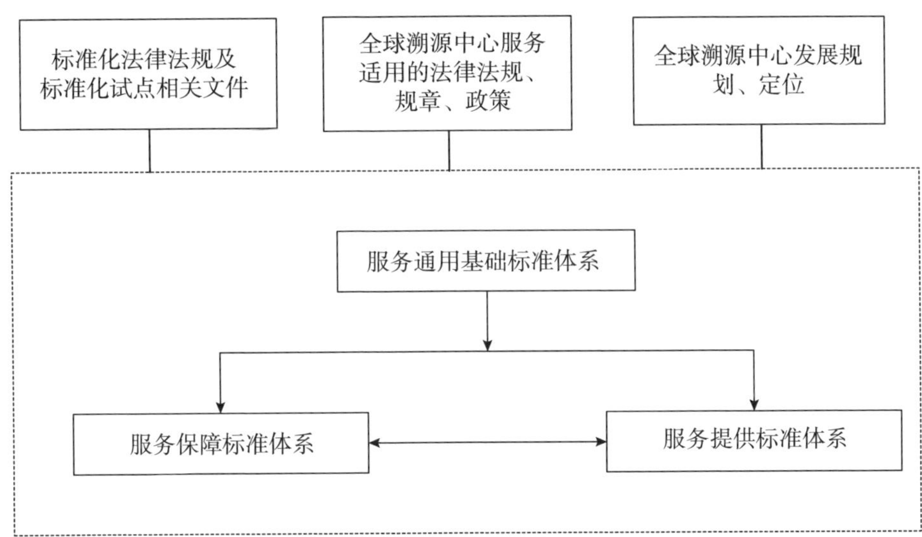

图1　全球溯源中心服务标准体系总框架

注：实线连线表示指导关系；虚线内表示完整的全球溯源中心服务标准体系；带箭头实线连线表示直接作用。

（二）全球溯源中心服务标准体系框架说明

1. 服务通用基础标准体系（见图2）是被全球溯源中心普遍使用，具有广泛指导意义的标准，包括：

（1）标准化导则：适用于全球溯源中心服务标准化工作的相关标准。

（2）术语与缩略语标准：为全球溯源中心内部信息沟通所使用的概念定义、内涵、较长词句缩短省略而收集、制定的标准。

（3）符号与标志标准：为规范全球溯源中心中所使用的图形符号、标识标志而收集、制定的标准。

（4）数值与数据标准：全球溯源中心建设和运营活动涉及的数值和数据相关标准，以及为溯源数据的判定与表示而收集、制定的标准。

2. 服务保障标准体系（见图3）是为支撑全球溯源中心服务有效提供而制定的标准，包括：

（1）实体中心环境标准：结合全球溯源中心的环境条件、日常环境管理的要求而收集、制定的标准。

（2）溯源系统标准：用于规范全球溯源体系信息系统的设计、建设、管

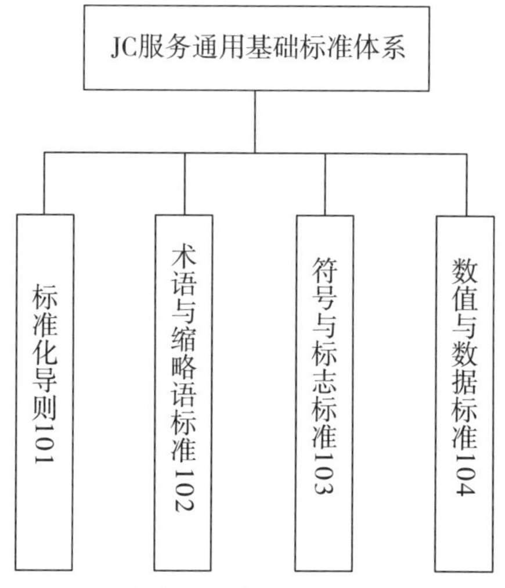

图2 服务通用基础标准体系结构

理而收集、制定的标准。

（3）安全与应急标准：以保护顾客生命和财产安全为目的而收集、制定的标准。

（4）设施设备标准：规范全球溯源中心使用设施设备的选购、安装、使用及管理而收集、制定的标准。

（5）人力资源标准：规范全球溯源中心工作人员配备、管理、培训教育、考核等而制定的标准。

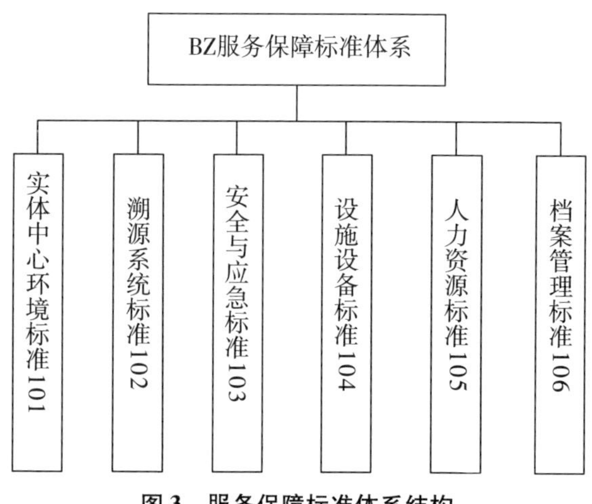

图3 服务保障标准体系结构

（6）档案管理标准：为规范全球溯源中心建设、运营活动涉及的档案及合同管理的内容、程序和要求而制定的标准。

3. 服务提供标准体系（见图4）是为满足顾客的需求，规范全球溯源中心与顾客之间直接或间接接触活动过程而制定的标准，包括：

（1）溯源业务规则：指导共建方参与全球溯源体系的操作指引。

注：溯源业务规则也是全球溯源中心开展溯源服务的业务基础。溯源服务的核心是指导共建方参与全球溯源体系。

（2）服务规范：为全球溯源中心服务范围、内容、应达到的水平和要求，以及服务实现过程中服务提供的要求、方法、程序而制定的标准。

（3）服务质量控制规范：全球溯源中心服务提供过程中，识别、分析对服务质量有重要影响的关键过程，并对关键过程加以控制而收集、制定的标准。

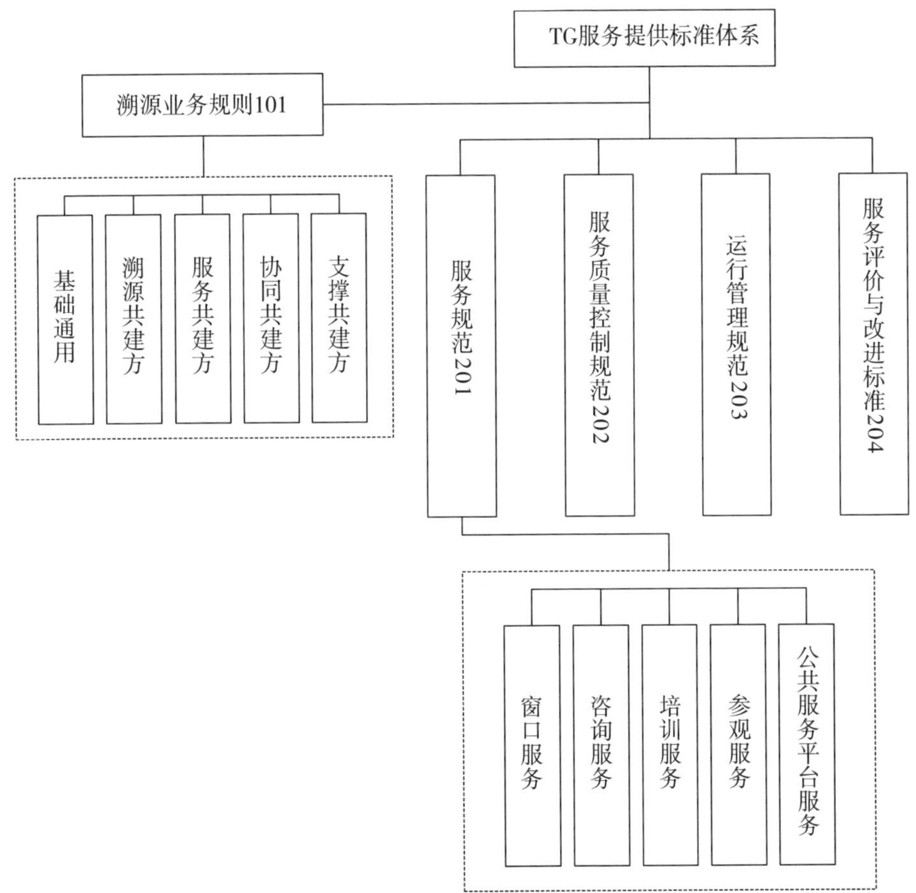

图4　服务提供标准体系结构

（4）运行管理规范：结合全球溯源中心运行管理的要求而收集、制定的标准。

（5）服务评价与改进标准：对全球溯源中心服务的有效性、适宜性和顾客满意度进行评价，并对达不到预期效果的服务进行改进而收集、制定的标准。

（三）全球溯源中心服务标准体系标准明细

依照全球溯源中心服务标准体系框架，在整理分析现有适用的相关国家标准、行业标准和地方标准的基础上，结合全球溯源中心的服务特点、服务规范、标准化建设等实际工作对标准的需求，形成全球溯源中心服务标准统计表（见表1）和全球溯源中心服务标准明细表（见表2）。

表1　全球溯源中心服务标准统计表

门类		应有标准个数	采用标准个数	自编标准个数
服务通用基础标准体系	标准化导则	23	21	2
	术语与缩略语标准	4	3	1
	符号与标志标准	8	7	1
	数值与数据标准	14	12	2
服务保障标准体系	实体中心环境标准	2	0	2
	溯源系统标准	60	59	1
	安全与应急标准	3	1	2
	设施设备标准	1	0	1
	人力资源标准	2	0	2
	档案管理标准	3	1	2
服务提供标准体系	溯源业务规则	14	6	8
	服务规范	5	0	5
	服务质量控制规范	3	1	2
	运行管理规范	3	0	3
	服务评价与改进标准	1	0	1
合计		146	111	35

注：采用现行标准111项，其中国家标准84项、行业标准17项、地方标准2项，团体标准8项。

表 2　全球溯源中心服务标准明细表

序号	标准体系编号	标准号	标准名称
JC 服务通用基础标准体系			
JC101 标准化导则			
1	JC101. 1. 001—2020	GB/T 1. 1—2020	标准化工作导则　第 1 部分：标准化文件的结构和起草规则
2	JC101. 1. 002—2009	GB/T 12366—2009	综合标准化工作指南
3	JC101. 1. 003—2018	GB/T 13016—2018	标准体系构建原则和要求
4	JC101. 1. 004—2018	GB/T 13017—2018	企业标准体系表编制指南
5	JC101. 1. 005—2011	GB/T 15624—2011	服务标准化工作指南
6	JC101. 1. 006—2017	GB/T 19273—2017	企业标准化工作　评价与改进
7	JC101. 1. 007—2014	GB/T 20000. 1—2014	标准化工作指南　第 1 部分：标准化和相关活动的通用术语
8	JC101. 1. 008—2014	GB/T 20000. 3—2014	标准化工作指南　第 3 部分：引用文件
9	JC101. 1. 009—2006	GB/T 20000. 6—2006	标准化工作指南　第 6 部分：标准化良好行为规范
10	JC101. 1. 010—2001	GB/T 20001. 1—2001	标准编写规则　第 1 部分：术语
11	JC101. 1. 011—2015	GB/T 20001. 2—2015	标准编写规则　第 2 部分：符号标准
12	JC101. 1. 012—2015	GB/T 20001. 3—2015	标准编写规则　第 3 部分：分类标准
13	JC101. 1. 013—2017	GB/T 20001. 5—2017	标准编写规则　第 5 部分：规范标准
14	JC101. 1. 014—2017	GB/T 20001. 6—2017	标准编写规则　第 6 部分：规程标准
15	JC101. 1. 015—2017	GB/T 20001. 7—2017	标准编写规则　第 7 部分：指南标准
16	JC101. 1. 016—2009	GB/T 24421. 1—2009	服务业组织标准化工作指南　第 1 部分：基本要求
17	JC101. 1. 017—2009	GB/T 24421. 2—2009	服务业组织标准化工作指南　第 2 部分：标准体系

续表

序号	标准体系编号	标准号	标准名称
18	JC101. 1. 018—2009	GB/T 24421. 3—2009	服务业组织标准化工作指南　第 3 部分：标准编写
19	JC101. 1. 019—2009	GB/T 24421. 4—2009	服务业组织标准化工作指南　第 4 部分：标准实施及评价
20	JC101. 1. 020—2011	GB/T 28222—2011	服务标准编写通则
21	JC101. 1. 021—2017	GB/T 35778—2017	企业标准化工作　指南
22	JC101. 5. 022—2022	Q/QQSY 009—2022	全球溯源中心　标准化管理办法
23	JC101. 5. 023—2022	Q/QQSY 010—2022	全球溯源中心　服务标准体系编号规则
JC102 术语与缩略语标准			
24	JC102. 1. 001—2020	GB/T 15565—2020	图形符号　术语
25	JC102. 1. 002—2016	GB/T 19000—2016	质量管理体系　基础和术语
26	JC102. 1. 003—2022	GB/T 25069—2022	信息安全技术　术语
27	JC102. 5. 004—2022	Q/QQSY 011—2022	全球溯源体系　术语
JC103 符号与标志标准			
28	JC103. 1. 001—2008	GB 2894—2008	安全标志及其使用导则
29	JC103. 1. 002—2012	GB/T 10001. 1—2012	公共信息图形符号　第 1 部分：通用符号
30	JC103. 1. 003—2021	GB/T 10001. 9—2021	公共信息图形符号　第 9 部分：无障碍设施符号
31	JC103. 1. 004—2014	GB/T 10001. 10—2014	公共信息图形符号　第 10 部分：通用符号要素
32	JC103. 1. 005—2008	GB/T 16900—2008	图形符号表示规则　总则
33	JC103. 1. 006—2021	GB/T 16903—2021	标志用图形符号表示规则　公共信息图形符号的设计原则与要求
34	JC103. 3. 007—2009	DB44/T 603—2009	公共标志英文译法规范

续表

序号	标准体系编号	标准号	标准名称
35	JC103. 5. 008—2022	Q/QQSY 012—2022	全球溯源体系　图形符号与标志
JC104 数值与数据标准			
36	JC104. 1. 001—2008	GB 12904—2008	商品条码　零售商品编码与条码表示
37	JC104. 1. 002—2009	GB/T 14257—2009	商品条码　条码符号放置指南
38	JC104. 1. 003—2009	GB/T 14392—2009	国际贸易单证样式
39	JC104. 1. 004—2008	GB/T 15421—2008	国际贸易方式代码
40	JC104. 1. 005—2008	GB/T 17295—2008	国际贸易计量单位代码
41	JC104. 1. 006—2009	GB/T 17298—2009	国际贸易单证格式标准编制规则
42	JC104. 1. 007—2009	GB/T 18127—2009	商品条码　物流单元编码与条码表示
43	JC104. 1. 008—2000	GB/T 18284—2000	快速响应矩阵码
44	JC104. 1. 009—2003	GB/T 19251—2003	贸易项目的编码与符号表示导则
45	JC104. 1. 010—2020	GB/T 39459—2020	国际贸易业务数据规范　检验检疫电子证书数据交换
46	JC104. 2. 011—2006	HS/T 17—2006	海关业务基础数据元目录
47	JC104. 5. 012—2022	T/GNDECPA 0019—2022	全球溯源体系　数据采集、存储和共享
48	JC104. 5. 013—2022	Q/QQSY 013—2022	全球溯源体系　基础元数据
49	JC104. 5. 014—2022	Q/QQSY 014—2022	全球溯源体系　数据处理要求
BZ 服务保障标准体系			
BZ101 实体中心环境标准			
50	BZ101. 5. 001—2022	Q/QQSY 015—2022	全球溯源中心　环境管理要求

续表

序号	标准体系编号	标准号	标准名称
51	BZ101. 5. 002—2022	Q/QQSY 016—2022	全球溯源中心　运营场所建设指南
BZ102 溯源系统标准			
52	BZ102. 1. 001—1999	GB 17859—1999	计算机信息系统安全保护等级划分准则
53	BZ102. 1. 002—2019	GB/T 20009—2019	信息安全技术　数据库管理系统安全评估准则
54	BZ102. 1. 003—2019	GB/T 20273—2019	信息安全技术　数据库管理系统安全技术要求
55	BZ102. 1. 004—2013	GB/T 20945—2013	信息安全技术　信息系统安全审计产品技术要求和测试评价方法
56	BZ102. 1. 005—2019	GB/T 22239—2019	信息安全技术　网络安全等级保护基本要求
57	BZ102. 1. 006—2020	GB/T 22240—2020	网络安全等级保护定级指南
58	BZ102. 1. 007—2019	GB/T 25058—2019	网络安全等级保护实施指南
59	BZ102. 1. 008—2020	GB/T 25061—2020	信息安全技术　XML 数字签名语法与处理规范
60	BZ102. 1. 009—2019	GB/T 25070—2019	网络安全等级保护设计技术要求
61	BZ102. 1. 010—2019	GB/T 28448—2019	网络安全等级保护测评要求
62	BZ102. 1. 011—2018	GB/T 28449—2018	网络安全等级保护测评过程指南
63	BZ102. 1. 012—2012	GB/T 28827. 1—2012	信息技术服务　运行维护　第 1 部分：通用要求
64	BZ102. 1. 013—2012	GB/T 28827. 2—2012	信息技术服务　运行维护　第 2 部分：交付规范
65	BZ102. 1. 014—2012	GB/T 28827. 3—2012	信息技术服务　运行维护　第 3 部分：应急响应规范
66	BZ102. 1. 015—2019	GB/T 28827. 4—2019	信息技术服务　运行维护　第 4 部分：数据中心服务要求
67	BZ102. 1. 016—2019	GB/T 28827. 6—2019	信息技术服务　运行维护　第 6 部分：应用系统服务要求
68	BZ102. 1. 017—2012	GB/Z 28828—2012	信息安全技术　公共及商用服务信息系统个人信息保护指南

续表

序号	标准体系编号	标准号	标准名称
69	BZ102. 1. 018—2013	GB/T 29765—2013	信息安全技术　数据备份与恢复产品技术要求与测试评价方法
70	BZ102. 1. 019—2020	GB/T 30276—2020	信息安全技术　网络安全漏洞管理规范
71	BZ102. 1. 020—2014	GB/T 31167—2014	信息安全技术　云计算服务安全指南
72	BZ102. 1. 021—2014	GB/T 31168—2014	信息安全技术　云计算服务安全能力要求
73	BZ102. 1. 022—2015	GB/T 31500—2015	信息安全技术　存储介质数据恢复服务要求
74	BZ102. 1. 023—2015	GB/T 31503—2015	信息安全技术　电子文档加密与签名消息语法
75	BZ102. 1. 024—2017	GB/T 34942—2017	信息安全技术　云计算服务安全能力评估方法
76	BZ102. 1. 025—2017	GB/T 34977—2017	信息安全技术　移动智能终端数据存储安全技术要求与测试评价方法
77	BZ102. 1. 026—2017	GB/T 34978—2017	信息安全技术　移动智能终端个人信息保护技术要求
78	BZ102. 1. 027—2020	GB/T 35273—2020	信息安全技术　个人信息安全规范
79	BZ102. 1. 028—2017	GB/T 35274—2017	信息安全技术　大数据服务安全能力要求
80	BZ102. 1. 029—2017	GB/T 35279—2017	信息安全技术　云计算安全参考架构
81	BZ102. 1. 030—2018	GB/T 36643—2018	网络安全威胁信息格式规范
82	BZ102. 1. 031—2018	GB/T 36957—2018	信息安全技术　灾难恢复服务要求
83	BZ102. 1. 032—2018	GB/T 37046—2018	信息安全技术　灾难恢复服务能力评估准则
84	BZ102. 1. 033—2019	GB/T 37939—2019	信息安全技术　网络存储安全技术要求
85	BZ102. 1. 034—2019	GB/T 37964—2019	信息安全技术　个人信息去标识化指南
86	BZ102. 1. 035—2019	GB/T 37932—2019	信息安全技术　数据交易服务安全要求
87	BZ102. 1. 036—2019	GB/T 37973—2019	信息安全技术　大数据安全管理指南

续表

序号	标准体系编号	标准号	标准名称
88	BZ102. 1. 037—2019	GB/T 37988—2019	信息安全技术　数据安全能力成熟度模型
89	BZ102. 2. 038—2019	GB/T 38249—2019	信息安全技术　政府网站云计算服务安全指南
90	BZ102. 2. 039—2020	GB/T 39335—2020	信息安全技术　个人信息安全影响评估指南
91	BZ102. 2. 040—2020	GB/T 39477—2020	信息安全技术　政务信息共享　数据安全技术要求
92	BZ102. 2. 041—2022	GB/T 41391—2022	信息安全技术　移动互联网应用（App）收集个人信息基本规范
93	BZ102. 2. 042—2020	GA/T 1718—2020	信息安全技术　大数据平台安全管理产品安全技术要求
94	BZ102. 2. 043—2008	YD/T 1731—2008	电信网和互联网灾难备份及恢复实施指南
95	BZ102. 2. 044—2011	YD/T 2390—2011	通信存储介质（SSD）加密安全技术要求
96	BZ102. 2. 045—2011	YD/T 2393—2011	第三方灾备数据交换技术要求
97	BZ102. 2. 046—2014	YD/T 2692—2014	电信网和互联网用户个人电子信息保护通用技术要求和管理要求
98	BZ102. 2. 047—2016	YD/T 3082—2016	移动智能终端上的个人信息保护技术要求
99	BZ102. 2. 048—2016	YD/T 3148—2016	云计算安全框架
100	BZ102. 2. 049—2016	YD/T 3157—2016	公有云服务安全防护要求
101	BZ102. 2. 050—2016	YD/T 3158—2016	公有云服务安全防护检测要求
102	BZ102. 2. 051—2018	YD/T 3327—2018	电信和互联网服务　用户个人信息保护技术要求
103	BZ102. 2. 052—2018	YD/T 3411—2018	移动互联网环境下个人信息共享技术导则
104	BZ102. 2. 053—2019	YD/T 3470—2019	面向云服务的数据安全标记规范
105	BZ102. 2. 054—2019	YD/T 3472—2019	电信运营商的大数据应用业务安全技术要求
106	BZ102. 2. 055—2020	YD/T 3741—2020	互联网新技术新业务安全评估要求　大数据技术应用与服务

续表

序号	标准体系编号	标准号	标准名称
107	BZ102. 2. 056—2020	YD/T 3747—2020	区块链技术架构安全要求
108	BZ102. 2. 057—2020	YD/T 3800—2020	电信网和互联网大数据平台安全防护要求
109	BZ102. 5. 058—2022	T/GNDECPA 0017—2022	全球溯源体系　信息系统架构规范
110	BZ102. 5. 059—2022	T/GNDECPA 0018—2022	全球溯源体系　公共技术组件
111	BZ102. 5. 060—2022	Q/QQSY 017—2022	全球溯源体系　客户端对接规范
BZ103 安全与应急标准			
112	BZ103. 1. 001—2021	GB/T 40054—2021	公共安全　应急管理　公共预警指南
113	BZ103. 5. 002—2022	Q/QQSY 018—2022	全球溯源中心　突发事件处置规范
114	BZ103. 5. 004—2022	Q/QQSY 020—2022	全球溯源中心　消防安全管理
BZ104 设施设备标准			
115	BZ104. 5. 001—2022	Q/QQSY 021—2022	全球溯源中心　设施设备配置及管理
BZ105 人力资源标准			
116	BZ105. 5. 001—2022	Q/QQSY 022—2022	全球溯源中心　岗位设置
117	BZ105. 5. 002—2022	Q/QQSY 023—2022	全球溯源中心　工作人员培训管理指南
BZ106 档案管理标准			
118	BZ106. 1. 001—2016	GB/T 18894—2016	电子文件归档与电子档案管理规范
119	BZ106. 5. 002—2022	Q/QQSY 024—2022	全球溯源中心　合同管理规范
120	BZ106. 5. 003—2022	Q/QQSY 025—2022	全球溯源中心　档案管理规范

续表

序号	标准体系编号	标准号	标准名称
TG 服务提供标准体系			
TG101 溯源业务规则			
121	TG101. 3. 001—2022	DB44/T 2352—2022	商品全生命周期溯源通用要求
122	TG101. 5. 002—2022	T/GNDECPA 0014—2022	全球溯源体系共建方　通则
123	TG101. 5. 003—2022	T/GNDECPA 0015—2022	全球溯源体系服务通则
124	TG101. 5. 004—2022	T/GNDECPA 0021—2022	全球溯源体系　开放应用指南
125	TG101. 5. 005—2022	Q/QQSY 026—2022	全球溯源中心　产业搭建管理规范
126	TG101. 5. 006—2022	Q/QQSY 027—2022	全球溯源体系　溯源共建方共建规范
127	TG101. 5. 007—2022	Q/QQSY 028—2022	全球溯源中心　溯源共建指引
128	TG101. 5. 008—2022	T/GNDECPA 0020—2022	全球溯源体系　溯源标识要求
129	TG101. 5. 009—2022	Q/QQSY 029—2022	全球溯源体系　服务共建方共建规范
130	TG101. 5. 010—2022	Q/QQSY 030—2022	全球溯源中心　溯源服务共建指引
131	TG101. 5. 011—2022	Q/QQSY 031—2022	全球溯源体系　协同共建方共建规范
132	TG101. 5. 012—2022	Q/QQSY 032—2022	全球溯源中心　协同服务共建指引
133	TG101. 5. 013—2022	T/GNDECPA 0016—2022	全球溯源中心建设指南
134	TG101. 5. 014—2022	Q/QQSY 033—2022	全球溯源体系　支撑共建方共建规范
TG201 服务规范			
135	TG201. 5. 001—2022	Q/QQSY 034—2022	全球溯源中心　窗口服务规范
136	TG201. 5. 002—2022	Q/QQSY 035—2022	全球溯源中心　咨询服务规范

续表

序号	标准体系编号	标准号	标准名称
137	TG201. 5. 003—2022	Q/QQSY 036—2022	全球溯源中心　培训服务规范
138	TG201. 5. 004—2023	Q/QQSY 037—2022	全球溯源中心　参观服务规范
139	TG201. 5. 005—2023	Q/QQSY 038—2022	全球溯源中心　公共服务平台服务规范
TG202 服务质量控制规范			
140	TG202. 1. 001—2022	GB/T 19012—2019	质量管理　顾客满意　组织投诉处理指南
141	TG202. 5. 002—2022	Q/QQSY 039—2022	全球溯源中心　服务满意度测评规范
142	TG202. 5. 003—2022	Q/QQSY 040—2022	全球溯源中心　投诉处理规范
TG203 运行管理规范			
143	TG203. 5. 001—2022	Q/QQSY 041—2022	全球溯源中心　运行管理规范
144	TG203. 5. 002—2022	Q/QQSY 042—2022	全球溯源中心　信息系统运行管理规范
145	TG203. 5. 003—2022	Q/QQSY 043—2022	全球溯源中心　保密要求
TG204 服务评价与改进标准			
146	TG204. 5. 001—2022	Q/QQSY 044—2022	全球溯源中心　服务评价与改进规范

第三章

全球溯源中心标准

企　　业　　标　　准

Q/QQSY 009—2022

全球溯源中心　标准化管理办法

2022 - 10 - 25 发布　　2022 - 10 - 25 实施

中共中国（广东）自由贸易试验区广州南沙新区片区
工作委员会政策研究和创新办公室　发布

前　言

本文件按照 GB/T 1.1—2020《标准化工作导则　第 1 部分：标准化文件的结构和起草规则》的规定起草。

本文件由全球溯源中心标准化建设办公室提出并归口。

本文件起草部门：全球溯源中心标准化建设办公室。

本文件主要起草人：刘家君、吴瑞坚、沈薇、黎秀婷、卢晓军、罗敏仪。

本文件于 2022 年首次发布，本次为第一次修订。

全球溯源中心　标准化管理办法

1　范围

本文件规定了中共中国（广东）自由贸易试验区广州南沙新区片区工作委员会政策研究和创新办公室（以下简称政研创新办）开展全球溯源中心标准化工作的总则，还对标准化组织机构、标准化组织的职责、标准体系的建立、标准的制定和发布、标准的实施和监督检查、标准化管理标准的要求、标准化工作的规划和计划、标准化信息资料管理、标准化人员及培训、标准化成果管理，标准体系的评价与改进等作了要求。

本文件适用于政研创新办开展全球溯源中心标准化工作及广东自贸区广州南沙片区全球溯源中心服务标准化试点（以下简称全球溯源中心服务标准化试点）工作。

2　规范性引用文件

下列文件中的内容通过文中的规范性引用而构成本文件必不可少的条款。其中，注日期的引用文件，仅该日期对应的版本适用于本文件；不注日期的引用文件，其最新版本（包括所有的修改单）适用于本文件。

GB/T 1.1　标准化工作导则　第 1 部分：标准化文件的结构和起草规则

GB/T 15624　服务标准化工作指南

GB/T 19273　企业标准化工作　评价与改进

GB/T 20000.2　标准化工作指南　第 2 部分：采用国际标准

GB/T 24421　服务业组织标准化工作指南

GB/T 28222　服务标准编写通则

GB/T 35778　企业标准化工作　指南

T/GNDECPA 0014　全球溯源体系共建方　通则

3 术语和定义

GB/T 1.1、GB/T 35778、T/GNDECPA 0014 界定的以及下列术语和定义适用于本文件。

3.1 全球溯源中心标准化

为了在全球溯源中心建设运营范围内获得最佳秩序，促进提高溯源服务质量，政研创新办对解决现实问题或潜在问题确立共同使用和重复使用的条款以及编制、发布和应用文件的活动。

3.2 全球溯源中心服务标准体系

全球溯源中心为满足服务对象需求所执行的、规范服务提供全过程的标准，按其内在联系形成的科学的有机整体。简称标准体系。

4 标准化工作总则

4.1 原则

标准化工作应遵守 GB/T 15624、GB/T 24421 和 GB/T 35778 规定的相关原则。

4.2 基本任务

基本任务包括：

a）贯彻执行国家和广东省有关标准化的法律法规、方针政策；

b）制定全球溯源中心服务标准化工作计划并落实；

c）建立、实施标准体系并持续改进；

d）实施国家标准、行业标准、地方标准，制定和实施全球溯源中心公共服务标准；

e）参加国内、国际有关的标准化活动；

f）对全球溯源中心服务标准的实施进行监督和评价。

4.3 方针

运用标准化方法优化资源配置、规范服务流程、提升服务质量、明确权责关系、创新治理方式，打造国内全球溯源中心服务标准化示范，提升全球溯源中心服务水平。

4.4 目标

标准化工作的目标如下：

a）通过标准体系建设，梳理全球溯源中心建设和服务内容，规范服务质量；完善全球溯源中心设施设备、人员配置，推动全球溯源中心成为全球数字经济公共基础设施；

b）编制并实施一批标准，以统一技术要求、服务要求和管理要求，实现全球溯源中心建设和服务有章可循，提升服务水平，服务满意度达到95%以上；

c）2023 年通过标准化试点验收，形成可复制、可推广的标准化试点建设经验，打造全球溯源品牌，推动全球溯源中心在各地快速复制推广；

d）发挥标准对新技术、新产品、新业态和新模式的催化作用，通过全球溯源中心推动“溯源 +”商业模式创新，促进“溯源 + 技术”“溯源 + 贸易”“溯源 + 金融”“溯源 + 服务”“溯源 + 监管”等产业创新发展；

e）形成有利于公共服务规范运作的长效机制和良好环境，提升政研创新办标准化水平。

5 标准化机构组织

5.1 组织架构

5.1.1 在全球溯源中心服务标准化试点创建期间，实行由政研创新办成立的全球溯源中心标准化建设领导小组（以下简称“领导小组”）统筹领导。领导小组在全球溯源中心服务标准化试点工作小组的指导下，全面推进全球溯源中心标准化工作和全球溯源中心服务标准化试点工作。

注：全球溯源中心服务标准化试点工作小组由中共中国（广东）自由贸易试验区广州南沙新区片区管理委员会批准组建，成员单位有政研创新办、区市场局、区商务局、南沙海关以及相关国有企业。

5.1.2 领导小组下设全球溯源中心标准化建设办公室（以下简称标建办），负责全球溯源中心标准化工作的具体实施。标建办配备专（兼）职标准化人员，标准化人员应具备以下的知识和能力：

a）具备与所从事标准化工作相适应的专业知识、标准化知识和工作技能，熟悉标准编制工作；

b）熟悉并能执行全球溯源中心服务及标准化相关法律法规、方针和政策，具备开展标准化的工作能力；

c）具备良好的组织协调能力、计算机应用及文字表达能力。

5.2 组织职责

5.2.1 领导小组职责如下：

a）贯彻落实全球溯源中心服务领域与标准化工作的法律法规、方针、政策；

b）加强对试点创建工作的组织领导，统筹协调相关工作，落实有关保障措施，对建立全球溯源中心服务标准化长效机制负责；

c）审批、决策全球溯源中心标准化工作任务的指标、标准化工作计划、标准化工作经费、标准化工作评价；

d）审核标准体系，批准或授权批准标准体系内的标准和其他标准化文件；

e）表彰、奖励、处罚标准化工作的相关处室、全球溯源中心或个人。

5.2.2 标建办职责如下：

a）组织制定并落实全球溯源中心服务标准化方针、目标、任务，编制全球溯源中心服务标准化计划、方案；

b）组织制定全球溯源中心服务标准化管理的有关制度；

c）组织构建标准体系，编制全球溯源中心服务标准体系表；

d）组织全球溯源中心服务标准的制（修）订、复审；

e）组织标准化知识培训与标准宣贯；

f）组织全球溯源中心服务标准实施和标准体系运行；

g）对全球溯源中心服务标准化工作开展评价，保持标准体系的目标性和适应性，对标准实施情况进行指导和监督检查；对处室（全球溯源中心）的意见和建议进行验证，以及对国家、行业、地方、团体发布的新标准进行分析，提出制（修）订标准的建议，维护标准的有效性、适用性；

h）组织自我评价，向领导小组报告标准体系运行情况和改进需求；

i）建立标准化档案，管理各类标准及其他标准化文件；

j）跟踪、收集、整理国内外标准化信息，并及时提供给使用者；

k）承担或参与国家、行业、地方和团体委托的有关标准制修订和审查工作，参加国内、国际标准化活动。

5.2.3 改革创新处、全球溯源中心职责如下：

a）组织实施标建办下达的标准化工作任务；

b）组织实施与改革创新处、全球溯源中心有关的标准化文件；

c）做好标准实施的原始记录并向标建办提出意见或建议；

d）协助标建办推动与管理全球溯源中心服务标准化工作。

6 标准体系构建

6.1 构建总则

6.1.1 标准体系是在全球溯源中心提供服务的需求基础上，结合政研创新办标准化现状，为提升全球溯源中心服务水平，在相关法律法规、政策文件、工作方针、工作目标等指导下，按 GB/T 24421 的规定构建，并符合以下要求：

a）实现服务通用基础标准子体系、服务保障标准子体系和服务提供标准子体系相配套，体系内的标准之间相互协调；

b）符合国家有关法律法规，实施有关国家标准、行业标准和广东省地方标准；

c）体系内的标准结合全球溯源中心运营和服务的需要，不断完善标准体系；

d）标准体系能吸纳和提供其他管理体系所需的标准化文件，并与之相互协调、完整配套。

6.1.2 标准体系运行程序如下。

a）标准体系编制完成后应对标准体系文件进行发布与分发，并确保标准获取方便、分发到位。

b）标准体系运行后应组织标准体系文件宣贯，宣贯覆盖到相应岗位，宣贯内容至少应包括以下 4 项内容：

1）标准化方针、目标、规划、计划；

2）实施标准体系的要求；

3）标准体系表，包括结构图、体系表、明细表及使用这些文件的方法；

4）标准体系内的标准。

c）每 12 个月应对标准进行查新确认，确保标准现行有效。

d）标准的实施及评价由标建办按照 GB/T 24421.4 相关要求组织开展。

e）标准体系文件及标准实施记录应收集归档。

6.2 标准体系表

6.2.1 标准体系通过全球溯源中心服务标准体系表呈现，全球溯源中心服务标准体系表按照 GB/T 24421.2 规定编制，包括标准体系结构图、标准明细表、标准统计表和编制说明。

6.2.2 标准体系（见图 1）在相关法律法规、标准化方针目标和全球溯源体系指导下，由服务通用基础标准体系（见图 2）、服务保障标准体系（见图 3）和服务提供标准体系（见图 4）三大子体系组成。服务通用基础标准体系是服务保障标准体系、服务提供标准体系的基础，服务保障标准体系是服务提供标准体系的直接支撑，服务提供标准体系促使服务保障标准体系更为完善。

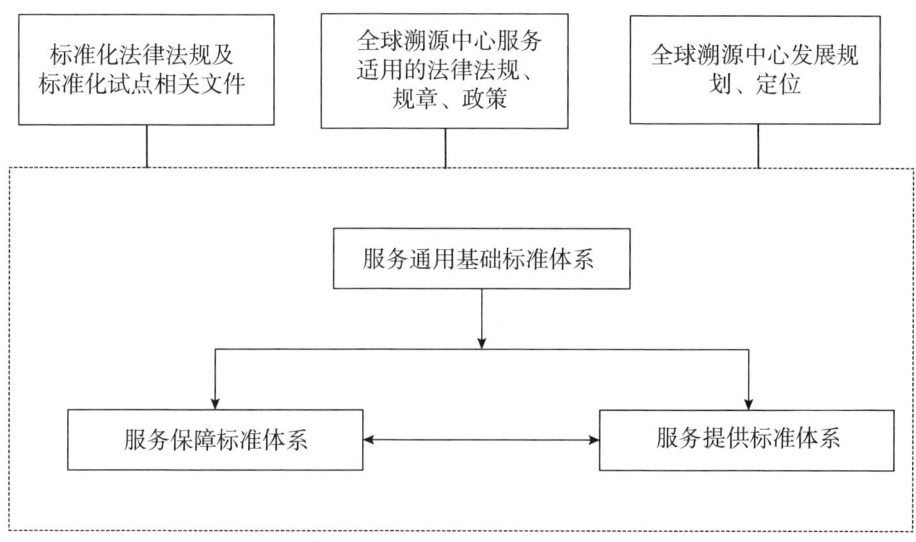

图 1　全球溯源中心服务标准体系总框架

注：实线连线表示指导关系；虚线内表示完整的全球溯源中心服务标准体系；带箭头实线连线表示直接作用。

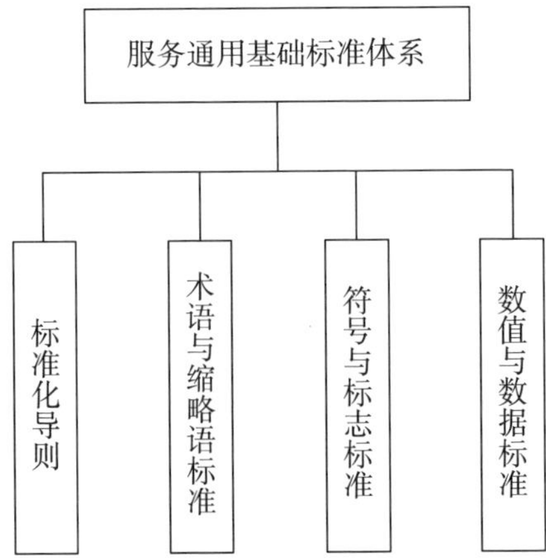

图 2　服务通用基础标准体系结构

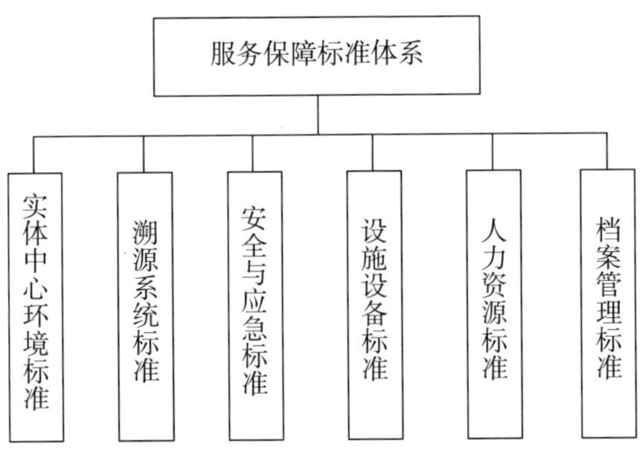

图 3　服务保障标准体系结构

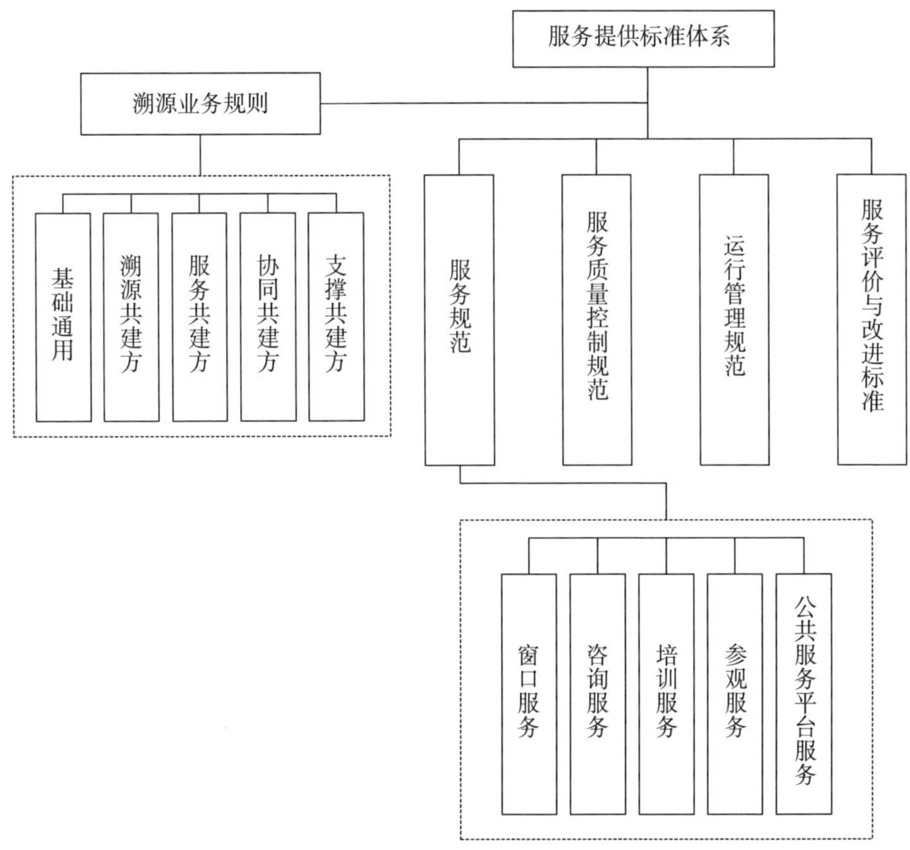

图4 服务提供标准体系结构

7 标准制修订

7.1 标准范围

标准范围如下：

a）没有相应或适用的国家标准、行业标准、广东省地方标准时制定的通用基础标准；

b）为满足相关方需求制定的服务提供标准；

c）为支持服务提供制定的基础保障标准；

d）为支撑服务提供标准和服务保障标准的实施而制定的岗位标准以及满足全球溯源中心建设、运营、管理的其他标准。

7.2 制修订程序

7.2.1 一般程序

标准制修订程序一般分为立项、起草草案、征求意见、审查、批准、复审和废止七个阶段。

7.2.2 立项

标建办根据工作需求提出标准立项计划，并报领导小组审议。

7.2.3 起草草案

起草小组对收集到的资料进行整理、分析、对比，必要时进行试验、验证，然后起草标准草案。

7.2.4 征求意见

起草小组将标准草案发政研创新办相关处室和全球溯源中心（必要时发共建方）征求意见，对反馈的意见汇总处理，形成标准送审稿。

7.2.5 审查

标准审查由标建办组织，可采取会议或函件形式审查标准送审稿。审查内容应包括：

a）符合有关法律法规、强制性标准要求；

b）符合或达到预定的目标和要求；

c）技术内容符合国家方针政策和经济技术发展方向；

d）编写格式符合 GB/T 1.1 的规定。

7.2.6 批准

7.2.6.1 起草小组根据审查意见进行修改，编写标准报批稿及相关文件，并报标建办。

7.2.6.2 标建办参照附录 A 的要求给标准统一编号后，报领导小组批准发布。

7.2.6.3 标建办应及时将发布的标准分发到相关处室和全球溯源中心各岗位，并做好标准实施检查工作。

7.2.7 复审

7.2.7.1 标准复审由标建办负责组织，周期一般为 3 年；当有相应法律法规、国内标准发生变化时，亦应及时对标准进行复审。

7.2.7.2 复审的结论分为继续有效、修订、废止三种。标建办根据复审结论处理相关标准如下：

a）继续有效：发布标准“继续有效”通知，并告知标准使用处室和岗位将标准“继续有效”通知附在标准最后一页。

b）修订：发布标准“修订”通知，并告知标准原起草小组按第 7.2.2 ~ 7.2.6 条的要求对标准进行修订。

c）废止：发布标准“废止”通知，收回作废的标准。

7.2.8 废止

标建办应及时收回废止的标准，并加盖“作废”章。

7.3 标准编写

7.3.1 根据制修订标准的需要，收集和分析与标准化对象相关的资料，包括但不限于：

a）标准化对象的国内外的现状和发展方向；

b）有关最新经验成果；

c）上级领导及政策的要求、客户的需求；

d）服务过程及顾客满意度反馈的统计资料、技术数据；

e）国际标准、国外先进标准、技术法规及国内相关标准。

7.3.2 可采用以下途径进行标准编写：

a）按照 GB/T 20000.2 的规定进行转化；

b）对国家标准、行业标准、地方标准或团体标准进行选择和补充；

c）自主研制。

7.3.3 自主研制标准时应考虑以下因素：

a）符合法律法规和强制性标准要求，与相关标准协调；

b）促进全球溯源中心技术进步和服务创新，保证和提高服务质量，增加社会效益；

c）降低成本，提高全球溯源中心建设和运营效率；

d）增强服务的兼容性和有效性；

e）标准实施的可行性；

f）方便标准使用者使用。

7.3.4 标准编写应符合 GB/T 24421.3、GB/T 28222 的规定。

8 标准实施和检查

8.1 标准实施

8.1.1 实施标准的基本原则包括：

a）应符合国家法律、法规的有关规定；

b）国家标准中有关强制性标准，应严格执行；

c）纳入标准体系的标准应严格执行。

8.1.2 标准实施一般程序包括编制实施计划、实施准备、实施三个阶段。

a）编制实施计划。应将实施标准的工作列入计划，规定有关处室和全球溯源中心各岗位应承担的任务和完成时间。实施标准的计划包括实施标准的方式、内容、步骤、负责人、起止时间、实施要求等。

b）实施准备。实施标准的准备工作如下：

1）明确相应的处室和全球溯源中心各岗位，负责实施标准的组织协调；

2）确保实施标准的相关处室和全球溯源中心各岗位得到相应标准；

3）向有关人员宣传、讲解标准，重要标准编制宣贯材料，必要时集中培训；

4）进行技术准备，必要时进行技术攻关或服务流程改造；

5）进行物资、设施及设备准备，为实施标准提供必要的资源。

c）实施。在做好准备工作的基础上，由相关处室和全球溯源中心各岗位分别组织实施有关标准，标准实施应符合 GB/T 24421.4 的规定。在实施标准过程中遇到的问题，应及时做好记录，并与标建办或标准起草小组沟通。

8.2 监督检查

8.2.1 实施标准的监督检查是对标准贯彻执行情况进行督促、检查和处理的活动。通过监督检查，促进标准的有效执行，发现标准本身存在的问题，以采取改进措施。

8.2.2 标准实施监督检查应每年在领导小组的领导下，由标建办组织开展；可采取会议、现场查看与询问、对记录的数据进行核实与分析、书面征询等手段。

8.2.3 具体标准的实施情况由对应实施处室和全球溯源中心成立监督检查组开展实施情况自查后，上报标建办；标建办根据上报情况可开展相关抽查。各类标准在初次实施 3 个月后至 6 个月内开展标准实施监督检查。

8.2.4 标准实施监督检查内容应包括：

a）实施标准的资源与满足标准实施要求的符合情况；

b）关键点各控制措施的完备情况；

c）员工对标准的掌握程度；

d）岗位人员服务过程与标准的符合情况；

e）服务结果与标准的符合情况。

8.2.5 负责监督检查的处室和全球溯源中心人员，应确保监督检查的客观性和公正性，监督检查结果应填报《标准实施情况监督检查记录表》（模板参见附录 B），形成记录以作为考核、改进的依据报至相关处室或全球溯源中心并进行处置，处置方式为：

a）标准内容不符合实际需要时，应及时修订或废止标准；

b）标准内容符合要求但相关处室或全球溯源中心执行不到位时，应采取措施加强标准的执行力。

9 标准化工作的规划和计划

9.1 编制要求

9.1.1 标建办和全球溯源中心应将标准化工作纳入工作规划与工作计划。工作规划一般实施周期为 3 ~5 年。每年年末制订下一年度工作计划。

9.1.2 标准化规划和计划可根据 GB/T 35778 中标准化活动内容制定。

a）标准化规划内容可包括：

1）标准制修订计划及复审计划；

2）主导、参与及宣贯国家标准、行业标准计划；

3）标准实施计划，参与标准化活动计划等；

4）试点示范创建及推进计划；

5）标准化宣传、培训计划；

6）标准化科研规划、计划；

7）标准文本有效性检查或自我评价计划；

8）其他方面的计划。

b）标准化计划的要素可包括：

1）计划名称；

2）计划要达到的要求；

3）实施计划需要的各项准备、资源配置等；

4）责任单位和人员，配合工作的单位和人员及其分工；

5）工作进度要求。

9.2 执行要求

9.2.1 标建办负责编制标准化工作重点计划，报领导小组批准后实施。

9.2.2 计划在执行过程中因故需要调整的，应说明原因，调整后的计划应经过重新确认。

9.2.3 在实施的过程中，标准化专（兼）职人员应进行跟踪，了解计划进展情况并给予必要的指导和协调。

9.2.4 每年年末或年初，标建办应对各项标准化工作活动进行全面检查、系统总结，吸取经验教训。

10 标准化信息管理

10.1 资料范围

标准化文件至少包括：

a）全球溯源中心方针、目标；

b）全球溯源中心公共服务标准体系表与所包含的标准；

c）标准实施及监督检查形成的文件及记录信息；

d）标准化工作评价与改进形成的文件及记录信息；

e）国家和地方有关标准化法律法规、规章和规范性文件；

f）国内外有关的标准化期刊、出版物、标准文本及其他有关的标准化文件。

10.2 管理要求

10.2.1 全球溯源中心在服务前，应声明公开执行的服务标准信息，公开的信息应完整、有效。

10.2.2 标建办负责定期对标准化文件进行整理、清理，确保有效适用。

10.2.3 相关处室和全球溯源中心及时收集、更新相关的国内外标准化信息，进行分析、加工，并结合工作需求转化为标准，更新标准体系。

10.2.4 标建办建立有效的标准化反馈机制，及时收集、整理、评审、处置有关标准体系和标准实施过程中的各种标准化信息。

11 标准化培训

11.1 培训要求

11.1.1 标建办应定期组织标准化知识培训，不断提高政研创新办标准化意识，提升标准化建设水平，加大宣传普及力度。

11.1.2　在实施重要标准时，应对使用标准的各方进行专项培训。培训工作由标建办组织举行。培训的对象和要求：

a）领导小组：熟悉国家有关标准化的法律法规、方针、政策。了解标准化的基本知识，掌握管辖范围内的管理标准、工作标准，并能贯彻和运用。

b）专（兼）职标准化人员：宣传标准化政策、法规，标准化理论和方法。提高标准化技术能力和管理能力，胜任标准化工作。

c）服务人员、技术保障人员和管理人员：除标准化法规和基础知识外，结合制定标准、贯彻实施标准而组织专题专项培训。

11.2　培训方式

培训方式可包括：

a）在内部开标准化培训班，邀请有关专家授课；

b）组织有关人员进行考察、学习和技术交流；

c）参加行业及上级主管部门主办的标准化专业知识培训班；

d）参与国内外各类标准化活动及技术交流活动；

e）举办标准化知识竞赛。

11.3　培训程序

培训一般程序有：

a）制订培训计划：应包括培训内容、培训对象、时间、地点、讲师、教材、培训考核方式等。

b）培训准备：根据培训计划做好培训场地、设施、讲师、教材、通知参加人员等准备工作。

c）实施培训：做好培训签到、录音录像、维持现场纪律、学员意见收集等工作。

d）成效考核：根据培训内容选择合适的培训成效检验，并做好培训信息归档。

12　标准化奖励与处罚

12.1　奖励

12.1.1　对提高单位管理水平有显著作用的与标准化相关的成果，包括但不限于论文、著作、标准、管理方法等，由标建办汇总报送领导小组，予以奖励和表彰。

12.1.2　对在标准化工作中做出显著成绩或有重大贡献的处室、全球溯源中心或个人，由标建办汇总上报领导小组给予奖励和表彰。

12.2　处罚

违反本文件的处室或个人，根据情节及后果的严重程度，分别给予整改纠正、通报批评等。

13　标准化评价与改进

13.1　工作评价

13.1.1　为确定标准化工作达到规定目标的程度，在标准体系运行后，标建办在领导小组的指导下每年组织开展一次评价工作。

13.1.2　标建办在实施评价工作前，应编制评价方案，明确评价方位、评价程序与方法、责任岗位等。

13.1.3　评价按 GB/T 24421.4 的规定进行。

13.1.4　经领导小组审议，评价可申请由第三方进行。

13.2　工作改进

13.2.1　标准化是一个制定标准—实施标准—合格评定—分析改进，以及再修订标准的动态过程，这个过程是通过持续改进来实现的。

13.2.2　标建办负责统筹全球溯源中心标准化工作改进的相关活动，标准归口部门负责具体的改进工作。

13.2.3　改进依据包括但不限于：

a）使用的标准化方针、政策、法律法规、目标和其他要求发生变化；

b）标准体系运行、标准实施和评价提出的改进要求；

c）与服务有关的科研成果、新技术、新工艺等方面的信息；

d）服务对象反馈的意见；

e）领导意识、员工能力和建议；

f）标准化工作纠正措施和预防措施。

13.2.4　改进内容包括但不限于：

a）改进并提升标准化活动的战略与策略；

b）改进和完善标准、调整标准体系结构、完善标准内容等；

c）改进和提升标准化人员的素质和能力、调整人员结构、提升人员技能等。

附录 A
（规范性）
全球溯源中心服务标准化试点企业标准的标准号编号规则

全球溯源中心服务标准化试点企业标准编码方法如图 A. 1 所示。

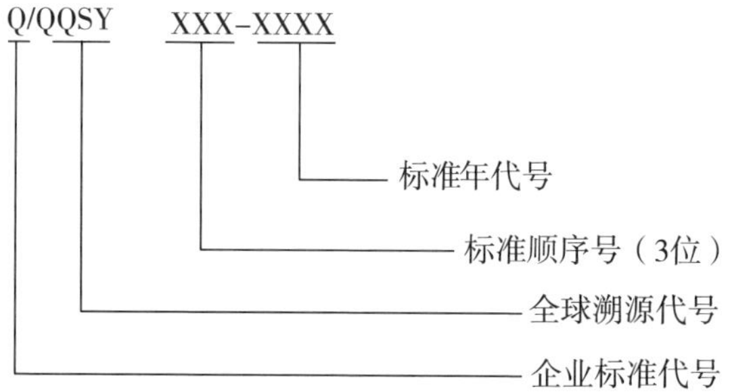

图 A. 1　全球溯源中心服务标准化试点企业标准编码方法

附录 B
（资料性）
标准实施情况监督检查记录表格式

《标准实施情况监督检查记录表》的格式模板如表 B. 1 所示。

表 B. 1　　标准实施情况监督检查记录表

<table>
<tr><td colspan="6">标准实施情况监督检查记录表</td></tr>
<tr><td colspan="2">检查人员</td><td colspan="1"></td><td colspan="2">检查日期</td><td></td></tr>
<tr><td colspan="2">标准实施负责人</td><td colspan="4"></td></tr>
<tr><td colspan="2">检查方式</td><td colspan="4">面谈座谈/查阅资料/现场考察</td></tr>
<tr><td rowspan="2">序号</td><td rowspan="2">标准名称</td><td colspan="3">检查项目和内容（如实记录检查情况）</td><td rowspan="2">结论（符合或不符合）</td></tr>
<tr><td>1. 岗位工作人员对业务标准的掌握程度</td><td>2. 现场工作及相关记录与标准的符合性</td><td>3. 业务工作成果与标准的符合性</td></tr>
<tr><td>1</td><td>标准名称、代号及章节的具体要求</td><td></td><td></td><td></td><td></td></tr>
<tr><td>2</td><td>标准名称、代号及章节的具体要求</td><td></td><td></td><td></td><td></td></tr>
<tr><td>3</td><td>标准名称、代号及章节的具体要求</td><td></td><td></td><td></td><td></td></tr>
<tr><td>4</td><td>标准名称、代号及章节的具体要求</td><td></td><td></td><td></td><td></td></tr>
<tr><td>……</td><td>标准名称、代号及章节的具体要求</td><td></td><td></td><td></td><td></td></tr>
<tr><td colspan="6">检查情况综述：
（标准实施整体落实情况）</td></tr>
<tr><td colspan="3">检查结论：（合格/不合格）</td><td colspan="3">检查员签字：</td></tr>
<tr><td colspan="2">限期整改期限</td><td>______天</td><td>复查日期：</td><td colspan="2">年　　月　　日</td></tr>
<tr><td colspan="6">复查情况综述：
（标准实施整改情况）</td></tr>
<tr><td colspan="3">复查结论：（合格/不合格）</td><td colspan="3">检查员签字：</td></tr>
</table>

注：1. 每项标准检查结论分为合格与不合格；

2. 中心所有标准均合格，则总体检查结论为合格，任一单项不合格，则总体检查结论为不合格。

企　　　　业　　　　标　　　　准

Q/QQSY 010—2022

全球溯源中心　服务标准体系编号规则

2022－10－25 发布　　　　2022－10－25 实施

中共中国（广东）自由贸易试验区广州南沙新区片区
工作委员会政策研究和创新办公室　发布

前　言

本文件按照 GB/T 1.1—2020《标准化工作导则　第 1 部分：标准化文件的结构和起草规则》的规定起草。

本文件由全球溯源中心标准化建设办公室提出并归口。

本文件起草部门：全球溯源中心标准化建设办公室。

本文件主要起草人：刘家君、吴瑞坚、沈薇、黎秀婷、卢晓军、罗敏仪。

本文件于 2022 年首次发布，本次为第一次修订。

全球溯源中心　服务标准体系编号规则

1　范围

本文件规定了全球溯源中心服务标准体系编号的编号规则和编号应用。

本文件适用于全球溯源中心服务标准体系的标准的标识和管理。

2　规范性引用文件

下列文件中的内容通过文中的规范性引用而构成本文件必不可少的条款。其中，注日期的引用文件，仅该日期对应的版本适用于本文件；不注日期的引用文件，其最新版本（包括所有的修改单）适用于本文件。

GB/T 10113 分类与编码通用术语

3　术语和定义

GB/T 10113 界定的以及下列术语和定义适用于本文件。

3.1　标准体系编号

采用字母、数字混合字符组成的用以标识全球溯源中心服务标准体系标准的一组规范化代码。

4　编号规则

4.1　基本要求

全球溯源中心服务标准体系编号应符合以下要求：

——唯一性：一个标准只能赋予一个标准体系编号。

——稳定性：一个标准体系编号被永久地赋予一个标准，不能被更改、替换或者重新使用。

——可扩展性：标准体系编号应留有适当的后备容量，以便适应不断扩充的需要。

4.2 编号结构

标准体系编号由标准子体系代码、标准类别代码、标准级别代码、标准顺序代码和标准发布年份代码五部分组成，编号示例参见附录 A。标准体系编号结构如图 1 所示。

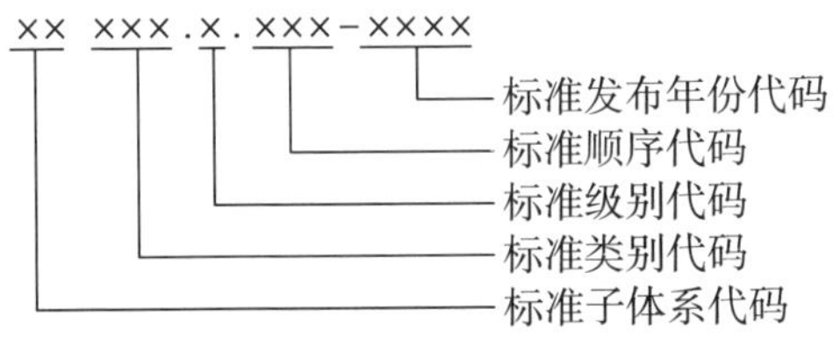

图 1　标准体系编号结构

4.3 标准子体系代码

标准子体系代码由 2 位英文字母表示，代表该标准所在的标准子体系，如表 1 所示。

表 1　标准子体系代码

序号	标准子体系名称	代码
1	服务通用基础标准体系	JC
2	服务保障标准体系	BZ
3	服务提供标准体系	TG

4.4 标准类别代码

标准类别代码由 3 位阿拉伯数字表示，代表该标准在标准子体系中所在的层级和类别顺序，如表 2 所示。

表 2　　标准类别代码

序号	标准子体系	标准类别名称	代码
1	服务通用基础标准体系	标准化导则	101
2		术语与缩略语标准	102
3		符号与标志标准	103
4		数值与数据标准	104
5	服务保障标准体系	实体中心环境标准	101
6		溯源系统标准	102
7		安全与应急标准	103
8		设施设备标准	104
9		人力资源标准	105
10		档案管理标准	106
11	服务提供标准体系	溯源业务规则	101
12		服务规范	201
13		服务质量控制规范	202
14		运行管理规范	203
15		服务评价与改进标准	204

4.5　标准级别代码

标准级别代码由 1 位阿拉伯数字表示，代表该标准的标准级别，如表 3 所示。

表 3　　标准级别代码

序号	标准级别	代码
1	国家标准	1
2	行业标准	2
3	地方标准	3
4	团体标准	4
5	企业标准	5

4.6　标准顺序代码

标准顺序代码由 3 位阿拉伯数字表示，从 001 开始编号，代表该标准在标准类别中的排序。

4.7　标准发布年份代码

标准发布年份代码由 4 位阿拉伯数字表示，代表该标准发布年份。

5　编号应用

5.1　全球溯源中心服务标准体系编号应由全球溯源中心标准化建设办公室统一编制。
5.2　当标准所属的标准级别和标准发布年份发生变更时，应重新编号。
5.3　当标准被废止或重新赋码后，原编号不应再赋予其他标准。

附录A
（资料性）
全球溯源中心服务标准体系编码示例

全球溯源中心服务标准体系编码可参照以下示例。

示例1：

JC101.1.001—2020《标准化工作导则　第1部分：标准化文件的结构和起草规则》（GB/T 1.1—2020）

代码“JC”表示该标准属于服务通用基础标准子体系；

代码“101”表示该标准属于标准化导则；

代码“1”表示该标准是国家标准；

代码“001”表示该标准是“标准化导则”类别中第1份标准；

代码“2020”表示该标准在2020年发布。

Q/QQSY

企　　业　　标　　准

Q/QQSY 011—2022

全球溯源体系　术语

2022－10－25 发布　　　　2022－10－25 实施

中共中国（广东）自由贸易试验区广州南沙新区片区
工作委员会政策研究和创新办公室　发布

前　言

本文件按照 GB/T 1.1—2020《标准化工作导则　第 1 部分：标准化文件的结构和起草规则》的规定起草。

本文件由全球溯源中心标准化建设办公室提出并归口。

本文件起草部门：全球溯源中心标准化建设办公室。

本文件主要起草人：刘家君、吴瑞坚、沈薇、黎秀婷、卢晓军、罗敏仪。

本文件于 2022 年首次发布，本次为第一次修订。

全球溯源体系　术语

1　范围

本文件界定了全球溯源体系所使用的基础术语、管理与服务术语、信息化术语及其定义。

本文件适用于全球溯源体系。

2　规范性引用文件

本文件没有规范性引用文件。

3　基础术语

3.1　全球溯源体系

各国政府部门、企业和消费者共建共享的价值传递体系。

注：全球溯源体系通过对商品生产、流通、分配和消费全生命周期的数据采集、科学分析与精准识别，实现风险可识别、可控制、可处置，服务于货物流通、贸易便利、权益维护，以最低成本实现商品价值的真实传递。

3.2　全球溯源体系共建方

自愿加入全球溯源体系，秉持“共建共享、真实安全、开放便利”的基本原则，在商品全生命周期价值传递过程中，提供数据或服务的组织或个人。

3.3　溯源共建方

在全球溯源体系内提供商品溯源数据，并拥有其提供的溯源数据所有权的共建方。

3.4　服务共建方

为实现全球溯源体系信息有效、准确、便利传递，按共建方需求提供服务的共建方。

3.5 协同共建方

为优化全球溯源体系信息化建设提供技术支持，或按共建方需求拓展溯源在产业中应用的共建方。

3.6 支撑共建方

负责区域或行业的全球溯源中心建设和运营，具有公信力的公共机构或组织。

3.7 全球溯源中心

依托全球溯源体系建立的区域或行业运营管理中心，由地方政府主导建设、监管部门共建共用、社会组织共同参与，通过建设全球溯源体系公共技术、运营团队及实体中心，服务于全球溯源体系在区域或行业运行的数字经济公共基础设施。

3.8 “溯源 +”

把全球溯源体系的创新成果与经济社会各领域深度融合，推动技术进步、效率提升，提升经济社会创新力和生产力，形成更广泛地依托全球溯源中心为公共基础设施发展的新生态。

4 管理与服务术语

4.1 全球溯源中心服务

面向全体共建方，支撑共建方以全球溯源中心为载体，帮助共建方理解全球溯源体系规则，支撑共建方加入并应用全球溯源体系的一系列活动和过程。

4.2 开放应用

遵循全球溯源体系“共建共享、真实安全、开放便利”的基本原则，通过全球溯源中心管理系统的开放架构，使协同共建方利用信息技术优化全球溯源体系信息系统或增加其功能的行为。

4.3 协同产品

协同共建方在全球溯源体系开放应用的规则下提供的新技术或新应用。

4.4 溯源标识服务

由服务共建方围绕溯源标识为溯源共建方提供的服务。

4.5 溯源标识

将溯源商品与商品溯源信息进行关联的载体。

注：如二维码、RFID。

4.6 溯源标识编码

给溯源标识赋予溯源标识值的过程。

4.7 溯源标识译码

确定溯源标识中记载的溯源标识值的过程。

4.8 自主声明

共建方自愿承诺其提供的信息真实合法并愿意为之承担法律责任的声明。

4.9 声明公证服务

公证法律服务机构作为服务共建方，接受溯源共建方委托，对其在全球溯源中心发布的自主声明进行公证并出具公证书的服务。

4.10 声明公证书

公证法律服务机构依照溯源共建方申请，对溯源共建方自主声明进行公证后，按照规范化格式提供的具有特殊法律效力的司法证明书。

4.11 法律追责服务

公证法律服务机构作为服务共建方，发现所公证的自主声明事项存在失实并造成相关共建方利益受损时，接受利益受损方委托，对做出失实声明的共建方进行法律追责的服务。

5 信息化术语

5.1 架构

体系结构系统在其环境中的基本概念或属性，体现在其元素、关系以及设计和演变原则中。

［来源：GB/T 22032—2021，定义 4.1.5］

5.2 全球溯源体系信息系统

在全球溯源体系内依托全球溯源体系理论、标准和规则而建设的所有信息系统的统称，由各个区域全球溯源中心管理系统、公共技术组件、各类“溯源 +”应用等构成。

5.3 区域或行业全球溯源中心管理系统

按照全球溯源体系理论和标准建立，实现全球溯源体系规则在区域或行业运行的信息化工具，支撑全球溯源中心执行区域或行业运营管理和提供公共服务，并开放接入“溯源 +”应用。

5.4 消费者权益保护公共服务平台

汇集以商品为核心的全渠道消费者权益保护信息，创新消费者权益保护模式，联动监管部门、企业，全方位保障消费者权益的公共服务平台。

5.5 检验检测公共服务平台

以市场需要、共建方自主为核心，集聚全球检验检测认证服务商，面向全球品牌商、贸易商、生产商等共建方全面开放，对接各监管部门，实现检验检测认证业务一站式完成，检验检测认证结果数据广域流通、互信互认的公共服务平台。

5.6 知识产权保护公共服务平台

汇聚全球商品知识产权信息和全球知识产权服务资源，为共建方提供知识产权运营、咨询、代理、维权、风险信息提示等一体化服务的综合型公共服务平台。

5.7 溯源产业公共服务平台

汇聚溯源产业发展与创新的基本要素资源，为孵化新溯源产业，以及溯源产业生态发展壮大提供支撑的公共服务平台。

5.8 公共技术组件

为实现多个区域或行业全球溯源中心管理系统之间、区域或行业全球溯源中心管理系统与“溯源 +”应用之间互联互通，按照全球溯源体系理论、标准和规则建设的由一系列接口、服务组成的溯源数据交换平台。

5.9 溯源信息

溯源商品在生产、流通、分配、消费的全生命周期过程中产生的信息。

注：全球溯源体系的溯源信息包括但不限于商品信息、生产信息、质量信息、检验检测信息、公证信息、交易信息、物流信息、监管信息、消费信息、评价信息。

5.10 溯源数据

进入全球溯源体系信息系统的数据，包括商品数据、生产数据、质量数据、物流数据和消费数据等。

Q/QQSY

企　　业　　标　　准

Q/QQSY 012—2022

全球溯源体系　图形符号与标志

2022－10－25 发布　　　　2022－10－25 实施

中共中国（广东）自由贸易试验区广州南沙新区片区
工作委员会政策研究和创新办公室　发布

前　言

本文件按照 GB/T 1.1—2020《标准化工作导则　第 1 部分：标准化文件的结构和起草规则》的规定起草。

本文件由全球溯源中心标准化建设办公室提出并归口。

本文件起草部门：全球溯源中心标准化建设办公室。

本文件主要起草人：刘家君、吴瑞坚、沈薇、黎秀婷、包小玲、罗敏仪。

本文件于 2022 年首次发布，本次为第一次修订。

全球溯源体系　图形符号与标志

1　范围

本文件规定了全球溯源体系图形符号设置的基本原则、全球溯源体系标志、场所标志标牌和公共标志。

本文件适用于全球溯源体系图形符号设计、使用及管理。

2　规范性引用文件

下列文件中的内容通过文中的规范性引用而构成本文件必不可少的条款。其中，注日期的引用文件，仅该日期对应的版本适用于本文件；不注日期的引用文件，其最新版本（包括所有的修改单）适用于本文件。

GB/T 2893.1　图形符号　安全色和安全标志　第 1 部分：安全标志和安全标记的设计原则

GB/T 10001.1　公共信息图形符号　第 1 部分：通用符号

GB/T 10001.9　公共信息图形符号　第 9 部分：无障碍设施符号

GB 13495.1　消防安全标志　第 1 部分：标志

GB/T 15565　图形符号　术语

GB 15630　消防安全标志设置要求

GB/T 20501.1　公共信息导向系统　导向要素的设计原则与要求　第 1 部分：总则

GB/T 23809.1　应急导向系统　设置原则与要求　第 1 部分：建筑物内

DB44/T 603　公共标志英文译法规范

3　术语和定义

GB/T 15565 界定的术语和定义适用于本文件。

4 基本原则

4.1 系统性

4.1.1 标志的设计及应用的符号、颜色、文字、图形应保持一致。

4.1.2 在设计和设置标志的具体要素时，应考虑与整体统一、协调。

4.2 可识别性

4.2.1 标识的各要素设置在其背景或空间环境中应保持醒目。

4.2.2 图形标志和文字符号应轮廓清晰、简洁明晰、颜色均匀、易于识别。

5 全球溯源体系标志

5.1 全球溯源体系标志由“绝对值”和“无限值”组成。颜色由（C53 M26 K0 Y0，R128 G167 B216）（C83 M81 K0 Y4，R67 G63 B148）和（C100 M100 K6 Y60，R3 G0 B73）三个标准色组成，如图 1 和图 2 所示。

注：以绝对值符号在两侧将无限符号框住，表明了全球溯源中心是由多种智能技术打造的数字经济基础设施平台，在这个平台当中拥有极其丰富的功能，为政府、企业、服务商、消费者等多方使用者提供了强大的工具便利性和溯源规则的无限可能性。两个简单的数学符号，寓意了全球溯源体系的宏伟盛况。

图 1　全球溯源体系标志

C53 M26 K0 Y0，
R128 G167 B216

C83 M81 K0 Y4，
R67 G63 B148

C100 M100 K6 Y60，
R3 G0 B73

图 2　全球溯源体系标志标准色

5.2　标志背景为白色（C0 M0 Y0 K0，R255 G255 B255）时，全球溯源体系标志按照 5.1 的要求，中英文是标准色（C100 M100 K6 Y60，R3 G0 B73）。标志背景为蓝色（C100 M100 K6 Y60，R3 G0 B73）时，全球溯源体系标志为白色（C0 M0 Y0 K0，R255 G255 B255）。

5.3　全球溯源体系标志可与中英文字配合使用，其标准组合形式如图 3 和图 4 所示。中文字体应选用思源黑体，英文字体应选用 Arial。

图 3　标准组合形式一

图 4　标准组合形式二

5.4　标志与地区名称组合。

该组合执行时应保证各部分的比例、排序和组合不变，尺寸根据实际情况而定。

5.5　标志管理和使用要求。

5.5.1　中心应使用第 5.1 条和第 5.2 条规定的标志，遵守规范性、系统性、可识别性原则。

5.5.2　在使用中心标志时，可根据需要调整背景颜色，但要严格控制背景色的亮度，确保全球溯源体系标志清晰可辨。

5.5.3　标志的使用应由专人进行统一管理，定期对标志的排版、摆放、色彩、印刷等情况进行检查，发现问题及时维修或更换。

5.5.4　在服务区域、公共区域、办公区域制作指示向导系统以及在办公用品、对外宣传等方面需要使用标志时，均须使用全球溯源体系统一的标志。

5.5.5　在制作安装标志时，应按照需求进行缩放，不得随意拉伸或压缩图案及中英文文字之间的距离，不应改变标志图形结构、文字样式、配色和比例，并要确保形象标志的最小保护空间。
5.5.6　标志不应用作商业用途和私人活动。

6　场所标志标牌

6.1　中心标牌

应在中心入口处显著位置安装统一的全球溯源体系标志牌，形式可多样化，设计效果体现科技感，缩放比例可根据实际需要进行调整。

6.2　功能室门牌

各功能室应在门框上方（左面或正中）位置安装平面式门牌，带有全球溯源体系标志。可采用悬挂式和贴墙式两种形式，可用雕刻、烤漆、喷漆或丝网印刷制作，也可选用可置换式门牌。

6.3　公共服务窗口标志

6.3.1　公共服务窗口背景墙面，根据实际情况，宜使用统一色彩、字体、材质进行装饰装修。
6.3.2　办事窗口醒目位置应设置服务内容、服务时间等标志，应设置吊牌或电子显示屏，内容包括窗口号、事项名称、投诉举报电话等。

6.4　玻璃门条

室内外玻璃门应统一粘贴玻璃门防撞条，可按照办公区域实际情况自行设定防撞条长度。

防撞条可由全球溯源体系标志组成，或者由徽标、服务用语组成，徽标在服务用语中间位置。

6.5　应用推广

6.5.1　公共服务窗口轮值人员应按相关要求统一着装，并佩戴统一尺寸和样式统一、带有全球溯源体系标志的工作证件。
6.5.2　中心可根据实际需要配备统一样式的工作时间牌、工作桌牌、信封、档案袋和纸制水杯等。
6.5.3　中心大厅的用于信息公开和公示的LED屏，可按规定使用标志。

6.5.4 中心在开展宣传活动或对外服务时，应在相关宣传材料或周边产品上规范使用标志，如资料封面、图形易拉宝、宣传手册、宣传栏、徽章、环保袋、U盘、雨伞等。

7 公共标志

7.1 总则

7.1.1 全球溯源中心公共标志的设计和布局应以标准化、直观性和无障碍为原则，体现时代要求，注重人文关怀。

7.1.2 公共信息图形符号应按 GB/T 10001.1 和 GB/T 10001.9 规定。

7.1.3 中心标志宜按照 DB44/T 603 的要求设置中英文双语导向标志。

7.2 导向指引

7.2.1 交通导向标志

7.2.1.1 宜在中心主要临近路口、道路平面交叉口提前 100 ~ 200m 设置全球溯源中心入口的导向标志，并为车辆设置机动车停车场导向标志。

7.2.1.2 室外的机动车停车场出口处宜设置全球溯源中心入口的导向标志，地下机动车停车场内宜设置全球溯源中心入口、楼梯和电梯的导向标志。

7.2.1.3 全球溯源中心入口处宜设置醒目的全球溯源中心标志（即门楣和标牌）；出口处适当位置宜设置街区导向图。

7.2.2 服务场所导向标志

7.2.2.1 公共信息导向系统应符合 GB/T 20501.1 规定。

7.2.2.2 应在公共设施（如公共卫生间、服务导询台等）上方或临近位置设置导向标志。

7.2.2.3 导向标志应突出醒目，如果导向标志在有效观察范围内，则不宜重复设置。

7.3 警示标志

7.3.1 应设置消防安全标志，应符合 GB 13495.1 的要求，颜色应符合 GB/T 2893.1 的要求，设置应符合 GB 15630 的要求。

7.3.2 应设置疏散指示标志，应醒目、无遮拦，疏散通道、疏散楼梯、安全出口应保持通畅。应急导向系统应符合 GB/T 23809.1 规定。

ICS 35.240.01
CCS L 70

T/GNDECPA 0019—2022

团　　体　　标　　准

T/GNDECPA 0019—2022

全球溯源体系　数据采集、存储和共享

Global traceability system——Data acquisition, storage and sharing

2022－09－01 发布　　　　2022－09－02 实施

广州市南沙区经济合作促进会　发布

前言

本文件按照 GB/T 1.1—2020《标准化工作导则　第 1 部分：标准化文件的结构和起草规则》的规定起草。

请注意本文件的某些内容可能涉及专利。本文件的发布机构不承担识别专利的责任。

本文件由中共广州南沙经济技术开发区工作委员会政策研究和创新办公室提出。

本文件由广州市南沙区经济合作促进会归口。

本文件起草部门：中共广州南沙经济技术开发区工作委员会政策研究和创新办公室、广州市南沙区经济合作促进会、国家市场监督管理总局信息中心、中国信息通信研究院产业与规划研究所、商务部国际贸易经济合作研究院、中国交通信息科技集团有限公司、中央财经大学全球经济与可持续发展研究中心、广东省电子口岸管理有限公司、广东省数字经济协会、公诚管理咨询有限公司、中国工商银行股份有限公司广州分行、云从科技集团股份有限公司、香港物流商会、骏德汇发展有限公司、卓志控股有限公司、澳门跨境电子商务行业协会。

本文件主要起草人：刘家君、吴瑞坚、张治峰、沈薇、黎秀婷、王大强、黄殷瑜、卢晓军、彭伟新、李贻强、刘金克、何志豪、才久然、梁明、尹政平、嵇尉、李桂君、符大海、原航志、严珠珠、朱金周、谭艺佳、张海涛、范昭鸣、张立、李军、钟鸿兴、任锦辉、陈颂、伍卓萍、曹脩、丛聪。

全球溯源体系　数据采集、存储和共享

1　范围

本文件规定了全球溯源体系的数据采集、数据存储和数据共享的要求。

本文件适用于全球溯源体系中的区域或行业全球溯源中心管理系统。

2　规范性引用文件

下列文件中的内容通过文中的规范性引用而构成本文件必不可少的条款。其中，注日期的引用文件，仅该日期对应的版本适用于本文件；不注日期的引用文件，其最新版本（包括所有的修改单）适用于本文件。

T/GNDECPA 0014　全球溯源体系共建方 通则

T/GNDECPA 0016　全球溯源中心建设指南

3　术语和定义

T/GNDECPA 0014 和 T/GNDECPA 0016 界定的术语和定义适用于本文件。

4　通用要求

区域或行业全球溯源中心管理系统在数据采集、存储和共享等处理过程中，应遵循合法合规、分类多维、分级明确、动态调整等原则，建立数据分类管理、数据分级保护的机制，保障数据安全。

5　数据采集

5.1　采集范围

区域或行业全球溯源中心管理系统采集共建方提供的溯源数据，包括但不限于商品在生产、流通、分配、消费的全生命周期过程中产生的信息。

5.2 数据采集特性

5.2.1 多源异构性

支持采集多来源、多主体、碎片化的溯源数据，支持多种数据类型和数据格式。

5.2.2 数据确权性

记录溯源数据的来源系统、来源主体、采集时间等，确定溯源数据的构成权属。

5.2.3 便捷性

提供标准化的数据采集接口，支持接入共建方的溯源数据。

5.2.4 安全性

采用身份认证等安全措施，保障数据来源的真实性。

采用安全信道等措施，保障数据传输的机密性和完整性。

6 数据存储

6.1 存储形式

溯源数据独立存储在区域或行业全球溯源中心管理系统。

6.2 存储特性

6.2.1 安全性

采用网络防御、身份鉴别、访问控制、数据加密、数据备份与恢复、数据安全审计等手段，保障溯源数据存储安全。

6.2.2 可用性

采用分布式存储系统，保障溯源数据存储的高可用性。

7 数据共享

7.1 共享原则

区域或行业全球溯源中心管理系统根据溯源数据提供者的授权，确定溯源数据的共享范围及共享对象。

7.2 共享形式

共享形式分为：

——根据数据共享范围分级，划分为完全共享、部分共享、不共享；

——根据数据共享对象分类，划分为所有共建方共享、指定共建方共享。

7.3 共享要求

7.3.1 共享记录

应记录溯源数据的共享范围、共享对象、共享时间、共享应用产生的结果数据等。

7.3.2 数据共享安全

数据共享安全应满足以下要求：

——制定数据共享安全管理制度，建立安全应急处理和灾难恢复机制；

——对共享数据的全生命周期进行安全管理；

——采用身份鉴别、数据源认证、访问控制等安全机制；

——必要时，对敏感数据进行脱敏。

参考文献

[1] GB/T 37737　信息技术　云计算　分布式块存储系统总体技术要求.
[2]《中华人民共和国网络安全法》.
[3]《中华人民共和国数据安全法》.
[4]《中华人民共和国个人信息保护法》.

Q/QQSY

企　　业　　标　　准

Q/QQSY 013—2022

全球溯源体系　基础元数据

2022－10－25 发布　　　　2022－10－25 实施

中共中国（广东）自由贸易试验区广州南沙新区片区

工作委员会政策研究和创新办公室　发布

前　言

本文件按照 GB/T 1.1—2020《标准化工作导则　第 1 部分：标准化文件的结构和起草规则》的规定起草。

本文件由全球溯源中心标准化建设办公室提出并归口。

本文件起草部门：全球溯源中心标准化建设办公室。

本文件主要起草人：刘家君、吴瑞坚、沈薇、黎秀婷、黄殷瑜、田佳明。

本文件于 2022 年首次发布，本次为第一次修订。

全球溯源体系　基础元数据

1　范围

本文件规定了全球溯源体系基础元数据的描述方法、元数据模型、全球溯源体系基础元数据描述及基础元数据扩展原则和方法。

本文件适用于全球溯源体系基本信息的分类编目、采集处理以及检索查询等活动。

2　规范性引用文件

下列文件中的内容通过文中的规范性引用而构成本文件必不可少的条款。其中，注日期的引用文件，仅该日期对应的版本适用于本文件；不注日期的引用文件，其最新版本（包括所有的修改单）适用于本文件。

GB/T 2260—2007　中华人民共和国行政区划代码

GB/T 4754—2017　国民经济行业分类

GB/T 5271. 17—2010　信息技术　词汇　第 17 部分：数据库

GB/T 7408—2005　数据元和交换格式　信息交换　日期和时间表示法

GB/T 7635. 1—2002　全国主要产品分类与代码　第 1 部分：可运输产品

GB 11643—1999　公民身份号码

GB/T 18391. 1—2009　信息技术　元数据注册系统（MDR）　第 1 部分：框架

GB/T 19710—2005　地理信息　元数据

3　术语和定义

下列术语和定义适用于本文件。

3.1　元数据

定义和描述其他数据的数据。

［来源：GB/T 18391. 1—2009］

3.2 元数据元素

元数据的基本单元。

注：元数据元素在元数据实体中是唯一的。

［来源：GB/T 19710—2005，定义 4.6］

3.3 元数据实体

一组说明数据相同特性的元数据元素。

注：可以包括一个或一个以上的元数据实体。

［来源：GB/T 19710—2005，定义 4.7］

3.4 基础元数据

描述全球溯源体系数据基本属性的元数据元素和元数据实体。

4 元数据的描述方法

4.1 中文名称

赋予元数据元素或元数据实体的一个中文标注。元数据实体名称在本标准范围内应唯一，元数据元素名称在元数据实体中也应唯一。

4.2 英文名称

赋予元数据元素或元数据实体的一个英文标准。英文名称在本标准范围内应唯一。

4.3 定义

对元数据元素或元数据实体含义的解释，以使元数据元素或元数据实体与其他元数据元素或元数据实体在概念上相区别。

4.4 数据类型

对元数据元素的有效值域的规定和允许对该值域内的值进行有效操作的规定，例如数值型、字符串、日期型、二进制、布尔型等。

4.5 约束/条件

说明一个元数据元素或元数据实体是否选取的描述符。该描述符分别如下：

M：必选，表明该元数据元素或元数据实体必须选择。

O：可选，根据实际应用可以选择也可以不选的元数据元素或元数据实体。已经定义的可选元数据元素和可选元数据实体，可指导部门元数据标准制定人员充分说明其信息；如果一个可选元数据实体未被使用，则该实体所包含的元素（包括必选元素）也不选用。可选元数据实体可以有必选元素，但只当可选实体被选用时才成为必选。

C：条件必选，当满足约束条件中所定义的条件时应选择。条件必选用于以下三种可能性之一：

1）当在多个选项中进行选择时，至少一个选项必选，且必须使用。

2）当另一个元数据元素已经使用时，选用一个元数据实体或元数据元素。

3）当另一个元数据元素已经选择了一个特定值时，选用一个元数据元素。

4.6 缩写名

元数据元素或元数据实体的英文缩写名称。缩写规则如下：

a）缩写名在本标准范围内应唯一；

b）缩写名不应包括任何空格、破折号、下画线或分隔符等；

c）缩写名不应使用复数形式的英文单词，除非该单词本身就是复数形式，如“Goods”；

d）元数据实体缩写名描述应采用 UCC（Upper Camel Case）方式，即将每个单词的首字母大写，并把这些单词组合起来的一种方式；元数据元素缩写名描述应采用 LCC（Lower Camel Case）方式，即除了第一个单词外的每个单词的首字母大写，并把这些单词组合起来的一种方式；

e）对存在国际或行业领域惯用英文名称缩写的，采用惯用缩写。

4.7 值域

规定了元数据元素的有效值域。

4.8 最大出现次数

说明元数据元素或元数据实体可以出现的最大次数。只出现一次的用“1”表示，多次重复出现的用“n”表示。

4.9 备注

对元数据元素或实体进一步的补充说明，该元素为可选。

5 元数据模型

5.1 表示方法

本标准采用统一建模语言（UML）描述元数据元素和元数据实体之间的关系。用 UML 中的类表示元数据实体，属性表示元数据元素。本标准中使用的 UML 符号及说明如图 1 所示。

5.2 基础元数据的构成

应根据全球溯源体系的数据采集过程，确定相应的基础元数据采集对象。全球溯源体系基础元数据的描述见附录 A。

6 核心元数据扩展原则和方法

6.1 扩展的类型

全球溯源体系基础元数据允许进行下列类型的扩展：

a）增加新的元数据元素；

b）增加新的元数据实体；

c）建立新的元数据代码表，代替值域为“自由文本”的现有元数据元素的值域；

d）对现有元数据实体/元素施加更严格的约束；

e）对现有元数据实体/元素的值域施加更多限制；

f）创建新的元数据代码表元素（扩展代码表）。

6.2 扩展的原则

新建元数据需要遵循如下基本原则：

a）扩展的元数据元素不能用来改变本标准中现有元数据元素的名称、定义或数据类型；

b）扩展的元数据可以定义为实体，可以包含扩展的和现有的元数据元

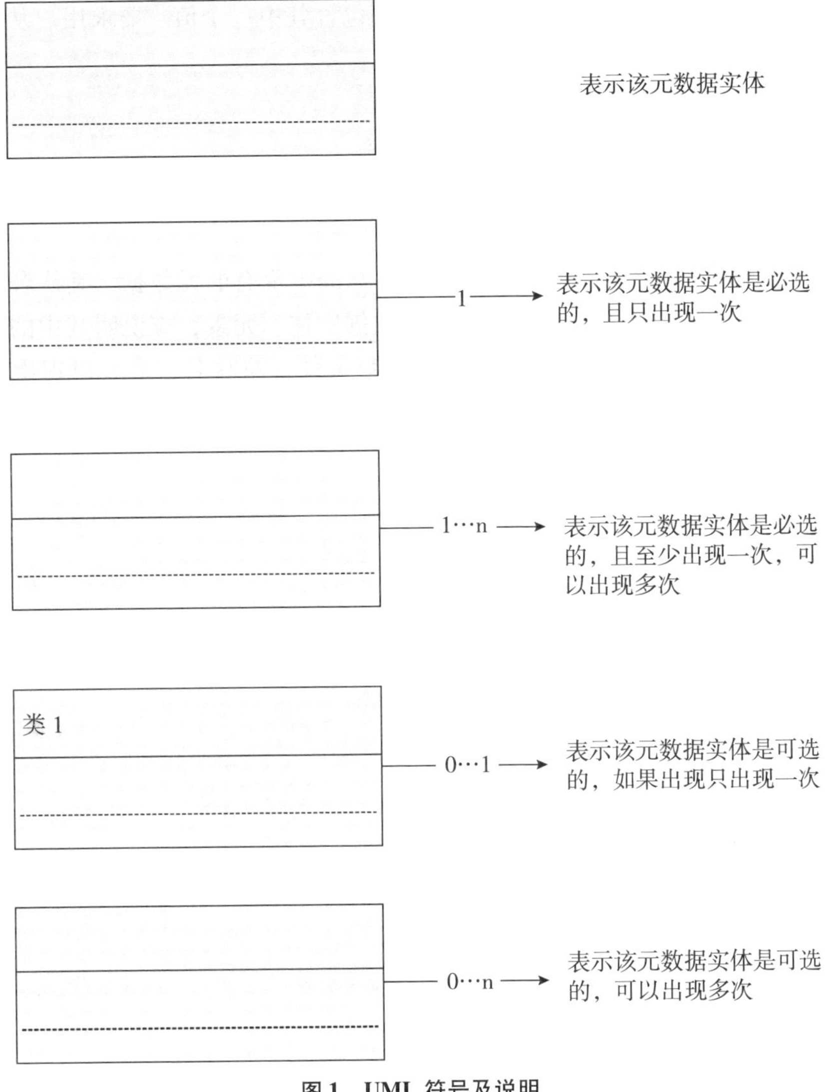

图 1　UML 符号及说明

素，作为其组成部分；

c）允许对现有元数据实体/元素施加比本标准要求更加严格的约束/条件（如在本标准中是可选的元数据元素，在扩展后可以是必选的）；

d）允许对元数据元素的值域施加比本标准更严格的限制（如在本标准中值域为“自由文本”的元数据元素，在专用标准中可以限定为适当值的列表）；

e）允许对本标准认可的值域的使用加以限制（如现有元数据元素的值域

有五个值，在扩展后可以规定它的值域只包含其中三个值，要求用户从这三个中选择一个)；

f）允许对代码表中值的数目进行扩展；

g）不得扩展本标准不允许的任何内容。

6.3 扩展的实施

在扩展元数据之前，应仔细地查阅本标准中现有的元数据，确认合适的元数据尚不存在，对于扩展的每一个元数据实体、元素，应说明其中的中文名称、英文名称、定义、数据类型、约束/条件、缩写名、最大出现次数和值域。

附录 A
（规范性）
全球溯源体系基础元数据描述

全球溯源体系基础元数据描述如表 A. 1 所示。

表 A. 1 全球溯源体系基础元数据描述

缩写名	中文名称	英文名称	数据类型	长度	精度	约束/条件
		商品信息				
cargoname	商品名称	Chinese name of commodity	VARCHAR	256	0	1
cargobarcode	商品条码	Commodity bar code	VARCHAR	64	0	0
unit	单位	Minimum sales unit	VARCHAR	16	0	0
cargodesc	商品描述	Product description	VARCHAR	256	0	0
cargouse	用途	Purpose	VARCHAR	256	0	0
netwtkgs	净重（kg）	Net weight（kg）	VARCHAR	256	0	0
mainingredient	主要成分	Main components	VARCHAR	1280	0	0
spec	规格	Specifications	VARCHAR	256	0	0
model	型号	Model	VARCHAR	64	0	0
cargonameen	商品英文名称	English name of commodity	VARCHAR	256	0	0
goodsno	商品货号	Product code	VARCHAR	256	0	0
cargocatg	商品分类	Commodity classification	VARCHAR	32	0	0

续表

缩写名	中文名称	英文名称	数据类型	长度	精度	约束/条件
pdpackagemode	包装方式	Packing method	VARCHAR	64	0	0
grwtkgs	毛重（kg）	Gross weight（kg）	VARCHAR	256	0	0
brandname	品牌中文名称	Chinese brand name	VARCHAR	256	0	0
brandnameen	品牌英文名称	English brand name	VARCHAR	256	0	0
brandccode	品牌商	Brand dealer	VARCHAR	256	0	0
brandblcountry	品牌所属国	Country of brand	VARCHAR	64	0	0
danger – flag	是否危险品	Dangerous goods	VARCHAR	2	0	0
hscode	HS 编码	HS code	VARCHAR	32	0	0
生产信息						
pdbatchno	生产批次号	Production batch number	VARCHAR	64	0	0
pdbatchqtyunit	数量单位	Batch production quantity unit	VARCHAR	64	0	0
pdbatchweight	批次生产重量	Batch production weight	DECIMAL	18	8	0
pdbatchweightunit	批次生产重量单位	Batch production weight unit	VARCHAR	64	0	0
pdbatchvolumn	批次生产体积	Batch production volume	DECIMAL	18	8	0
pdbatchvolumnunit	批次生产体积单位	Batch production volume unit	VARCHAR	64	0	0
processingmode	加工方式	Processing mode	VARCHAR	64	0	0
producemode	生产模式	Production mode	VARCHAR	256	0	0
ingresrcregion	配料原产地	Origin of ingredients	VARCHAR	512	0	0
pdoemccode	委托制造厂家	OEM enterprise	VARCHAR	256	0	0

续表

缩写名	中文名称	英文名称	数据类型	长度	精度	约束/条件
pddate	生产日期	Date of manufacture	DATE	8	0	0
assemcountry	原产国/地区	Country/Region of origin	VARCHAR	256	0	0
assemaddr	原产地（产区）	Country of origin	VARCHAR	256	0	0
pdcname	生产企业	Manufacturing enterprise	VARCHAR	256	0	0
pdccodeaddr	厂家地址	Address of manufacturer	VARCHAR	512	0	0
cargoserialno	商品唯一序列号	Item unique serial number	VARCHAR	64	0	0
pdbatchqty	批次生产数量	Batch production quantity	DECIMAL	18	8	0
质量信息						
pdecstdlevel	产品执行标准级	Product execution standard level	VARCHAR	32	0	0
pdecstdno	产品执行标准号	Product executive standard No.	VARCHAR	64	0	0
pdmeasureup	产品符合标准	The product meets the standard	VARCHAR	64	0	0
expirydays	保质期	Quality guarantee period	VARCHAR	256	0	0
expirydate	有效期止	Expiration date	DATE	8	0	0
检验信息						
jyreportcode	检验报告编号	Inspection report No.	VARCHAR	64	0	1
jyresult	检验结果	Inspection results	VARCHAR	512	0	0
jydetermineresult	判定结果	Judgment result	VARCHAR	512	0	0
jygnitemtest	一般项目检验	General item inspection	VARCHAR	256	0	0
jysafetytest	安全性能检验	Safety performance inspection	VARCHAR	256	0	0

续表

缩写名	中文名称	英文名称	数据类型	长度	精度	约束/条件
jyenvprotstd	环保达标情况	Environmental compliance	VARCHAR	256	0	0
jyconclusion	结论	Conclusion	VARCHAR	1024	0	0
jyauditor	审核人	Reviewer	VARCHAR	32	0	0
jyissuer	签发人	Issuer	VARCHAR	32	0	0
jyissuedate	签发日期	Date of issue	DATE	8	0	0
jycateg	检验类别	Inspection category	VARCHAR	7	0	0
jyentrustno	委托单号	Entrustment No.	VARCHAR	64	0	0
jysampleunit	抽样单位	Sampling unit	VARCHAR	128	0	0
jysampleaddr	抽样地址	Sampling address	VARCHAR	256	0	0
jysamplebase	抽样基数	Sampling base	VARCHAR	256	0	0
jyspnum	样品数量	Number of samples	DECIMAL	18	8	0
jysprecdate	样品接收日期	Sample receiving date	DATE	8	0	0
jysptestdate	样品检验日期	Sample inspection date	DATE	8	0	0
jyspftandst	样品特征和状态	Sample characteristics and status	VARCHAR	256	0	0
jyaddr	检验地址	Inspection address	VARCHAR	256	0	0
jybasis	检验依据	Inspection basis	VARCHAR	256	0	0
jymainapparatus	所用主要仪器设备	Main instruments and equipment used	VARCHAR	256	0	0
jyentrustogname	委托单位名称	Name of entrusting party	VARCHAR	64	0	0
jyremark	备注	Remarks	VARCHAR	256	0	0

续表

缩写名	中文名称	英文名称	数据类型	长度	精度	约束/条件
jyentrustogaddr	委托单位地址	Client address	VARCHAR	256	0	0
jycardeclno	随车检验单编号	On Board Inspection No.	VARCHAR	256	0	0
jydeclcompany	报检单位名称	Name of inspection application unit	VARCHAR	256	0	0
jyverifyresult	验证结果	Verification results	VARCHAR	256	0	0
jyverifycomment	验证结果说明	Description of verification results	VARCHAR	256	0	0
jyverifyorgan	验证机构	Verification organization	VARCHAR	256	0	0
jyverifytime	验证时间	Verification time	DATE	8	0	0
jyverifyorglinkman	验证机构联系人	Verification authority contact	VARCHAR	256	0	0
jyverifyorgaddr	验证机构联系地址	Contact address of verification organization	VARCHAR	256	0	0
jyverifyorgtel	验证机构联系电话	Contact number of verification organization	VARCHAR	256	0	0
jyverifyinitiator	验证发起方	Verification initiator	VARCHAR	256	0	0
jyentrustogtel	委托单位电话	Client's telephone number	VARCHAR	32	0	0
jyreportname	证书/报告名称	Report Name	VARCHAR	256	0	0
jybrandname	品牌名称	Brand Name	VARCHAR	256	0	0
jytestedunitname	受测单位名称	Tested Unit Name	VARCHAR	256	0	0
jytestedunitaddr	受测单位地址	Tested Unit Address	VARCHAR	256	0	0
jymanufacturername	制造商名称	Manufacturer Name	VARCHAR	256	0	0
jymanufactureraddr	制造商地址	Manufacturer Addrress	VARCHAR	256	0	0
jypackremark	包装描述	Package Remark	VARCHAR	256	0	0

续表

缩写名	中文名称	英文名称	数据类型	长度	精度	约束/条件
jyshippingmark	箱唛	Shipping Mark	VARCHAR	256	0	0
jymethod	检测方法	Test Method	VARCHAR	256	0	0
jyproductstandard	产品标准	Product Standard	VARCHAR	256	0	0
jyogname	检验机构名称	Name of inspection organization	VARCHAR	64	0	0
jystandard	检验标准	Test Standard	VARCHAR	256	0	0
jyauthorsigner	授权签字人	Authorized signatory	VARCHAR	256	0	0
jybatchinfo	批次信息	Batch Infomation	VARCHAR	256	0	0
jydemoname	样品名称	Demo Name	VARCHAR	256	0	0
jydemosmodel	样品型号	Demo Model	VARCHAR	256	0	0
jydemostatus	样品状态	Demo Status	VARCHAR	256	0	0
jyogaddr	检验机构地址	Address of inspection organization	VARCHAR	256	0	0
jyitem	检验项目	Inspection items	VARCHAR	128	0	0
jystdrequire	标准要求	Standard requirements	VARCHAR	512	0	0
检测信息						
jcreportcode	检测报告编号	Test report No.	VARCHAR	64	0	1
jcsprecdate	样品接收日期	Sample receiving date	DATE	8	0	0
jcsptestdate	样品检测日期	Sample test date	DATE	8	0	0
jcspftandst	样品特征和状态	Sample characteristics and status	VARCHAR	256	0	0
jcaddr	检测地点	Test location	VARCHAR	256	0	0

续表

缩写名	中文名称	英文名称	数据类型	长度	精度	约束/条件
jcogname	检测机构名称	Name of testing organization	VARCHAR	64	0	1
jcogaddr	检测机构地址	Address of testing organization	VARCHAR	256	0	0
jcbasis	检测依据	Test basis	VARCHAR	256	0	0
jcitem	检测项目	Test items	VARCHAR	128	0	0
jcmode	检测方法	Test method	VARCHAR	128	0	0
jcresult	检测结果	detection result	VARCHAR	512	0	0
jcentrustno	委托单号	Entrustment No	VARCHAR	64	0	0
jcdeclaration	声明	statement	VARCHAR	1024	0	0
jcauditor	审核人	Reviewer	VARCHAR	32	0	0
jcissuer	签发人	Issuer	VARCHAR	32	0	0
jcissuedate	签发日期	Date of issue	DATE	8	0	0
jcmainapparatus	所用主要仪器设备	Main instruments and equipment used	VARCHAR	256	0	0
jcverifyresult	验证结果	Verification results	VARCHAR	256	0	0
jcverifycomment	验证结果说明	Description of verification results	VARCHAR	256	0	0
jcverifyinitiator	验证发起方	Verification initiator	VARCHAR	256	0	0
jcverifyorgan	验证机构	Verification organization	VARCHAR	256	0	0
jcverifytime	验证时间	Verification time	DATE	8	0	0
jcentrustogname	委托单位名称	Name of entrusting party	VARCHAR	64	0	0
jcverifyorglinkman	验证机构联系人	Verification authority contact	VARCHAR	256	0	0

续表

缩写名	中文名称	英文名称	数据类型	长度	精度	约束/条件
jcverifyorgaddr	验证机构联系地址	Contact address of verification organization	VARCHAR	256	0	0
jcverifyorgtel	验证机构联系电话	Contact number of verification organization	VARCHAR	256	0	0
jcreportname	证书/报告名称	Report Name	VARCHAR	256	0	0
jcbrandname	生产企业（品牌）名称	Brand Name	VARCHAR	256	0	0
jcbrandaddr	生产企业（品牌）地址	Brand Address	VARCHAR	256	0	0
jctestedunitname	受测单位名称	Tested Unit Name	VARCHAR	256	0	0
jctestedunitaddr	受测单位地址	Tested Unit Address	VARCHAR	256	0	0
jcmanufacturername	生产者（制造商）名称	Manufacturer Name	VARCHAR	256	0	0
jcmanufactureraddr	生产者（制造商）地址	Manufacturer Addrress	VARCHAR	256	0	0
jcentrustogaddr	委托单位地址	Client address	VARCHAR	256	0	0
jctestresult	检测结论	Test Result	VARCHAR	256	0	0
jcauthorsigner	授权签字人	Authorized signatory	VARCHAR	256	0	0
jcdemoname	样品名称	Demo Name	VARCHAR	256	0	0
jcdemosmodel	样品型号	Demo Model	VARCHAR	256	0	0
jcdemostatus	样品状态	Demo Status	VARCHAR	256	0	0
jcentrustogtel	委托单位电话	Client’s telephone number	VARCHAR	32	0	0
jcsampleunit	抽样单位	Sampling unit	VARCHAR	64	0	0
jcsampleaddr	抽样地址	Sampling address	VARCHAR	256	0	0
jcsamplebase	抽样基数	Sampling base	VARCHAR	256	0	0

续表

缩写名	中文名称	英文名称	数据类型	长度	精度	约束/条件
jcspnum	样品数量	Number of samples	DECIMAL	18	8	0
公证信息						
gzreportcode	公证书编号	Notarial Certificate No.	VARCHAR	64	0	1
gzissuer	签发人	Issuer	VARCHAR	32	0	0
gzissuedate	签发日期	Date of issue	DATE	8	0	0
gzissuestatus	状态	State	VARCHAR	8	0	0
gzrevokedate	撤销时间	Cancellation time	DATE	8	0	0
gzcallliabilityreason	追责事由	Reasons for accountability	VARCHAR	256	0	0
gzpassliabilityreason	不追责事由	Reasons for non accountability	VARCHAR	256	0	0
gzogname	公证机构名称	Name of Notary Office	VARCHAR	64	0	0
gzogaddr	公证机构地址	Address of Notary Office	VARCHAR	256	0	0
gzentrustno	委托单号	Entrustment No.	VARCHAR	64	0	0
gzentrustogname	委托单位名称	Name of entrusting party	VARCHAR	64	0	0
gzentrustogaddr	委托单位地址	Client address	VARCHAR	256	0	0
gzaddr	公证地	Notarized land	VARCHAR	256	0	0
gzitem	公证项目	Notarization project	VARCHAR	128	0	0
gzresult	公证结果	Notarization result	VARCHAR	256	0	0
认证信息						
rzreportcode	证书/报告编号	Certificate No.	VARCHAR	64	0	1

续表

缩写名	中文名称	英文名称	数据类型	长度	精度	约束/条件
rzwebsite	验证网站地址	Verify site address	VARCHAR	256	0	0
rzissuer	签发人	Issuer	VARCHAR	32	0	0
rzmode	认证模式	Authentication mode	VARCHAR	64	0	0
rzaddr	认证地址	Authentication address	VARCHAR	256	0	0
rzverifyresult	验证结果	Verification results	VARCHAR	256	0	0
rzverifycomment	验证结果说明	Description of verification results	VARCHAR	256	0	0
rzverifyinitiator	验证发起方	Verification initiator	VARCHAR	256	0	0
rzverifyorgan	验证机构	Verification organization	VARCHAR	256	0	0
rzverifytime	验证时间	Verification time	DATE	8	0	0
rzreportname	认证书名称	Name of certificate	VARCHAR	64	0	0
rzverifyorglinkman	验证机构联系人	Verification authority contact	VARCHAR	256	0	0
rzverifyorgaddr	验证机构联系地址	Contact address of verification organization	VARCHAR	256	0	0
rzverifyorgtel	验证机构联系电话	Contact number of verification organization	VARCHAR	256	0	0
rzcategory	认证类别	Authent Category	VARCHAR	256	0	0
rzbrandname	生产企业（品牌）名称	Brand Name	VARCHAR	256	0	0
rzbrandaddr	生产企业（品牌）地址	Brand Address	VARCHAR	256	0	0
rzproducername	生产者（制造商）名称	Manufacturer Name	VARCHAR	256	0	0
rzproduceraddr	生产者（制造商）地址	Manufacturer Address	VARCHAR	256	0	0
rzproducename	产品名称	Produce Name	VARCHAR	256	0	0

续表

缩写名	中文名称	英文名称	数据类型	长度	精度	约束/条件
rzproductmodel	产品规格与型号	Product Model Spec	VARCHAR	256	0	0
rzreporttype	产品认证类型	Certificate type	VARCHAR	16	0	0
rzcertificatno	证书编号	Certificate No.	VARCHAR	256	0	0
rzapplicant	申请人	Applicant	VARCHAR	256	0	0
rzapplicantaddr	申请人地址	Applicant Address	VARCHAR	256	0	0
rztrademark	商标	Trademark	VARCHAR	256	0	0
rzmaufacturername	制造商名称	Name of Manufacturer	VARCHAR	256	0	0
rzmanufactureraddr	制造商地址	Manufacturer Address	VARCHAR	256	0	0
rzproductname	产品名称	Product Name	VARCHAR	256	0	0
rzmaintestmodel	主要检测模型	Main Test Model	VARCHAR	256	0	0
rzadditionalmodel	附加模型	Additional Model	VARCHAR	256	0	0
rzteststandard	实验标准	Test Standard	VARCHAR	256	0	0
rzentrustogname	委托单位名称	Name of entrusting party	VARCHAR	64	0	0
rzissuancedate	签发时间	Issuance date	VARCHAR	8	0	0
rzexpirdate	到期时间	Expiry date	VARCHAR	8	0	0
rzregistno	注册号	Regist No.	VARCHAR	256	0	0
rzapplier	申请者	Applier	VARCHAR	256	0	0
rzregistaddr	注册地址	Regist Address	VARCHAR	256	0	0
rzfarmname	农场名称	Farm Name	VARCHAR	256	0	0

续表

缩写名	中文名称	英文名称	数据类型	长度	精度	约束/条件
rzfarmaddr	农场地址	Farm Address	VARCHAR	256	0	0
rzccodethk	统一社会信用代码	Unified Social Credit Code	VARCHAR	256	0	0
rzauthenoption	认证选项	Authentication Option	VARCHAR	256	0	0
rzauthenlevel	认证级别	Authentication Level	VARCHAR	256	0	0
rzentrustogaddr	委托单位地址	Client address	VARCHAR	256	0	0
rzauthenbasis	认证依据	Authentication Basis	VARCHAR	256	0	0
rzprmodule	认证范围—模块	Authentication Range of Module	VARCHAR	256	0	0
rzarproductname	认证范围—产品名称	Authentication Range of ProductName	VARCHAR	256	0	0
rzarproduceprocess	认证范围—生产过程	Authentication Range of Produce Process	VARCHAR	256	0	0
rzaryield	认证范围—年产量/种植面积	Authentication Range of Yield	VARCHAR	256	0	0
rzarparalproduce	认证范围—平行生产	Authentication Range of Parallel Production	VARCHAR	256	0	0
rzarparalcopyright	认证范围—平行所有权	Authentication Range of Parallel Copyright	VARCHAR	256	0	0
rzreportownername	证书持有人名称	Reporter Owner Name	VARCHAR	256	0	0
rzreportowneraddr	证书持有人地址	Reporter Owner Address	VARCHAR	256	0	0
rzqmsstandard	建立的质量管理体系符合标准	Quality Management System Stander	VARCHAR	256	0	0
rzogname	认证机构名称	Name of certification authority	VARCHAR	64	0	0
rzpassedauthenrange	通过认证范围	Passed of Authentication Range	VARCHAR	256	0	0

续表

缩写名	中文名称	英文名称	数据类型	长度	精度	约束/条件
rzcity	城市	City	VARCHAR	256	0	0
rzprovince	州/省	Province	VARCHAR	256	0	0
rzpostalcode	邮编	Postal Code	VARCHAR	256	0	0
rzncode	国家	Ncode	VARCHAR	256	0	0
rzactualfiaddr	实际验厂地址	Actual Factory Inspection Address	VARCHAR	256	0	0
rzfidate	验厂日期	Factory Inspection Date	DATE	8	0	0
rzauthenername	检验员姓名	Authenticationer Name	VARCHAR	256	0	0
rzauthenerunit	检验员单位	Authenticationer Unit	VARCHAR	256	0	0
rzfirstreportdate	初次获证日期	First Report Date	DATE	8	0	0
rzgstdortecrequ	产品标准和技术要求	Commodity standards / technical requirements	VARCHAR	1024	0	0
rzauthorsigner	授权签字人	Authorized signatory	VARCHAR	256	0	0
rzreplaceissuedate	换发日期	Re Issue Date	DATE	8	0	0
rzissuedate	发证日期	Date of issue	DATE	8	0	0
rzexpirydate	有效期至	Valid until	DATE	8	0	0
鉴定信息						
jdreportcode	鉴定书编号	Identification No.	VARCHAR	64	0	1
jdresult	鉴定结果	Identification results	VARCHAR	256	0	0
jddate	鉴定日期	Identification date	DATE	8	0	0

续表

缩写名	中文名称	英文名称	数据类型	长度	精度	约束/条件
jdexpirydate	证书有效期	Certificate validity	VARCHAR	128	0	0
jdissuer	发证人	Issuer	VARCHAR	32	0	0
jdissuedate	发证日期	Date of issue	DATE	8	0	0
jdnmetaldt	贵金属检测	Precious metal detection	VARCHAR	256	0	0
jdverifyresult	验证结果	Verification results	VARCHAR	256	0	0
jdverifycomment	验证结果说明	Description of verification results	VARCHAR	256	0	0
jdverifyinitiator	验证发起方	Verification initiator	VARCHAR	256	0	0
jdverifyorgan	验证机构	Verification organization	VARCHAR	256	0	0
jdreportname	鉴定书名称	Name of appraisal	VARCHAR	64	0	0
jdverifytime	验证时间	Verification time	DATE	8	0	0
jdverifyorglinkman	验证机构联系人	Verification authority contact	VARCHAR	256	0	0
jdverifyorgaddr	验证机构联系地址	Contact address of verification organization	VARCHAR	256	0	0
jdverifyorgtel	验证机构联系电话	Contact number of verification organization	VARCHAR	256	0	0
jdogname	鉴定机构名称	Name of appraisal organization	VARCHAR	64	0	0
jdperson	鉴定人	Appraiser	VARCHAR	32	0	0
jdogaddr	鉴定机构地址	Address of appraisal organization	VARCHAR	256	0	0
jdentrustogname	委托人/单位名称	Name of client / company	VARCHAR	64	0	0
jdentrustogaddr	委托人/单位地址	Client / company address	VARCHAR	256	0	0
jdaddr	鉴定地	Appraisal place	VARCHAR	256	0	0

续表

缩写名	中文名称	英文名称	数据类型	长度	精度	约束/条件
jditem	鉴定项目	Appraisal items	VARCHAR	128	0	0
水路运输信息						
syentrustno	委托单号	Entrustment No.	VARCHAR	64	0	1
syagenttel	托运人电话	Shipper's telephone number	VARCHAR	32	0	0
syestimatedapt	预计抵港时间	Estimated arrive port time	DATE	8	0	0
sycargoqty	商品数量	Quantity of goods	DECIMAL	18	8	0
sycargounit	数量单位	Quantity unit	VARCHAR	128	0	0
syagentfax	托运人传真	Shipper fax	VARCHAR	32	0	0
syactualshipnum	实发数	Actual shipment quantity	DECIMAL	18	8	0
syactualreceivenum	实收数	Actual receive quantity	DECIMAL	18	8	0
syconsignor	发货人名称	Consignor	VARCHAR	128	0	0
sycraddr	发货人地址	Shipper's address	VARCHAR	256	0	0
sycrtel	发货人电话	Shipper's telephone number	VARCHAR	32	0	0
syshippingdate	船期	Shipping Date	DATE	8	0	0
syunloadingdate	排载日期	Unloading Date	DATE	8	0	0
syconsignee	收货人全称	Consignee	VARCHAR	32	0	0
sycsneaddr	收货人地址	Consignee's address	VARCHAR	256	0	0
sycsnelinkman	收货人联系人	Consignee contact	VARCHAR	128	0	0
sycsneinktel	收货人电话	Consignee's telephone number	VARCHAR	32	0	0

续表

缩写名	中文名称	英文名称	数据类型	长度	精度	约束/条件
sycsnefax	收货人传真	Consignee fax	VARCHAR	32	0	0
synotifyparty	受通知人信息	Notified person information	VARCHAR	32	0	0
sycarrier	承运人	Carrier	VARCHAR	256	0	0
sycarrierccoename	运输公司名称	Name of transportation company	VARCHAR	128	0	0
sybknoteno	订舱单号	Booking No.	VARCHAR	64	0	0
sycarrieraddr	运输公司地址	Transportation company address	VARCHAR	256	0	0
sycarrierktel	运输公司电话	Transportation company telephone	VARCHAR	32	0	0
sycarrierfax	运输公司传真	Transportation company fax	VARCHAR	32	0	0
syloadingport	装运港	Loading port	VARCHAR	16	0	0
sydischargeport	卸货港	Port of discharge	VARCHAR	16	0	0
sydestport	目的港	Port of destination	VARCHAR	16	0	0
sytransitport	中转港	Transit port	VARCHAR	16	0	0
syshipname	船名	Ship name	VARCHAR	64	0	0
syvoyageno	航次	Voyage number	VARCHAR	64	0	0
syladingdate	装/卸船日期	Date of shipment	DATE	8	0	0
syblno	提运单号	Delivery Numbers	VARCHAR	64	0	0
syarrportdate	抵港时间	Arrival time	DATE	8	0	0
syrcplace	收货地	Place of receipt	VARCHAR	256	0	0
syissueplace	签发地	Place of issue	VARCHAR	256	0	0

续表

缩写名	中文名称	英文名称	数据类型	长度	精度	约束/条件
syissuedate	签发日期	Date of issue	DATE	8	0	0
syshipcode	船代码	Ship code	VARCHAR	16	0	0
syshipnameen	英文船名	English ship name	VARCHAR	128	0	0
syship	船属	Ship ownership	VARCHAR	16	0	0
sytshipidno	船舶识别号	Ship identification number	VARCHAR	64	0	0
syshiptype	船舶类型	Ship type	VARCHAR	16	0	0
sybldate	提运单日期	Bill of lading date	DATE	8	0	0
syshippackagetype	船舶包装类型	Ship packaging type	VARCHAR	16	0	0
syshipinmarsat	船编 INMARSAT	Ship code INMARSAT	VARCHAR	64	0	0
syshiptel	船上电话	On board telephone	VARCHAR	32	0	0
syplandepartdate	预计开始时间	Estimated start time	DATE	8	0	0
syplanleavedate	预计离开时间	Estimated departure time	DATE	8	0	0
syscinstruction	发货指令或要求	Delivery instructions or requirements	VARCHAR	256	0	0
syshippingmark	唛头	Shipping mark	VARCHAR	64	0	0
sypacktype	包装种类	Packing type	VARCHAR	64	0	0
sypacknum	包装数量	Number of packages	DECIMAL	18	8	0
syvol	体积	Volume	DECIMAL	18	8	0
sygrwtkgs	毛重	Gross weight	DECIMAL	18	8	0
syentruster	委托人	Client	VARCHAR	256	0	0

续表

缩写名	中文名称	英文名称	数据类型	长度	精度	约束/条件
sysum	总件数	Total	DECIMAL	18	8	0
sycarrierdeclare	承运人申明	Carrier's declaration	VARCHAR	256	0	0
sytransmode	运输方式	Type of shipping	VARCHAR	32	0	0
syjhstatus	交货状态	Delivery status	VARCHAR	7	0	0
syinnerlandaddr	前往内陆交货点	To inland delivery point	VARCHAR	256	0	0
sypayplace	付款地点/到付地点	Place of payment / place of arrival	VARCHAR	25	0	0
syentrusttel	委托人电话	Client telephone	VARCHAR	64	0	0
sypaymode	付款方式	payment method	VARCHAR	32	0	0
syshippingfee	运费	Sea freight	DECIMAL	18	8	0
sydocfee	文件费	Document fee	DECIMAL	18	8	0
sycustentryfee	报关费	Customs declaration fee	DECIMAL	18	8	0
syotherfee	其他费用	Other expenses	DECIMAL	18	8	0
sytranstool	运输工具名称	Means of transport	VARCHAR	32	0	0
sydepncodename	启运国/地区	Country of shipment	VARCHAR	128	0	0
sydestncodename	目的国/地区	Destination country	VARCHAR	128	0	0
syagentname	托运人全称	Full name of shipper	VARCHAR	128	0	0
sykhdate	开航日期	Sailing date	DATE	8	0	0
syjzxpackingno	装箱单号	Packing list	VARCHAR	64	0	0
syjzxcustomername	客户名称	Customer name	VARCHAR	256	0	0

续表

缩写名	中文名称	英文名称	数据类型	长度	精度	约束/条件
syjzxpackingdate	装箱日期	Packing date	DATE	0	0	0
syjzxtotalcntrqty	装箱单总箱数	Total number of cases in packing list	DECIMAL	18	8	0
syjzxcontno	集装箱箱号	Container Number	VARCHAR	16	0	0
syjzxcntrbelong	箱属	Box genus	VARCHAR	64	0	0
syjzxcntrcatg	型号	Model	VARCHAR	7	0	0
syjzxcntrsize	尺寸	Size	VARCHAR	16	0	0
syagentnaddr	托运人地址	Consignor Address	VARCHAR	256	0	0
syjzxsealno	封条号	Seal No.	VARCHAR	32	0	0
syjzxtotalqty	装箱单总数量	Total quantity of packing list	DECIMAL	18	8	0
syjzxtotalgrwtkgs	装箱单总毛重	Total gross weight of packing list	DECIMAL	18	8	0
syjzxtotalnetwtkgs	装箱单总净重	Total net weight of packing list	DECIMAL	18	8	0
syjzxqty	集装箱件数	Number of containers	DECIMAL	18	8	0
syjzxvol	集装箱体积	Container volume	DECIMAL	18	8	0
syjzxgrwtkgs	集装箱毛重	Gross weight of container	DECIMAL	18	8	0
sycsnecode	收货人编号	Consignee No.	VARCHAR	256	0	0
syagentlinkman	托运人联系人	Shipper contact	VARCHAR	256	0	0
synet	净重	Net weight	DECIMAL	18	8	0
syfcodename	币制	Currency system	VARCHAR	256	0	0
syieport	入出境口岸	Port of entry and exit	VARCHAR	128	0	0

续表

缩写名	中文名称	英文名称	数据类型	长度	精度	约束/条件
syiedate	入出境日期	Date of entry and exit	DATE	8	0	0
syieflag	入出境标识	Entry exit identification	VARCHAR	128	0	0
空运运输信息						
kymbillno	主单号	Main doc No.	VARCHAR	64	0	1
kycsneaddr	收货人地址	Consignee address	VARCHAR	256	0	0
kyupric	单价	Uprice	DECIMAL	18	8	0
kycsnetel	收货人电话	Consignee telephone	VARCHAR	32	0	0
kyagentinfo	代理人信息	Agent information	VARCHAR	32	0	0
kyagentaccount	代理人账号	Agent account number	VARCHAR	32	0	0
kycarrier	承运人	Carrier	VARCHAR	256	0	0
kycarriercode	承运人代码	Carrier Code	VARCHAR	32	0	0
kyagentiata	IATA 代号	Agent IATA Code	VARCHAR	16	0	0
kyflightno	航班号	Flight number	VARCHAR	64	0	0
kycargoexport	出口货站	Export terminal	VARCHAR	64	0	0
kyflightdate	航班日期	Flight date	DATE	8	0	0
kyhawbno	分单号	Sub Order No.	VARCHAR	64	0	0
kyarrviedate	抵港时间	Arrival time	DATE	8	0	0
kydepartport	始发站	Departure Station	VARCHAR	64	0	0
kyarrport	到达站	Destination	VARCHAR	64	0	0

续表

缩写名	中文名称	英文名称	数据类型	长度	精度	约束/条件
kyairroute	航线	Route	VARCHAR	64	0	0
kyfirstto	第一至（to）	First to	VARCHAR	32	0	0
kyfirstbycarrier	第一承运人（by）	First carrier（by）	VARCHAR	256	0	0
kysecendto	第二至（to）	Second to	VARCHAR	256	0	0
kysecendbycarrier	第二承运人（by）	Second carrier（by）	VARCHAR	256	0	0
kythirdto	第三至（to）	Third to	VARCHAR	256	0	0
kythirdbycarrier	第三承运人（by）	Third carrier（by）	VARCHAR	256	0	0
kyprincipalname	委托人名称	Name of client	VARCHAR	128	0	0
kyttagentccode	运输工具代理企业	Transportation agency enterprise code	VARCHAR	32	0	0
kyladingtime	货物装载运输工具时间	Cargo loading time	DATE	8	0	0
kyshippingmark	唛头	Shipping mark	VARCHAR	64	0	0
kycargqty	货物件数	Number of goods	VARCHAR	20	0	0
kycarggrwtkgs	货物毛重	Gross weight of goods	VARCHAR	20	0	0
kykgsunit	毛重单位	Gross weight unit	VARCHAR	16	0	0
kyprincipaladdr	委托人地址	Client's address	VARCHAR	256	0	0
kynetweight	净重	Net weight	VARCHAR	20	0	0
kynetweightunit	净重单位	Net weight unit	VARCHAR	32	0	0
kyatkgs	计费重	Billing weight	VARCHAR	20	0	0
kyatkgsunit	计费重单位	Billing weight unit	VARCHAR	32	0	0

续表

缩写名	中文名称	英文名称	数据类型	长度	精度	约束/条件
kynum	数量	Quantity	VARCHAR	20	0	0
kycargosize	货物尺寸	Cargo size	VARCHAR	16	0	0
kyvolumn	货物体积	Cargo volume	VARCHAR	32	0	0
kyotherfee	其他费用	Other expenses	VARCHAR	20	0	0
kytdvalue	运输声明价值	Declared value of transportation	VARCHAR	256	0	0
kycdvalue	海关声明价值	Customs declared value	VARCHAR	256	0	0
kyconsignor	发货人	Consignor	VARCHAR	32	0	0
kyinsurefee	保险金额	Insurance amount	VARCHAR	20	0	0
kytflevel	费率率类	Rate category	VARCHAR	7	0	0
kyyfyfdyfcy	运费预付到付	Freight prepaid	VARCHAR	20	0	0
kyyffcy	运费总额	Total freight	VARCHAR	20	0	0
kyzfyfdffcy	杂费预付到付	Miscellaneous expenses paid in advance	VARCHAR	20	0	0
kyzffcy	杂费总额	Total miscellaneous expenses	VARCHAR	20	0	0
kyfcy	费用总额	Total cost	VARCHAR	20	0	0
kytranstool	运输工具	Means of transport	VARCHAR	32	0	0
kycraddr	发货人地址	Shipper's address	VARCHAR	256	0	0
kytransmode	运输方式	Type of shipping	VARCHAR	7	0	0
kydepncodename	启运国/地区	Country of shipment	VARCHAR	128	0	0
kydestncodename	目的国/地区	Destination country	VARCHAR	128	0	0

续表

缩写名	中文名称	英文名称	数据类型	长度	精度	约束/条件
kypackagetype	包装种类	Packing type	VARCHAR	16	0	0
kyfcodename	币制	Monetary Value	VARCHAR	16	0	0
kyieport	入出境口岸	Port of entry and exit	VARCHAR	128	0	0
kyiedate	入出境日期	Date of entry and exit	DATE	8	0	0
kycrtel	发货人电话	Shipper telephone	VARCHAR	32	0	0
kyieflag	入出境标识	Entry exit identification	VARCHAR	128	0	0
kyjzxpackingno	装箱单号	Packing list	VARCHAR	64	0	0
kyjzxcustomername	客户名称	Customer name	VARCHAR	256	0	0
kyjzxpackingdate	装箱日期	Packing date	DATE	8	0	0
kyscdate	发货日期	The date of issuance	DATE	8	0	0
kyjzxtotalcntrqty	装箱单总箱数	Total number of cases in packing list	DECIMAL	18	8	0
kyjzxcontno	集装箱号	Container number	VARCHAR	16	0	0
kyjzxcntrbelong	箱属	Box genus	VARCHAR	64	0	0
kyjzxcntrcatg	型号	Model	VARCHAR	7	0	0
kyjzxcntrsize	尺寸	Size	VARCHAR	16	0	0
kyjzxsealno	封条号	Seal No.	VARCHAR	32	0	0
kyjzxtotalqty	装箱单总数量	Total quantity of packing list	DECIMAL	18	8	0
kyjzxtotalgrwtkgs	装箱单总毛重	Total gross weight of packing list	DECIMAL	18	8	0
kyjzxtotalnetwtkgs	装箱单总净重	Total net weight of packing list	DECIMAL	18	8	0

续表

缩写名	中文名称	英文名称	数据类型	长度	精度	约束/条件
kyjzxqty	集装箱件数	Number of containers	DECIMAL	18	8	0
kyconsignee	收货人名称	Consignee	VARCHAR	256	0	0
kyjzxvol	集装箱体积	Container volume	DECIMAL	18	8	0
kyjzxgrwtkgs	集装箱毛重	Gross weight of container	DECIMAL	18	8	0
kycargoqty	商品数量	Quantity of goods	VARCHAR	128	0	0
kycargounit	数量单位	Quantity unit	VARCHAR	128	0	0
kyactualshipnum	实发数	Actual shipment quantity	DECIMAL	18	8	0
kyactualreceivenum	实收数	Actual receive quantity	DECIMAL	18	8	0
铁路运输信息						
tywaybillno	运单号	Waybill No.	VARCHAR	32	0	1
tysrpostcode	托运人邮编	Shipper zip code	VARCHAR	6	0	0
tycargoqty	商品数量	Quantity of goods	DECIMAL	18	8	0
tycargounit	数量单位	Quantity unit	VARCHAR	128	0	0
tytrainno	班列号	Train number	VARCHAR	64	0	0
tytrainshift	车次	Train number	VARCHAR	64	0	0
tysrjbrname	托运经办人姓名	Name of shipper	VARCHAR	256	0	0
tyconsignor	发货人	Consignor	VARCHAR	128	0	0
tycraddr	发货人地址	Shipper's address	VARCHAR	128	0	0
tycrtel	发货人电话	Shipper telephone	VARCHAR	128	0	0

续表

缩写名	中文名称	英文名称	数据类型	长度	精度	约束/条件
tyactualshipnum	实发数	Actual shipment quantity	DECIMAL	18	8	0
tyactualreceivenum	实收数	Actual receive quantity	DECIMAL	18	8	0
tycrlinkman	发货联系人	Consignor linkman	VARCHAR	128	0	0
tysrjbrtel	托运经办人电话	Shipper's telephone number	VARCHAR	32	0	0
tysrjbremail	托运经办人电子邮箱	Shipper's e-mail	VARCHAR	256	0	0
tycsnename	收货人名称	Consignee name	VARCHAR	256	0	0
tycsneeaddr	收货人地址	Consignee address	VARCHAR	256	0	0
tycsnepostcode	收货人邮编	Consignee zip code	VARCHAR	6	0	0
tycsneejbrname	收货经办人姓名	Name of receiving agent	VARCHAR	32	0	0
tycsneejbrtel	收货经办人电话	Receiver's telephone number	VARCHAR	32	0	0
tycsneejbremail	收货经办人电子邮箱	Receiving agent e-mail	VARCHAR	256	0	0
tytclinkman	取货联系人	Pickup contact	VARCHAR	256	0	0
tytraintypeno	车种车号	Vehicle type and number	VARCHAR	32	0	0
tyctstdkgs	货车标重	Truck standard weight	VARCHAR	20	0	0
tyctsealno	货车施封号码	Truck sealing number	VARCHAR	32	0	0
tycttarpaulinsno	货车篷布号码	Wagon tarpaulin number	VARCHAR	32	0	0
tyaddate	约定交接日期	Agreed handover date	DATE	8	0	0
tyaarrdate	运到期限	Delivery deadline	VARCHAR	20	0	0
tyloaddate	装货时间	Loading time	DATE	8	0	0

续表

缩写名	中文名称	英文名称	数据类型	长度	精度	约束/条件
tyrecdate	签收时间	Signing time	DATE	8	0	0
tysendstation	发站	Departure station	VARCHAR	64	0	0
tysslinename	发站专用线名称	Name of departure dedicated line	VARCHAR	64	0	0
tytctel	取货联系人电话	Pick up contact telephone	VARCHAR	32	0	0
tyarrstation	到站（局）	Arrival（bureau）	VARCHAR	64	0	0
tyaslinename	到站专用线名称	Name of arrival private line	VARCHAR	64	0	0
tyservertype	服务类型	Service type	VARCHAR	7	0	0
tyqty	件数	Number	DECIMAL	18	8	0
typackagetype	包装	Packing	VARCHAR	20	0	0
tycargfcy	货物价格	Price of goods	DECIMAL	18	8	0
tysrfillkgs	托运人填报重量	Shipper's weight	DECIMAL	18	8	0
tycarfixkgs	承运人确定重量	Carrier determined weight	DECIMAL	18	8	0
tytcaddr	取货地址	Pick up address	VARCHAR	256	0	0
tytranstool	运输工具	Means of transport	VARCHAR	32	0	0
tytransmode	运输方式	Type of shipping	VARCHAR	7	0	0
tydepncodename	启运国/地区	Country of shipment	VARCHAR	128	0	0
tydestncodename	目的国/地区	Destination country	VARCHAR	128	0	0
tydglinkman	送货联系人	Delivery contact	VARCHAR	256	0	0
tydgtel	送货联系人电话	Delivery contact telephone	VARCHAR	32	0	0

续表

缩写名	中文名称	英文名称	数据类型	长度	精度	约束/条件
tydgaddr	送货地址	Shipping address	VARCHAR	256	0	0
tyjzxpackingno	装箱单号	Packing list	VARCHAR	64	0	0
tyjzxcustomername	客户名称	Customer name	VARCHAR	256	0	0
tyjzxpackingdate	装箱日期	Packing date	DATE	8	0	0
tyjzxtotalcntrqty	装箱单总箱数	Total number of cases in packing list	DECIMAL	18	8	0
tyjzxcontno	集装箱箱号	Container Number	VARCHAR	16	0	0
tyjzxcntrbelong	箱属	Box genus	VARCHAR	6	0	0
tyjzxcntrcatg	型号	Model	VARCHAR	7	0	0
tyjzxcntrsize	尺寸	Size	VARCHAR	16	0	0
tysrname	托运人名称	Name of shipper	VARCHAR	256	0	0
tyjzxsealno	封条号	Seal No	VARCHAR	32	0	0
tyjzxtotalqty	装箱单总数量	Total quantity of packing list	DECIMAL	18	8	0
tyjzxtotalgrwtkgs	装箱单总毛重	Total gross weight of packing list	DECIMAL	18	8	0
tyjzxtotalnetwtkgs	装箱单总净重	Total net weight of packing list	DECIMAL	18	8	0
tyjzxqty	集装箱件数	Number of containers	DECIMAL	18	8	0
tyjzxvol	集装箱体积	Container volume	DECIMAL	18	8	0
tyjzxgrwtkgs	集装箱毛重	Gross weight of container	DECIMAL	18	8	0
tyfcodename	币制	Monetary Value	VARCHAR	256	0	0
tysraddr	托运人地址	Consignor Address	VARCHAR	256	0	0

续表

缩写名	中文名称	英文名称	数据类型	长度	精度	约束/条件
tywtkgs	毛重	Gross weight	DECIMAL	18	8	0
tynet	净重	Net weight	DECIMAL	18	8	0
tytransfcy	运费	Freight	VARCHAR	256	0	0
tyieport	入出境口岸	Port of entry and exit	VARCHAR	128	0	0
tyiedate	入出境日期	Date of entry and exit	DATE	8	0	0
tyieflag	入出境标识	Entry exit identification	VARCHAR	128	0	0
陆路运输信息						
lyworkbillno	作业单号	Job No.	VARCHAR	32	1	1
lyconsignee	收货人	Consignee	VARCHAR	32	0	0
lycargounit	数量单位	Quantity unit	VARCHAR	128	0	0
lyconsignor	发货人名称	Consignor	VARCHAR	256	0	0
lycraddr	发货人地址	Shipper's address	VARCHAR	256	0	0
lycrtel	发货人电话	Shipper telephone	VARCHAR	256	0	0
lycsnetel	收货人电话	Consignee telephone	VARCHAR	32	0	0
lycsneaddr	收货人地址	Consignee address	VARCHAR	256	0	0
lytranscompany	运输公司	Transportation company	VARCHAR	256	0	0
lytranscompanytel	运输公司电话	Transportation company telephone	VARCHAR	32	0	0
lyplateno	车牌号码	License plate	VARCHAR	32	0	0
lycjno	车架号	Frame number	VARCHAR	32	0	0

续表

缩写名	中文名称	英文名称	数据类型	长度	精度	约束/条件
lycubetype	车型/厢型	Model / compartment	VARCHAR	128	0	0
lyplanloaddate	计划装货时间	Planned loading time	DATE	8	0	0
lyplanarrdate	计划到货时间	Planned arrival time	DATE	8	0	0
lyconsignbillno	托运单号	Consignment number	VARCHAR	32	0	0
lydepartdate	发车时间	Departure time	DATE	8	0	0
lyzhdate	装货时间	Loading time	DATE	8	0	0
lyrecdate	签收时间	Signing time	DATE	8	0	0
lysscode	发送站编号	Sending station number	VARCHAR	16	0	0
lyrealsendnum	实发数	Actual number	DECIMAL	18	0	0
lyrealrecnum	实收数	Paid in amount	DECIMAL	18	0	0
lyvol	体积	Volume	DECIMAL	18	0	0
lykgs	重量	Weight	DECIMAL	18	0	0
lykgsunit	重量单位	Weight	VARCHAR	16	0	0
lyplatenum	板数	Number of plates	DECIMAL	18	0	0
lyorderno	订单号	Order number	VARCHAR	32	0	0
lyqty	数量	Quantity	DECIMAL	18	0	0
lytransfcy	运费	Freight	DECIMAL	18	0	0
landtrans – info	送货费	Delivery fee	DECIMAL	18	0	0
lyinsurefee	保险费	Insurance premium	DECIMAL	18	0	0

续表

缩写名	中文名称	英文名称	数据类型	长度	精度	约束/条件
lycmode	收款方式	Payment method	VARCHAR	32	0	0
lytransmode	运输方式	Type of shipping	VARCHAR	64	0	0
lypickupmode	提货方式	Delivery method	VARCHAR	32	0	0
lytrequire	温度要求	Temperature requirements	VARCHAR	32	0	0
lyysequire	运输要求	Transportation requirements	VARCHAR	32	0	0
lyltconsignor	托运人	Shipper	VARCHAR	256	0	0
lytranstool	运输工具	Means of transport	VARCHAR	32	0	0
lydepncodename	启运国/地区	Country of shipment	VARCHAR	128	0	0
lydestncodename	目的国/地区	Destination country	VARCHAR	128	0	0
lysrtel	托运人电话	Shipper telephone	VARCHAR	32	0	0
lysraddr	托运人地址	Consignor Address	VARCHAR	256	0	0
lyjzxpackingno	装箱单号	Packing list	VARCHAR	64	0	0
lyjzxcustomername	客户名称	Customer name	VARCHAR	256	0	0
lyjzxpackingdate	装箱日期	Packing date	DATE	8	0	0
lyjzxtotalcntrqty	装箱单总箱数	Total number of cases in packing list	DECIMAL	18	0	0
lyjzxcontno	集装箱箱号	Container Number	VARCHAR	16	0	0
lyjzxcntrbelong	箱属	Box genus	VARCHAR	6	0	0
lyjzxcntrcatg	型号	Model	VARCHAR	7	0	0
lyjzxcntrsize	尺寸	Size	VARCHAR	16	0	0

续表

缩写名	中文名称	英文名称	数据类型	长度	精度	约束/条件
lyjzxsealno	封条号	Seal No.	VARCHAR	32	0	0
lyjzxtotalqty	装箱单总数量	Total quantity of packing list	DECIMAL	18	0	0
lyjzxtotalgrwtkgs	装箱单总毛重	Total gross weight of packing list	DECIMAL	18	0	0
lyjzxtotalnetwtkgs	装箱单总净重	Total net weight of packing list	DECIMAL	18	0	0
lyjzxqty	集装箱件数	Number of containers	DECIMAL	18	0	0
lyjzxvol	集装箱体积	Container volume	DECIMAL	18	0	0
lyjzxgrwtkgs	集装箱毛重	Gross weight of container	DECIMAL	18	0	0
lypackagetype	包装种类	Packing type	VARCHAR	16	0	0
lyfcodename	币制	Monetary Value	VARCHAR	16	0	0
lyieport	入出境口岸	Port of entry and exit	VARCHAR	128	0	0
lyiedate	入出境日期	Date of entry and exit	DATE	8	0	0
lyieflag	入出境标识	Entry exit identification	VARCHAR	128	0	0
lycargoqty	商品数量	Quantity of goods	DECIMAL	18	0	0
港口作业信息						
pogateno	闸口编号	Gate No.	VARCHAR	128	0	1
poiegateflags	进出闸标识	Gate Sign	VARCHAR	128	0	0
poiegatetime	进出闸口时间	Inlet and outlet time	DATE	8	0	0
polevysiteflag	征收站点标识	Collection site identification	VARCHAR	32	0	0
potradeflag	内外贸货物标识	Identification of domestic and foreign trade goods	VARCHAR	7	0	0

续表

缩写名	中文名称	英文名称	数据类型	长度	精度	约束/条件
pobooklistflag	清单标识	List identification	VARCHAR	7	0	0
poweight	地磅称重	Weighbrieighing	VARCHAR	20	0	0
仓库信息						
ckdc	入/出仓标识	Inbound / outbound identification	VARCHAR	20	0	0
ckrcaddr	收货地址	Receiving address	VARCHAR	256	0	0
ckstorename	仓储企业	Storage business	VARCHAR	64	0	0
ckstoreaddr	仓库地址	Warehouse address	VARCHAR	256	0	0
ckrcqty	入/出库数量	Receipt / issue quantity	DECIMAL	18	8	0
ckqtyunit	数量单位	Quantity unit	VARCHAR	16	0	0
ckweight	入/出库重量	Incoming / outgoing weight	DECIMAL	18	8	0
ckweightunit	重量单位	Weight	VARCHAR	16	0	0
ckinstorecomment	入出库说明	Receipt / issue description	VARCHAR	256	0	0
ckvolume	入/出库容量	Inbound / outbound capacity	DECIMAL	18	8	0
ckfcy	货值	Value	DECIMAL	18	8	0
ckinstorebillno	入/出仓编号	Incoming / outgoing No.	VARCHAR	64	0	0
ckfcode	币种	Currency	VARCHAR	16	0	0
cksrccurfcy	原币金额	Amount in original currency	DECIMAL	18	8	0
ckhomecurfcy	本币金额	Amount in functional currency	DECIMAL	18	8	0
ckmorlrate	溢短装率	Overflow and shortage rate	VARCHAR	6	0	0

续表

缩写名	中文名称	英文名称	数据类型	长度	精度	约束/条件
ckdhqty	到货数量	Arrival quantity	DECIMAL	18	8	0
ckstorehouse	仓库名称	Warehouse name	VARCHAR	64	0	0
ckjrno	金二序号	Jiner serial number	VARCHAR	64	0	0
ckjrzcno	金二账册编号	Jiner account book No.	VARCHAR	64	0	0
cklcgoods	良品/次品	Good product / defective product	VARCHAR	256	0	0
cklyqty	理货数量	Tally quantity	DECIMAL	18	8	0
ckinstorebcno	入/出库批次号	Receipt / issue batch No.	VARCHAR	64	0	0
cklyaddr	理货地点	Tally place	VARCHAR	256	0	0
cklytime	理货时间	Tally time	DATE	8	0	0
ckshipper	货主	Cargo owner	VARCHAR	256	0	0
ckstoreloc	库位	Location	VARCHAR	64	0	0
ckstoretype	仓库类型	Sotre Type	VARCHAR	256	0	0
ckconsignor	发货人	Consignor	VARCHAR	256	0	0
ckreceiveaddr	接货地	Receiving address	VARCHAR	256	0	0
ckinstoredate	入/出库日期	Receipt / issue date	DATE	8	0	0
ckscorgan	发货单位	Forwarding unit	VARCHAR	64	0	0
ckshipperbillno	发货单号	Shipment No.	VARCHAR	64	0	0
ckshorgan	收货单位	Receiving unit	VARCHAR	64	0	0

续表

缩写名	中文名称	英文名称	数据类型	长度	精度	约束/条件
		口岸监管信息				
kadeclno	报关单号	Customs declaration No.	VARCHAR	64	0	0
kajgmode	监管方式	Supervision mode	VARCHAR	16	0	0
kajgzmxzname	征免性质名称	Nature of tax Collection and exemption	VARCHAR	256	0	0
kajgzmname	征免方式	Name of exemption	VARCHAR	256	0	0
kabooklistno	清单编号	Bill No.	VARCHAR	64	0	0
kajgkahgcode	口岸海关	Port customs code	VARCHAR	256	0	0
kajgdeclcname	申报企业名称	Name of applicant	VARCHAR	256	0	0
kajgcscode	监管场所	Regulatory site code	VARCHAR	256	0	0
kadecldate	申报日期	Declaration date	DATE	8	0	0
kajgjjgbname	进境关别名称	Name of entry customs	VARCHAR	256	0	0
kajgxkzno	许可证件号	License No.	VARCHAR	256	0	0
kacargoqty	商品数量	Quantity of goods	DECIMAL	18	8	0
kacargounit	数量单位	Quantity unit	VARCHAR	256	0	0
kafqty	第一法定数量	First legal quantity	DECIMAL	18	8	0
kafunit	第一计量单位名称	First UOM name	VARCHAR	256	0	0
kasqty	第二法定数量	Second legal quantity	DECIMAL	18	8	0
kasunit	第二计量单位名称	Second UOM name	VARCHAR	256	0	0
kajgxkzissuedate	许可证签发日期	License Issue Date	DATE	8	0	0

续表

缩写名	中文名称	英文名称	数据类型	长度	精度	约束/条件
kadeclcust	申报海关	Customs declaration	VARCHAR	16	0	0
kajgxkzexpiredate	许可证到期日期	License Expire Date	DATE	8	0	0
kacargototalqty	商品总数量	Total Quantity of Goods	DECIMAL	18	8	0
kadisposaldept	处置部门/科室	Disposal Department	VARCHAR	64	0	0
kadisposer	处置人	Disposer	VARCHAR	128	0	0
kadisposaldate	处置时间	Disposal Date	DATE	8	0	0
kadisposalresult	处置结果说明	Disposal Result	VARCHAR	256	0	0
kaspvcust	监管海关	Customs supervision	VARCHAR	16	0	0
kaspvresult	监管结果（查验、放行）	Supervision results (inspection and release)	VARCHAR	8	0	0
kaspvdate	监管日期	Supervision date	DATE	8	0	0
kaieport	入/出境口岸	Port of outbound/inbound	VARCHAR	16	0	0
kaiedate	入/出境日期	Outbound/inbound date	DATE	8	0	0
kaieflag	入区/出区	Entry/exit customs area	VARCHAR	16	0	0
交易信息						
djordercode	交易订单编号	Transaction order No.	VARCHAR	64	0	0
djsbrcerttype	买家证件类型	Buyer's certificate type	VARCHAR	7	0	0
djsbrcertcode	买家证件号码	Buyer's ID number	VARCHAR	64	0	0
djsbrtel	买家联系方式	Buyer Contact information	VARCHAR	64	0	0

续表

缩写名	中文名称	英文名称	数据类型	长度	精度	约束/条件
djcsnename	收货人姓名	Consignee Name	VARCHAR	128	0	0
djcsnetel	收货人电话	Consignee telephone	VARCHAR	64	0	0
djcsneaddr	收货人地址	Consignee address	VARCHAR	256	0	0
djpayercerttype	支付人证件类型	Certificate type of payer	VARCHAR	7	0	0
djpayercertcode	支付人证件号码	ID No. of payer	VARCHAR	64	0	0
djpayername	支付人姓名	Name of payer	VARCHAR	128	0	0
djpayertel	支付人电话	Payer's telephone number	VARCHAR	64	0	0
djpaycname	支付企业	Name of payment enterprise	VARCHAR	256	0	0
djpaydate	支付时间	Payment time	DATE	8	0	0
djordertype	电子订单类型	Electronic order type	VARCHAR	32	0	0
djdecldate	申报日期	Declaration date	DATE	8	0	0
djorderfcy	订单商品货款	Payment for goods ordered	DECIMAL	18	8	0
djtransextrasfcy	订单商品运杂费	Freight and miscellaneous charges of order goods	DECIMAL	18	8	0
djfreefcy	优惠减免金额	Preferential reduction amount	DECIMAL	18	8	0
djtaxfcy	订单商品税款	Order goods tax	DECIMAL	18	8	0
djecplatname	电商平台	Name of e-commerce platform	VARCHAR	256	0	0
djrealpayfcy	实际支付金额	Actual payment amount	DECIMAL	18	8	0
djfcode	币制	Currency system	VARCHAR	32	0	0

续表

缩写名	中文名称	英文名称	数据类型	长度	精度	约束/条件
djqty	数量	Quantity	DECIMAL	18	8	0
djunit	计量单位	Unit of measure	VARCHAR	16	0	0
djprice	单价	Unit Price	DECIMAL	18	8	0
djtotalfcy	总价	Total price	DECIMAL	18	8	0
djorderaddr	交易地点	Place of transaction	VARCHAR	256	0	0
djsbraddr	买家地址	Buyer address	VARCHAR	256	0	0
djsalname	卖家名称	Seller Name	VARCHAR	128	0	0
djsalcerttype	卖家证件类型	Seller's certificate type	VARCHAR	7	0	0
djsalcertcode	卖家证件号码	Seller's ID number	VARCHAR	64	0	0
djsaltel	卖家联系方式	Seller contact information	VARCHAR	64	0	0
djsalregistcode	卖家注册号	Seller registration number	VARCHAR	32	0	0
djsaladdr	卖家地址	Seller address	VARCHAR	256	0	0
djsordermode	订单类型	Order type	VARCHAR	64	0	0
djbjfcy	保价费	Premium	DECIMAL	18	8	0
djeccname	电商企业	Name of e-commerce enterprise	VARCHAR	256	0	0
djorderdate	交易时间	Trading time	DATE	8	0	0
djpaytradecode	支付交易编号	Payment transaction No.	VARCHAR	64	0	0
djsbrregistcode	买家注册号	Buyer registration number	VARCHAR	32	0	0
djsbrname	买家名称	Buyer name	VARCHAR	128	0	0

续表

缩写名	中文名称	英文名称	数据类型	长度	精度	约束/条件
快递运单信息						
kdwaybillno	运单编号	Electronic waybill No.	VARCHAR	64	0	1
kdcsnecertcode	收件人证件号码	Recipient ID No.	VARCHAR	64	0	0
kdcsnetel	收件人电话	Recipient phone	VARCHAR	32	0	0
kdgetdate	揽件日期	Solicitation date	DATE	8	0	0
kdreceivedate	签收日期	Signing date	DATE	8	0	0
kdqty	运输数量	Transportation quantity	DECIMAL	18	8	0
kdqtyunit	运输单位	Transport unit	VARCHAR	16	0	0
kdwtkgs	毛重	Gross weight	DECIMAL	18	8	0
kdfcodename	币制	Monetary Value	VARCHAR	256	0	0
kdtransfcy	运费	Freight	DECIMAL	18	8	0
kdshippername	发件人姓名	Sender name	VARCHAR	128	0	0
kdbjfcy	保价费	Premium	DECIMAL	18	8	0
kdlogistic	物流企业	Logistics enterprise	VARCHAR	256	0	0
kdpcsqty	件数	Number	DECIMAL	18	8	0
kdshipperaddr	发件人地址	Sender address	VARCHAR	256	0	0
kdshipperncode	发件人所在国	Sender's country	VARCHAR	64	0	0
kdshippercertcode	发件人证件号码	Sender's ID number	VARCHAR	64	0	0
kdshippercertel	发件人电话	Sender phone	VARCHAR	32	0	0

续表

缩写名	中文名称	英文名称	数据类型	长度	精度	约束/条件
kdcsnename	收件人姓名	Recipient name	VARCHAR	128	0	0
kddeliveryaddr	收货人地址	Consignee address	VARCHAR	256	0	0
kdcsnencode	收件人所在国	Recipient's country	VARCHAR	64	0	0
		消费者反馈信息				
xfcompcode	咨询反馈编号	Consultation feedback No.	VARCHAR	64	0	0
xfcargoid	商品溯源 ID	Commodity traceability ID	VARCHAR	128	0	0
xfusername	用户名称	User name	VARCHAR	128	0	0
xfcompcontent	反馈内容	Feedback content	VARCHAR	1280	0	0
xfcompdate	反馈时间	Feedback time	DATE	8	0	0
xfdutycname	责任企业名称	Name of responsible enterprise	VARCHAR	256	0	0
xflinkman	联系人	Contacts	VARCHAR	128	0	0
xflinktel	联系方式	Contact information	VARCHAR	32	0	0
xfcomptype	咨询反馈分类	Classification of consultation feedback	VARCHAR	7	0	0
xfcompchannel	反馈渠道	Feedback channel	VARCHAR	128	0	0
		召回信息				
zhcargoid	商品溯源 ID	Commodity traceability ID	VARCHAR	64	0	0
zhorgchannel	来源渠道	Source channel	VARCHAR	64	0	0
zhbillno	召回信息编号	Recall information number	VARCHAR	64	0	0
zhcontent	召回公告内容	Contents of recall announcement	VARCHAR	1280	0	0

续表

缩写名	中文名称	英文名称	数据类型	长度	精度	约束/条件
zhimpdatef	召回实施时间从	Recall implementation time from	DATE	8	0	0
zhimpdatet	召回实施时间至	Recall implementation time to	DATE	8	0	0
zhattribute	召回属性	Recall attribute	VARCHAR	20	0	0
zhissueog	召回发布单位	Recall issuing unit	VARCHAR	64	0	0
zhlinkman	召回工作联系人	Recall work contact	VARCHAR	128	0	0
zhlinktel	召回工作联系电话	Recall work contact number	VARCHAR	32	0	0
zhlinkemail	召回工作邮箱	Recall work email	VARCHAR	128	0	0
zhdate	召回公告发布时间	Release time of recall announcement	DATE	8	0	0
zhplace	实施地点	Place of implementation	VARCHAR	16	0	0
zhtitle	召回公告标题	Recall announcement title	VARCHAR	1280	0	0
退换货信息						
thorderno	退/换货单号	Return / replacement Order No.	VARCHAR	64	0	1
thapplyreason	申请原因	Reason for application	VARCHAR	1280	0	0
threfundmode	退款方式	Refund method	VARCHAR	7	0	0
threfundfcy	退款金额	Refund amount	DECIMAL	18	8	0
thrtaddr	退回地址	Return address	VARCHAR	256	0	0
thrtfromaddr	发货地址	Shipping address	VARCHAR	256	0	0
thqtyunit	数量单位	Quantity unit	VARCHAR	16	0	0
thorgordercode	原交易订单编号	Old Ordercode	VARCHAR	32	0	0

续表

缩写名	中文名称	英文名称	数据类型	长度	精度	约束/条件
threfuntfreight	退款运费	Refunt Freight	DECIMAL	18	8	0
threturntel	退回联系方式	Return Tel	VARCHAR	32	0	0
thrtstatus	退货状态	Return status	VARCHAR	8	0	0
threturner	退回人	Returner	VARCHAR	128	0	0
thcname	销售企业名称	Enterprise name	VARCHAR	256	0	0
thapplydate	申请时间	Application time	DATE	8	0	0
thapplylinkman	申请人	Applicant	VARCHAR	128	0	0
thapplylinktel	联系方式	Contact information	VARCHAR	32	0	0
thtype	退换类型	Return type	VARCHAR	7	0	0
thapplyqty	申请退/换数量	Quantity applied for return / replacement	DECIMAL	18	8	0
采销信息						
pspurchaseno	采购单号	Purchase order No.	VARCHAR	64	0	1
pssigndate	签约时间	Signing time	DATE	8	0	0
pspaymode	付款方式	Payment method	VARCHAR	64	0	0
psprice	单价	Unit Price	DECIMAL	18	8	0
psfcy	总价	Total price	DECIMAL	18	8	0
psinvoiceno	发票号	Invoice No.	VARCHAR	64	0	0
psdealmode	成交方式	Transaction method	VARCHAR	64	0	0
psfcodename	币制	Currency system	VARCHAR	64	0	0

续表

缩写名	中文名称	英文名称	数据类型	长度	精度	约束/条件
pscontractno	合同号	Contract No.	VARCHAR	64	0	0
psqty	商品数量	Quantity of goods	VARCHAR	64	0	0
psunit	数量单位	Quantity unit	VARCHAR	64	0	0
psshipmentlimittime	装运期限	Time limit for shipment	VARCHAR	256	0	0
pspackage	包装	Package	VARCHAR	256	0	0
pssignaddr	签约地点	Signing Address	VARCHAR	256	0	0
psbuyer	买方	Buyer	VARCHAR	128	0	0
psbuyeraddr	买方地址	Buyer's address	VARCHAR	256	0	0
psseller	卖方	Seller	VARCHAR	128	0	0
psselleraddr	卖方地址	Seller's address	VARCHAR	256	0	0
pstradetype	贸易方式	Trade mode	VARCHAR	64	0	0
pstradenname	贸易国地区	Trading countries and regions	VARCHAR	64	0	0
反馈处理结果信息						
tcclno	反馈处理编号	Feedback processing number	VARCHAR	64	0	0
tcclcompcode	咨询反馈编号	Consultation feedback No.	VARCHAR	64	0	0
tcclresult	处理结果描述	Description of processing results	VARCHAR	256	0	0
tccldate	处理时间	Processing time	DATE	8	0	0
tcclccodename	处理企业名称	Processing enterprise name	VARCHAR	64	0	0
tcclccodetel	处理企业联系方式	Processing enterprise contact information	VARCHAR	64	0	0

续表

缩写名	中文名称	英文名称	数据类型	长度	精度	约束/条件
tcclremark	备注	remarks	VARCHAR	256	0	0
反馈监督结果信息						
tjclno	反馈处理编号	Feedback processing number	VARCHAR	64	0	0
tjcltcclno	监督编号	Supervision number	VARCHAR	64	0	0
tjclresult	处理结果描述	Description of processing results	VARCHAR	256	0	0
tjcldate	处理时间	Processing time	DATE	0	0	0
tjclorgantype	监管机构类型	Type of regulator	VARCHAR	64	0	0
tjclorgan	监管机构	Regulatory bodies	VARCHAR	64	0	0
tjclorgantel	监管机构联系方式	Regulatory contact information	VARCHAR	64	0	0
tjclremark	备注	Remarks	VARCHAR	256	0	0
画像查询记录						
querylogcode	查询编号	Query Record No.	VARCHAR	64	0	0
querylongitude	经度	Longitude	VARCHAR	32	0	0
querylatitude	维度	Latitude	VARCHAR	32	0	0
querycountry	国家	Country	VARCHAR	32	0	0
queryarea	地区	District	VARCHAR	32	0	0
queryprovince	省份	Provinces	VARCHAR	32	0	0
querycity	城市	City	VARCHAR	32	0	0
queryuser	查询用户	Query user	VARCHAR	128	0	0

续表

缩写名	中文名称	英文名称	数据类型	长度	精度	约束/条件
querytime	查询时间	Query time	DATE	8	0	0
querytype	查询条件	Query condition	VARCHAR	64	0	0
queryvalue	查询条件值	Query value	VARCHAR	64	0	0
querychannel	查询渠道	Query channel	VARCHAR	64	0	0
queryway	查询方式	Query way	VARCHAR	64	0	0
querytelephone	手机串号	IMEI	VARCHAR	16	0	0
queryip	IP 地址	IP address	VARCHAR	16	0	0
		附件信息				
attachno	附件编号	Attachment No.	VARCHAR	64	0	0
attachtype	附件类型	Attachment type	VARCHAR	16	0	0
filepath	文件路径	File path	VARCHAR	512	0	0
filename	文件名	File name	VARCHAR	256	0	0
provideorgan	出具机构	Issuing agency	VARCHAR	128	0	0
provideodate	出具日期	Issuance date	DATE	8	0	0
remark	备注	Remarks	VARCHAR	256	0	0
fjexpirydate	附件有效期	Annex validity	DATE	0	0	0

Q/QQSY

企　　　　业　　　　标　　　　准

Q/QQSY 014—2022

全球溯源体系　数据处理要求

2022－10－25 发布　　　　2022－10－25 实施

中共中国（广东）自由贸易试验区广州南沙新区片区
工作委员会政策研究和创新办公室　发布

前　言

本文件按照 GB/T 1.1—2020《标准化工作导则　第 1 部分：标准化文件的结构和起草规则》的规定起草。

本文件由全球溯源中心标准化建设办公室提出并归口。

本文件起草部门：全球溯源中心标准化建设办公室。

本文件主要起草人：刘家君、吴瑞坚、沈薇、黎秀婷、黄殷瑜、田佳明。

本文件于 2022 年首次发布，本次为第一次修订。

全球溯源体系　数据处理要求

1　范围

本文件规定了全球溯源体系数据处理基本要求，包括数据采集、传输、预处理、存储、分析和可视化展现等环节要求。

本文件适用于全球溯源体系数据的处理、分析及应用。

2　规范性引用文件

下列文件中的内容通过文中的规范性引用而构成本文件必不可少的条款。其中，注日期的引用文件，仅该日期对应的版本适用于本文件；不注日期的引用文件，其最新版本（包括所有的修改单）适用于本文件。

T/GNDECPA 0019　全球溯源体系　数据采集、存储和共享

3　术语和定义

本文件没有需要界定的术语和定义。

4　总则

全球溯源体系数据处理是按 T/GNDECPA 0019 等规定，通过溯源数据采集、传输、预处理、存储、分析、可视化展现等数据处理程序，从全球溯源体系数据中获取信息的过程。全球溯源体系数据处理环节包括但不限于：

a）数据采集：通过人工或自动方式对各领域溯源数据进行采集；

b）数据传输：对采集的数据按约定方式进行安全传输；

c）数据预处理：按照预处理操作流程将数据处理为易于存储和分析的规范格式；

d）数据存储：对数据进行存储和管理，实现对各种数据的有效组织；

e）数据分析：对存储数据计算和分析，获取有价值的信息和知识；

f）可视化展现：将数据分析结果以直观方式显示给用户，并与用户实现交互。

5 数据采集

全球溯源体系数据采集要求包括但不限于：

a）应明确数据采集的目的和用途；

b）应依据数据采集需求确定数据采集范围、选取数据采集方式、约定数据采集周期；

c）应规范数据采集操作流程；

d）应跟踪和记录数据采集过程；

e）应从数据完整性、准确性、一致性等方面控制数据采集质量。

6 数据传输

全球溯源体系数据传输要求包括但不限于：

a）应根据需求选取数据传输方式；

b）应明确数据传输周期，按照约定频次传输数据；

c）应满足数据完整性、准确性等可靠性传输要求；

d）应满足数据传输安全性要求。

7 数据预处理

全球溯源体系数据预处理要求包括但不限于：

a）应制定数据清洗规则，对缺失数据、格式错误数据、逻辑错误数据等“脏”数据进行清洗；

b）应将不同来源、格式的数据进行集成；

c）应在数据完整性基础上将数据集归约表示；

d）应将数据格式转换成适用于数据存储和分析的形式；

e）应及时对预处理后的数据质量进行评估。

8 数据存储

全球溯源体系数据存储要求包括但不限于：

a）对象存储、过程数据存储、结构数据存储等不同类型的数据存储应满足相对应的存储要求；

b）应满足大数据存储技术的高可靠、高可用、可扩展以及高性能等要求；

c）应满足数据库 PB 数量级以上的数据存储要求；

d）应满足数据一致性、完整性和可用性等存储质量要求；

e）应制定数据存储安全性措施和策略。

9 数据分析

全球溯源体系数据分析要求包括但不限于：

a）数据分析目的应符合国家法律法规要求；

b）应满足分析数据完整性、唯一性和有效性等质量要求；

c）应根据分析场景构建高可靠、高有效的分析模型；

d）应根据分析模型选取数据分析方法，常用的数据分析方法包括聚类、分类、关联分析、深度学习等；

e）应从数据分析结果的可用性、准确性等方面进行质量评价。

10 数据可视化

全球溯源体系数据可视化要求包括但不限于：

a）应根据需求对敏感、涉密数据进行脱敏脱密操作；

b）应满足交互式可视化分析要求；

c）应满足可视化展现形式多样化要求；

d）应满足数据实时动态展现要求；

e）应满足数据间关联性突出展现要求；

f）应满足展现内容的清晰、直观、形象等要求。

企　　业　　标　　准

Q/QQSY 015—2022

全球溯源中心　环境管理要求

2022－10－25 发布　　2022－10－25 实施

中共中国（广东）自由贸易试验区广州南沙新区片区
工作委员会政策研究和创新办公室　发布

前　言

本文件按照 GB/T 1.1—2020《标准化工作导则　第 1 部分：标准化文件的结构和起草规则》的规定起草。

本文件由全球溯源中心标准化建设办公室提出并归口。

本文件起草部门：全球溯源中心标准化建设办公室。

本文件主要起草人：刘家君、吴瑞坚、沈薇、黎秀婷、包小玲、田佳明。

本文件于 2022 年首次发布，本次为第一次修订。

全球溯源中心　环境管理要求

1　范围

本文件规定了全球溯源中心（以下简称“中心”）环境管理的基本要求、场所要求、环境卫生要求和绿化要求。

本文件适用于全球溯源中心环境管理工作。

2　规范性引用文件

下列文件中的内容通过文中的规范性引用而构成本文件必不可少的条款。其中，注日期的引用文件，仅该日期对应的版本适用于本文件；不注日期的引用文件，其最新版本（包括所有的修改单）适用于本文件。

GB/T 5749　生活饮用水卫生标准

GB/T 18883　室内空气质量标准

GB/T 26189　室内工作场所的照明

3　术语和定义

本文件没有需要界定的术语和定义。

4　基本要求

4.1　空气质量

4.1.1　中心各办公场所应保持通风、透气，空气无毒、无害、无异味。

4.1.2　应对集中空调通风系统进行定期检查、清洗和维护，降低空气传播性疾病感染率。

4.1.3　夏、冬两季空调运行期间，室内温度、湿度应符合 GB/T 18883 有关规定，做到温度适宜、空气清新。

4.2 光照

中心光照条件应按照 GB/T 26189 的要求设置，保证办公、展厅、培训等区域环境光线充足，局部照明达到基本要求。

4.3 空间

4.3.1 中心设置敞开式公共服务窗口，应与办公区有适当的阻隔距离。
4.3.2 中心设施设备的摆放应整齐、布局合理，办公室、培训区等空间及座位空间要适当，座位间要留有通道，在通道的拐角处要注意桌椅设备摆放的安全。

5 场所要求

5.1 办公室、会议室、培训区桌椅摆放应合理、整齐，有序，柜内物品陈列整齐。
5.2 展厅的展板和多媒体播放设施设备的安装位置应保持一定距离，不影响参观体验。
5.3 主机机房要保持清洁、卫生，严禁易燃易爆和强磁物品及其他与机房工作无关的物品进入机房。机房的路由器、交换机、服务器以及安全设备等关键设备应按要求放置在规定位置，并安排专人负责管理和维护（包括温度、湿度、电力系统、网络设备等）。
5.4 应提供座椅及饮用水等服务设施，饮用水参照 GB/T 5749 标准进行控制，保证服务对象和工作人员用水安全。

6 卫生要求

6.1 应按照国家和省区市有关防疫要求，做好常态化疫情防控工作。
6.2 中心环境整洁卫生，应做到地面无虫害、无烟头、无纸屑，墙面干净、标贴整齐有序、玻璃透明干净，公共区域设置“禁止吸烟”标识。
6.3 办公桌椅等设施设备应定时清洁消毒，展厅及其他区域多媒体设备应及时除尘。
6.4 应在不安全区域设置“注意防滑”“注意安全”等警示标牌。

7 绿化要求

7.1 公共场所可放置用于美化环境的绿色植物，绿色植物的摆放应与整体环境相协调，不影响行人的正常行走，不遮挡标志标记，放置位置无安全隐患。

7.2 应定期对绿植进行维护，保证绿植整洁美观。

Q/QQSY

企　　业　　标　　准

Q/QQSY 016—2022

全球溯源中心　运营场所建设指南

2022－11－07 发布　　2022－11－07 实施

中共中国（广东）自由贸易试验区广州南沙新区片区
工作委员会政策研究和创新办公室　发布

前　言

本文件按照 GB/T 1.1—2020《标准化工作导则　第 1 部分：标准化文件的结构和起草规则》的规定起草。

本文件由全球溯源中心标准化建设办公室提出并归口。

本文件起草部门：全球溯源中心标准化建设办公室。

本文件主要起草人：刘家君、徐于棋、沈薇、黎秀婷、包小玲、卢晓军、张乐思、杨毅斌、胡俊。

全球溯源中心　运营场所建设指南

1　范围

本文件给出了全球溯源中心运营场所建设的指引。

本文件适用于全球溯源中心运营场所建设工作。

2　规范性引用文件

下列文件中的内容通过文中的规范性引用而构成本文件必不可少的条款。其中，注日期的引用文件，仅该日期对应的版本适用于本文件；不注日期的引用文件，其最新版本（包括所有的修改单）适用于本文件。

GB/T 2887　计算机场地通用规范

GB 2894　安全标志及其使用导则

GB/T 14775　操纵器一般人类工效学要求

GB 20815　视频安防监控数字录像设备

GB 50016　建筑设计防火规范

GB 50019　工业建筑供暖通风与空气调节设计规范

GB 50034　建筑照明设计标准

GB 50045　高层民用建筑设计防火规范

GB 50052　供配电系统设计规范

GB 50057　建筑物防雷设计规范

GB 50174—2008　电子信息系统机房设计规范

GB 50222　建筑内部装修设计防火规范

GB 50311　综合布线系统工程设计规范

GB 50343　建筑物电子信息系统防雷技术规范

GA 504　阻燃装饰织物

T/GNDECPA 0016　全球溯源中心建设指南

Q/QQSY 012　全球溯源体系　图形符号与标志

3 术语和定义

T/GNDECPA 0016 界定的术语和定义适用于本文件。

4 总则

4.1 建设目标

全球溯源中心运营场所是服务于全球溯源中心展示、应用和复制推广的多功能平台，集溯源展示、业务运作、产业培育、公共培训、国际交流、学术研究等功能于一体。

4.2 建设原则

全球溯源中心运营场所建设遵守以下原则：

——规范统一、运行高效，满足区域或行业全球溯源中心发展要求；

——统筹兼顾、简约实用，与实际功能需求、工作需要相适应，合理配置设施、设备；

——技术先进、安全可靠，具有科技感，体现科技与创新相结合的特点。

5 场所选址

5.1 区位

全球溯源中心运营场所宜选择在交通便捷、公共设施较完善，靠近新兴产业集聚区，并具有一定规模的停车场所的区域。

5.2 场地

全球溯源中心场地宜满足以下条件：

a）场地内部空间相对规整；

b）场地层高不低于 5m；

c）配备 380V 专变电；

d）场地配套设施齐全，满足政府部门、企业、社会组织及个人便利化参观与交流访问需要。

6 场所设计

6.1 设计理念

全球溯源中心运营场所设计体现国际、开放、科技、前瞻的理念。

6.2 设计风格

全球溯源中心运营场所的设计风格符合下列要求：

a）简约、实用，具有创新性、国际化特征；

b）展示形式新颖、主题鲜明，集艺术性、知识性、互动性、前瞻性于一体；

c）与建筑空间相协调。

6.3 设计要点

全球溯源中心运营场所的设计宜：

a）以全球化的视角展现全球溯源中心作为数字经济公共基础设施的特性，体现国际化、现代化、智能化、综合型多功能平台的特征；

b）注重科学与艺术的结合，尽可能用浅显易懂的方式达到展示效果；

c）设计重视实质内容的诠释，简约而不简单，避免过于注重单纯科技手段的炫酷；

d）空间布局充分考虑展示体验、公共服务、应用推广、办公、会议等多种功能的便利性和合理性，注重提高场地的利用率和实用性。

7 功能建设

7.1 功能布局

7.1.1 全球溯源中心运营场所设置核心功能区和辅助功能区。

a）核心功能区包括展示体验区、应用推广区、公共服务区；

b）辅助功能区包括办公区、会议室、会客区等。

7.1.2 全球溯源中心运营场所的功能布局宜满足场所最优参观路线，即展示体验区—应用推广区—公共服务区。

7.2 功能要求

7.2.1 核心功能区

7.2.1.1 展示体验区采用“视频 + 沙盘 + 展板 + 模型”等多种方式，对全球溯源中心理论支撑体系及其应用进行系统化、具象化展示。

7.2.1.2 应用推广区用于开展公共培训、交流研讨、成果发布、技术应用演练等。

7.2.1.3 公共服务区是全球溯源中心四大公共服务平台（检验检测平台、知识产权保护平台、消费者权益维护平台、溯源产业公共服务平台）展示及对外服务窗口。

7.2.2 辅助功能区

辅助功能区设置办公室、会议室、会客区等，并配备相应的办公设备，设备的数量宜根据实际需求予以确定。

7.3 装修要求

7.3.1 全球溯源中心运营场所的装修满足下列要求：

a）运营场所装修采用统一的颜色搭配，墙面采用原木色（见图 1），其中展示体验区墙面分区域采用图 1 的“a”“b”“c”3 种色卡，应用推广区采用“a”色卡，公共服务区采用“c”色卡；

b）展示体验区使用的字体材质为磨砂不锈钢，字体颜色为玫瑰金，字体为微软雅黑，字体大小可根据布局选择 60mm、50mm 或 45mm。

a

b

c

图 1 原木色色卡

7. 3. 2 全球溯源中心运营场所的装修材料满足下列要求：

a）墙面材质采用铝板；

b）地毯材质采用阻燃呢绒；

c）所有制作和装饰材料的燃烧性能符合 GB 50222 的规定；

d）墙面采用的涂料、板材一级各种阻燃织物，阻燃装饰织物符合 GA 504 的规定。

8 展示内容建设

8. 1 展示目的

核心功能区的展示内容是对全球溯源体系理论进行宣贯，以及呈现全球溯源体系的应用成果，达到全球溯源中心理论内涵普及、应用、推广的目的。

8. 2 内容规划

展示内容重点围绕全球溯源中心理论支撑内容、运行机制、架构设计、应用成效等进行展示。核心功能区的展示主题及展示内容大纲如表 1 所示。

表 1 核心功能区的展示主题及展示内容大纲

序号	核心功能区	展示主题	展示内容大纲
1	展示体验区	数字时代 · 新机遇	数字经济时代面临的数字困境与壁垒，以及全球溯源中心解决方案的提出助力抢抓数字经济发展的时代机遇
2		中心定位	全球溯源中心作为数字经济公共基础设施的定义内涵
3			支持全球溯源中心建设的政策文件
4		发展历程	全球溯源中心从 1. 0 时代逐步发展至 4. 0 时代的历程
5		运行机制	全球溯源中心以多维数据采集和五重校验机制为核心的运行逻辑
6		数据结构	全球溯源中心的多源异构数据结构
7		优势能为	全球溯源体系实现商品价值信息真实传递
8			全球溯源中心具备真实、高效、低成本和去中心化的优势能为
9			商品全生命周期多维信息形成无限趋真的商品数字画像

续表

序号	核心功能区	展示主题	展示内容大纲
10	展示体验区	架构设计	全球溯源中心的顶层架构设计（体系规则层、公共基础设施层、开放应用层）
11		信息系统	全球溯源中心信息系统的核心能力
12		应用成效	行业应用：“溯源 +”行业应用案例
13			参与者共赢：为政府、企业、消费者带来的获益点
14			创新成效：规则创新、技术创新、工具创新和产业创新
15			监管部门应用成效：全球溯源中心在监管部门应用的内在逻辑、应用成果
16			社会应用成效：参与主体、应用范围、覆盖领域等
17		数字治理体验	全球溯源中心所形成的数据生产要素在微观企业治理、中观政府治理、宏观国家数字治理方面带来的变革
18		复制推广	全球溯源中心双/多边协议及规则标准体系
19		未来愿景	全球溯源中心以建中心实现去中心，共建人类共同体的未来格局
20	应用推广区	应用推广	如何加入溯源、应用溯源的培训展示
21	公共服务区	运营可视化	中心运营和四大公共服务平台的数据可视化

9 基础设施建设

9.1 供配电

全球溯源中心运营场所的供配电满足下列要求：

a）具备可靠、优质的供配电系统，供配电系统设计符合 GB 50052 的规定；

b）消防系统、应急照明、安防系统、计算机房独立空调系统、核心功能区照明、电梯、给排水泵等设施供配电为一级负荷，核心功能区、计算机房的业务设备用电为一级负荷中的特别重要负荷；

c）一级负荷的供电系统宜由城市电网供电和发电机组应急电源组成，城市电网供电宜采用双回路线路供电；

d）一级负荷中特别重要负荷的供电系统，在一级负荷的供电系统的基础上，增设不间断电源系统，其满负荷持续供电时间不小于 15min 是至关重要的。

9.2 综合防雷

全球溯源中心运营场所的防雷设施宜进行统一规划设计，防雷设计符合 GB 50057、GB 50343 的规定。

9.3 综合布线

全球溯源中心运营场所的综合布线符合 GB 50311 的规定。

9.4 暖通与空气调节

全球溯源中心运营场所的暖通和空气调节满足下列要求：

a）根据当地的气象条件及功能需求，设置全部或局部的采暖、通风与空气调节设施，符合 GB 50019 的规定；

b）计算机房设置独立的空气调节系统，计算机房的采暖、通风与空气调节设施符合 GB 50174 的规定。

9.5 消防

全球溯源中心运营场所的消防系统宜进行统一规划设计，消防系统符合 GB 50016、GB 50045、GB 50222 的规定。

9.6 照明

全球溯源中心照明满足下列要求：

a）全球溯源中心运营场所的照明设施符合 GB 50034 的规定，照明设施宜选用节能型设备；

b）全球溯源中心场所照明控制系统，宜实现全馆一键开关、指定区域或指定照明筒灯开关，当系统出现故障时及时切换为手动开关控制；

c）展示体验区照明设计参照建标 101—2007，视觉环境满足区域的功能、视觉的要求和环境的气氛要求。

9.7 安全环保

全球溯源中心安全环保满足下列要求：

a）设备产生的噪声原则上要低于65 dB，并采取隔音、吸音、消音等措施，减少设备的噪声和多次反射声对人体听觉的影响；

b）所用材料符合公共场所消防规定，设备杜绝机械伤人等不安全因素；

c）所用材料符合环保规范，设备运转不存在产生辐射、放射性、有毒有害气体或垃圾等污染环境的因素；

d）在与安全有关的场所和位置，按GB 2894设置安全标志。

9.8 安全监控系统

全球溯源中心运营场所的安全监控系统满足下列要求：

a）展示体验区、应用推广区、公共服务区、计算机房等区域设置监控摄像机；

b）安全监控系统具备不少于25天的循环不间断录像功能；

c）安全监控系统设备符合GB 20815中A级产品的规定。

9.9 计算机机房

全球溯源中心的计算机机房满足下列要求：

a）计算机机房建设符合GB 50174—2008中B级或以上的规定；

b）计算机机房供电方式符合GB/T 2887中一类供电的规定；

c）计算机机房防雷设计符合GB 50343的规定。

9.10 通信接入备份

全球溯源中心的通信接入备份满足下列要求：

a）全球溯源中心运营场所的关键数据通信链路接入为独立双线备份；

b）备份链路宜由不同的运营商提供。

9.11 公共信息标识

全球溯源中心的公共信息标识满足下列要求：

a）运营场所使用的图形符号与标志符合Q/QQSY 012的要求；

b）标志牌、标识牌、图版要醒目、清晰、安全、牢固、耐用，内容要准确、简洁，文字、符号、图形要规范、统一。

9.12 多媒体设备、机电设备

全球溯源中心的多媒体设备、机电设备满足下列要求：

a）操作界面、操作空间符合 GB/T 14775 要求；

b）标准机电产品选型合理，设备、元器件、零部件有出厂合格证、铭牌，其质量保证资料应完整、齐全，国家强制性规定 3C 认证的产品，要有 3C 认证标志。

参考文献

[1] 建标 101—2007　科学技术馆建设标准.

ICS 07.060
CCS A 45

T/GNDECPA 0017—2022

团　　体　　标　　准

T/GNDECPA 0017—2022

全球溯源体系　信息系统架构规范

Global traceability system——Architecture specification for information systems

2022-09-01 发布　　2022-09-02 实施

广州市南沙区经济合作促进会　发布

前　言

本文件按照 GB/T 1.1—2020《标准化工作导则　第 1 部分：标准化文件的结构和起草规则》的规定起草。

请注意本文件的某些内容可能涉及专利。本文件的发布机构不承担识别专利的责任。

本文件由中共广州南沙经济技术开发区工作委员会政策研究和创新办公室提出。

本文件由广州市南沙区经济合作促进会归口。

本文件起草部门：中共广州南沙经济技术开发区工作委员会政策研究和创新办公室、广州市南沙区经济合作促进会、国家市场监督管理总局信息中心、中国信息通信研究院产业与规划研究所、商务部国际贸易经济合作研究院、中国交通信息科技集团有限公司、中央财经大学全球经济与可持续发展研究中心、广东省电子口岸管理有限公司、广东卓志供应链科技集团有限公司、公诚管理咨询有限公司、云从科技集团股份有限公司、香港物流商会、骏德汇发展有限公司、卓志控股有限公司、澳门跨境电子商务行业协会。

本文件主要起草人：刘家君、吴瑞坚、张治峰、沈薇、黎秀婷、王大强、黄殷瑜、卢晓军、彭伟新、钱铖、张甜、何志豪、才久然、梁明、尹政平、嵇尉、李桂君、符大海、原航志、严珠珠、洪志权、张海涛、张立、李军、钟鸿兴、任锦辉、陈颂、伍卓萍、曹偹、李玉培。

全球溯源体系　信息系统架构规范

1　范围

本文件规定了全球溯源体系信息系统的架构和安全要求。

本文件适用于全球溯源体系信息系统的设计和建设。

2　规范性引用文件

下列文件中的内容通过文中的规范性引用而构成本文件必不可少的条款。其中，注日期的引用文件，仅该日期对应的版本适用于本文件；不注日期的引用文件，其最新版本（包括所有的修改单）适用于本文件。

GB/T 22239—2019　信息安全技术　网络安全等级保护基本要求

GB/T 39786—2021　信息安全技术　信息系统密码应用基本要求

T/GNDECPA 0016　全球溯源中心建设指南

3　术语和定义

T/GNDECPA 0016 界定的以及下列术语和定义适用于本文件。

3.1　"溯源+" traceability plus

把全球溯源体系的创新成果与经济社会各领域深度融合，推动技术进步、效率提升，提升经济社会创新力和生产力，形成更广泛的依托全球溯源中心为公共基础设施发展的新生态。

3.2　架构　architecture

体系结构

系统在其环境中的基本概念或属性，体现在其元素、关系以及设计和演变原则中。

［来源：GB/T 22032—2021，定义 4.1.5］

4 缩略语

下列缩略语适用于本文件。

ACL：访问控制列表（Access Control List）

IMS：多媒体子系统（IP Multimedia Core Network Subsystem IP）

LDAP：轻量目录访问协议（Lightweight Directory Access Protocol）

MQTT：消息队列遥测传输（Message Queuing Telemetry Transport）

MSRP：消息会话中继协议（The Message Session Relay Protocol）

SDP：会话描述协议（Session Description Protocol）

TCP：传输控制协议（Transmission Control Protocol）

TLS：传输层安全（Transport Layer Security）

UDP：用户数据报协议（User Datagram Protocol）

5 全球溯源体系信息系统架构

5.1 概述

全球溯源体系信息系统架构依托全球溯源体系理论、标准和规则，以各个区域或行业全球溯源中心管理系统作为节点，采用具有先进性的系统架构，通过公共技术组件连接，实现节点与节点之间的互联互通。

5.2 架构特性

5.2.1 系统架构下各区域或行业全球溯源中心管理系统应独立部署，组成去中心化的网络结构。

5.2.2 具有良好的可扩展性，通过公共技术组件实现各个区域或行业全球溯源中心管理系统、“溯源+”应用的互联互通。

5.2.3 可引入人工智能、区块链、大数据、云计算等技术。

5.2.4 可接入多源异构溯源数据服务，支持多种数据类型和数据格式。

5.3 架构组成

5.3.1 全球溯源体系信息系统架构由终端接入层、应用层、服务支撑层三个层次及运行维护保障服务、信息安全保障服务和资源共享交换服务三个管理服务组成，如图 1 所示。

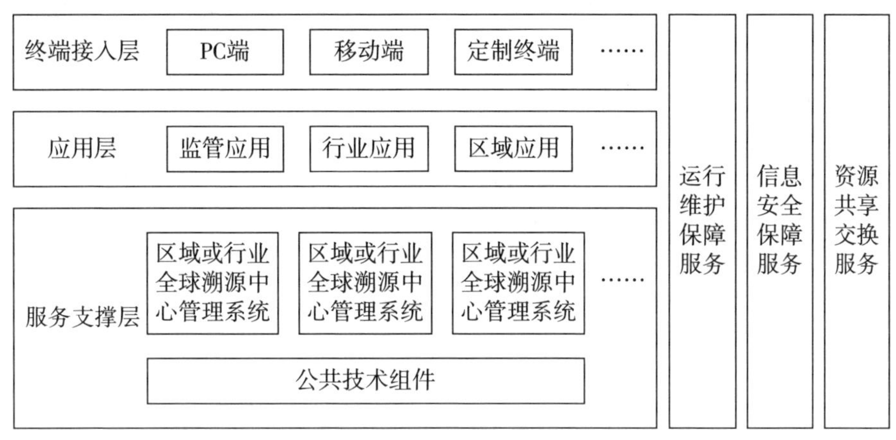

图 1　全球溯源体系信息系统架构

5.3.2　服务支撑层由各区域或行业全球溯源中心管理系统和公共技术组件组成。

5.3.2.1　各区域或行业全球溯源中心管理系统支撑全球溯源中心执行区域或行业运营管理和提供公共服务，主要功能应包括：

——具备共建方用户注册登记功能，支持识别共建方用户角色、区分用户角色权限；

——具备多源异构溯源数据采集功能，支持接入多来源、多主体、碎片化的溯源数据；

——具备溯源标识管理功能，包括但不限于溯源标识申领、溯源标识信息关联管理、溯源标识服务商管理；

——具备线上公证功能，支持共建方选择公证机构为发布溯源数据的行为进行公证；

——具备溯源数据授权功能，支持共建方溯源数据共享授权、溯源数据应用授权；

——具备溯源数据查询功能，支持共建方便捷查询溯源数据；

——具备接入各类“溯源 +”应用的接口及接口管理功能；

——具备溯源数据安全防护功能，包括但不限于数据加密、数据防篡改、数据分级访问控制、数据备份和恢复；

——具备对网络、服务器、数据库与应用服务等的集中管理和监控功能。

5.3.2.2　公共技术组件提供各区域或行业全球溯源中心管理系统间、与

“溯源+”应用间的数据交换和数据传输服务，主要功能应包括：

——具备数据传输能力，支持一对一、一对多、多对多的数据传输，支持数据断点续传；

——具备安全认证策略，包括但不限于用户认证、ACL 认证、Radius 认证、LDAP 认证；

——具备多种服务能力，包括但不限于 Register 服务、Location 服务、Redirect 服务、Proxy 服务、Application 服务；

——可接入多种协议，包括但不限于 IMS 协议、MQTT 协议、SDP 协议、MSRP 协议、UDP 协议、TCP 协议、TLS 协议。

注：区域或行业全球溯源中心管理系统技术架构参见附录 A。

5.3.3 应用层由各类“溯源+”应用组成，接入区域或行业全球溯源中心管理系统，提供服务于溯源共建方的各类应用，主要功能应包括：

——具备接入区域或行业全球溯源中心管理系统的接口；

——具备溯源数据有效应用和反馈机制；

——具备溯源数据应用安全措施，包括但不限于数据加密、身份认证。

5.3.4 终端接入层由 PC 终端、手机 App、其他定制终端等组成，用于数据采集、查询等。

5.3.5 运行维护保障服务，是一套保障全球溯源体系信息系统运行稳定的服务，包括但不限于系统运维、系统监控、网络运维。

5.3.6 信息安全保障服务，是一套保障全球溯源体系信息系统信息安全的服务，包括但不限于身份管理、权限管理、访问控制、系统防御、冗余备份、安全审计管理。

5.3.7 资源共享交换服务，是一套保障全球溯源体系信息系统数据交换共享高效、低成本的服务，包括但不限于权限管理、资源管理、共享控制、审计管理。

6 安全要求

6.1 全球溯源体系信息系统架构的安全要求应满足安全物理环境、安全通信网络、安全区域边界、安全计算环境、安全管理中心、安全管理制度、安全管理机构、安全管理人员、安全建设管理、安全运维管理等方面需求。

6.2 区域或行业全球溯源中心管理系统具体应不低于 GB/T 22239—2019 规定的第三级要求，以及 GB/T 39786—2021 规定的要求。

6.3 区域或行业全球溯源中心管理系统可靠性应达到99.99%。

附录 A
（资料性）
区域或行业全球溯源中心管理系统技术架构图

区域或行业全球溯源中心管理系统技术架构如图 A. 1。

应用层	公共服务可视化	公共服务管理系统	各类公共服务平台	线上公证管理系统	溯源标识管理系统	运营维护管理系统
支撑层	数据采集管理系统	数据分析管理系统	数据规则引擎	数据应用管理系统	应用接入管理系统	
数据资源层	原始数据库	数据分类分级库	画像数据库			
基础设施层	计算资源池	储存资源池	网络资源	组件接入	基础服务	

图 A. 1　区域或行业全球溯源中心管理系统技术架构

参考文献

[1] GB/T 22032—2021 系统与软件工程 系统生存周期过程.

[2] GB/T 37973—2019 信息安全技术 大数据安全管理指南.

CS 07. 060
CCS A 45

T/GNDECPA 0018—2022

团　　体　　标　　准

T/GNDECPA 0018—2022

全球溯源体系　公共技术组件

Global traceability system——General technical components

2022-09-01 发布　　2022-09-02 实施

广州市南沙区经济合作促进会　发布

前　言

本文件按照 GB/T 1.1—2020《标准化工作导则　第 1 部分：标准化文件的结构和起草规则》的规定起草。

请注意本文件的某些内容可能涉及专利。本文件的发布机构不承担识别专利的责任。

本文件由中共广州南沙经济技术开发区工作委员会政策研究和创新办公室提出。

本文件由广州市南沙区经济合作促进会归口。

本文件起草部门：中共广州南沙经济技术开发区工作委员会政策研究和创新办公室、广州市南沙区经济合作促进会、国家市场监督管理总局信息中心、中国信息通信研究院产业与规划研究所、商务部国际贸易经济合作研究院、中国交通信息科技集团有限公司、中央财经大学全球经济与可持续发展研究中心、广东省电子口岸管理有限公司、广东省数字经济协会、公诚管理咨询有限公司、香港物流商会、骏德汇发展有限公司、卓志控股有限公司、澳门跨境电子商务行业协会。

本文件主要起草人：刘家君、吴瑞坚、张治峰、沈薇、黎秀婷、王大强、黄殷瑜、卢晓军、彭伟新、李贻强、刘金克、何志豪、才久然、梁明、尹政平、嵇尉、李桂君、符大海、原航志、严珠珠、朱金周、谭艺佳、张海涛、钟鸿兴、任锦辉、陈颂、伍卓萍、徐少东、萧家浩。

全球溯源体系　公共技术组件

1　范围

本文件规定了全球溯源体系公共技术组件的服务要求、功能要求和非功能要求。

本文件适用于全球溯源体系信息系统的共建。

2　规范性引用文件

下列文件中的内容通过文中的规范性引用而构成本文件必不可少的条款。其中，注日期的引用文件，仅该日期对应的版本适用于本文件。不注日期的引用文件，其最新版本（包括所有的修改单）适用于本文件。

T/GNDECPA 0016　全球溯源中心建设指南

3　术语和定义

T/GNDECPA 0016 界定的以及下列术语和定义适用于本文件。

3.1　公共技术组件　general technical components

为实现多个区域或行业全球溯源中心管理系统之间、区域或行业全球溯源中心管理系统与“溯源 +”应用之间互联互通，按照全球溯源体系理论、标准和规则建设的由一系列接口、服务组成的溯源数据交换平台。

3.2　终端　terminal

终端接入设备，包括 PC 终端、Android/iOS 终端、硬件终端或其他定制数据采集设备。

4 缩略语

下列缩略语适用于本文件。

ACL：访问控制列表（Access Control List）

DSA：数字签名算法（Digital Signature Algorithm）

LCR：低消耗路由（Low Cost Route）

MQTT：消息队列遥测传输（Message Queuing Telemetry Transport）

MSRP：消息会话中继协议（The Message Session Relay Protocol）

NAT：网络地址转换（Network Address Translation）

QoS：业务服务质量（Quality of Service）

QUIC：基于UDP进行多路并发传输的协议（Quick UDP Internet Connection）

RSA：一种非对称加密技术（Rivest Shamir Adleman）

SDK：软件开发工具包（Software Development Kit）

SM2：椭圆曲线公钥密码算法（Public key cryptographic algorithm SM2 based on elliptic curves）

SM3：密码杂凑算法（SM3 cryptographic hash algorithm）

SM4：分组密码算法（SM4 block cipher algorithm）

SSL：安全套接层（Secure Sockets Layer）

TCP：传输控制协议（Transmission Control Protocol）

TLCP：传输层密码协议（Transport Layer Cryptography Protocol）

TLS：传输层安全（Transport Layer Security）

UDP：用户数据报协议（User Datagram Protocol）

WebRTC：网页即时通信（Web Real-Time Communication）

WebSocket：单个TCP连接上进行全双工通信的协议（国际互联网工程任务组RFC WebSocket数据交换规范IETF RFC 6455）

5 服务要求

公共技术组件提供的服务包括但不限于：

——组件的注册服务；

——接入终端的注册服务；

——终端服务的定位服务；
——重定向服务；
——代理服务；
——应用扩展服务。

6 功能要求

6.1 支持多种协议接入，包括但不限于数据多媒体协议族（MQTT 协议、MSRP 协议）、传输层协议（QUIC、TCP、UDP、WebRTC、WebSocket）。

6.2 支持 SDK 接入和硬件终端接入。

6.3 支持以下功能：

——支持一对一、一对多、多对多路由；
——支持智能路由算法，支持消息串行、并行转发；
——支持静态路由、动态路由；
——支持有状态路由、无状态路由；
——支持 NAT 穿越算法；
——支持 LCR 路由；
——支持失败路由处理；
——支持定义限制的消息流量，在超出限制后自动限流或服务降级；
——支持服务的注册和发现机制；
——支持重定向服务；
——支持缓存路由；
——支持文件、消息传输；
——支持 QoS 保障，即通过设置报文的 QoS，优先转发紧急消息。

7 非功能要求

7.1 公共技术组件的非功能性要求应满足灵活性、高效性、安全性、可靠性、稳定性。

7.2 公共技术组件的灵活性应满足第 6.3 条中规定的路由功能。

7.3 公共技术组件的高效性应满足：

——支持消息转发路由快速定位；
——支持数据压缩，节省数据流量；
——支持消息直接转发处理。

7.4　公共技术组件的安全性应满足：

——支持 SSL/TLS 加密传输，数据不可篡改；

——支持 SM2、SM3 和 SM4 加密算法；

——支持终端接入认证、鉴权；

——支持消息转发层数据校验；

——支持国际标准和国家标准规定的非对称加密算法、对称加密算法；

——支持黑白名单处理功能；

——支持 ACL 访问控制机制；

——支持终端安全检测：对终端的数据合法性进行检测，将提供非法数据的终端自动列为黑名单；

——支持 TLCP 协议。

7.5　公共技术组件的可靠性应满足：

——支持控制平面和数据平面的分离控制；

——支持消息发送的应答和重传机制，即失败消息可定义重传次数，丢失的消息可以保存并能自动在网络可用的时候重发；

——支持对高失败路由自动进行熔断处理；

——支持文件传输的断点续传。

7.6　公共技术组件的稳定性应满足：

——支持分布式部署；

——支持多种负载均衡算法，自动根据系统运行情况分配消息流量。

Q/QQSY

企　　　　　　　　业　　　　　　　　标　　　　　　　　准

Q/QQSY 017—2022

全球溯源体系　客户端对接规范

2022-10-25 发布　　　　　　　　　　　　　　　　2022-10-25 实施

中共中国（广东）自由贸易试验区广州南沙新区片区
工作委员会政策研究和创新办公室　发布

前　言

本文件按照 GB/T 1.1—2020《标准化工作导则　第 1 部分：标准化文件的结构和起草规则》的规定起草。

本文件由全球溯源中心标准化建设办公室提出并归口。

本文件起草部门：全球溯源中心标准化建设办公室。

本文件主要起草人：刘家君、吴瑞坚、沈薇、黎秀婷、黄殷瑜、田佳明。

全球溯源体系　客户端对接规范

1　范围

本文件规定了全球溯源体系客户端对外所提供数据交互的技术要求，包括接口访问方法、交互接口要求、信息交互接口描述、网络安全及案例。

本文件适用于全球溯源体系客户端。

2　规范性引用文件

下列文件中的内容通过文中的规范性引用而构成本文件必不可少的条款。其中，注日期的引用文件，仅该日期对应的版本适用于本文件；不注日期的引用文件，其最新版本（包括所有的修改单）适用于本文件。

GB/T 25068.1　信息技术　安全技术　网络安全　第 1 部分：综述和概念

GB/T 25068.2　信息技术　安全技术　网络安全　第 2 部分：网络安全设计和实现指南

GB/T 25068.3　信息技术　安全技术　网络安全　第 3 部分：面向网络接入场景的威胁、设计技术和控制

GB/T 25068.4　信息技术　安全技术　IT 网络安全　第 4 部分：远程接入的安全保护

GB/T 25068.5　信息技术　安全技术　网络安全　第 5 部分：使用虚拟专用网的跨网通信安全保护

3　术语和定义

下列术语和定义适用于本文件。

3.1　JSON

JSON（JavaScript Object Notation）是一种轻量级的数据交换格式。易于人

阅读和编写，同时也易于机器解析和生成。它基于 JavaScript Programming Language，是 Standard ECMA－262 3rd Edition－December 1999 的一个子集。

3.2 全球溯源体系客户端

全球溯源中心向溯源共建方提供本地数据对接服务的程序。

4 缩略语

XML 可扩展标记语言 Extensible Markup Language

API 应用程序接口 Application Programming Interface

SDK 软件开发工具包 Software Development Kit

HTTP 超文本传输协议 Hyper Text Transfer Protocol

5 总则

5.1 全球溯源体系客户端提供数据采集接口和数据查询接口的技术要求，帮助溯源共建方了解并使用。

5.2 数据采集接口，用于溯源共建方向全球溯源中心管理系统提供商品全生命周期相关的溯源数据。

5.3 数据查询接口，用于溯源共建方向全球溯源中心管理系统查询商品溯源信息。

6 接口要求

6.1 数据加密：API 接口请求参数一律采用 RSA 进行加解密，在客户端使用公钥对请求参数进行加密，在服务端使用私钥对数据进行解密，防止信息泄露。

6.2 签名：为了防止请求数据在网络传输过程中被恶意篡改，对所有非查询接口增加数字签名，签名原串为对请求参数的自然排序，通过私钥加签后放入 sign 参数中。

6.3 时间戳：API 接口中增加时间戳 timestamp 字段，作用是在固定时间范围内，减少同一请求被暴力调用的次数。

6.4 限流：对接口调用的并发数进行控制，超出限制的请求将被禁止。

6.5 安全检测：对恶意的接口使用进行封禁（如大量非法数据的推送或其他

可能对系统有风险的使用）。

7 接口访问方法

7.1 API 接入方式

外部平台或客户端在访问前需要通过公网来访问全球溯源系统的网络地址，直接调用 RESTful API 功能来取得实时数据、溯源数据、历史数据等。

7.2 SDK 方式

通过全球溯源中心管理系统提供的 SDK 接入系统。

7.3 请求结构

7.3.1 服务地址：api. global - suyuan. com
7.3.2 通信协议：HTTPS
7.3.3 请求方法：POST（推荐）/GET
7.3.4 字符编码：UTF - 8

8 信息交互接口

8.1 获取接口调用令牌（申请安全凭证）

8.1.1 请求方式

客户端获取接口调用令牌使用 Http Post 请求。

8.1.2 Token 说明

8.1.2.1 Token 令牌支持（AES/DES/RSA）加密，和接入数据加密方式相同。

8.1.2.2 Token 令牌默认有效时长（可配置，默认 2 小时），有效期内多次申请会得到相同令牌。

8.1.2.3 请求参数：无

8.1.2.4 成功示例如下：

{
"status"："success",
"data"："oDbkzGEqNgeoriRpeKswruG2ol28CzyAg4h9Dkyl - 1542199624592"
}

8.1.2.5 失败示例如下：

{
"status"："fail"，
"code"："102"，
"message"："发送方不存在"
}

8.2 消息结构定义

8.2.1 消息 Header 定义

设置数据内容格式 Content－Type：application/json 或 application/xml

设置接收响应内容格式 Accept：application/json 或 application/xml

8.2.2 消息体定义（见表1）

表1 消息体定义

节点	字段	说明	必填
Status	状态	成功：success 失败：fail	是
Code	状态码	状态码 status 为 fail 时有值	否
Data	令牌	令牌值，status 为 success 时有值 可能是明文或者密文。取决于对系统的要求和约定	否
Message	状态码描述	状态码描述 status 为 fail 时有值	否

8.2.3 错误码定义（见表2）

表2 错误码定义

编码	编码说明
ACS100	服务执行产生异常
ACS101	错误的报文类型
ACS102	未找到发送方或发送方已停用
ACS103	未找到接入接口配置

续表

编码	编码说明
ACS104	接入配置已停用
ACS105	系统繁忙请稍后重试
ACS106	签名数据为空
ACS107	接入验签失败
ACS108	令牌验证失败
ACS109	多次接入失败，断路器已生效
ACS110	数据格式错误
ACS111	未登录异常
ACS112	无权限异常
ACS113	未支持的数据格式
ACS114	报文解密失败
ACS115	未被允许的 IP 地址
ACS116	接入请求已超出阈值
ACS117	接入服务无请求权限
ACS118	接入方【用户编码】对应用户不存在
ACS119	接入服务登录检查：登录信息失效或未登录
ACS200	未支持的数据格式
ACS201	服务接入产生异常
ACS202	Token 申请产生异常
ACS300	数据未通过校验
ACS301	消息创建异常
ACS302	客户端调用接入系统异常

8.3 数据采集接口

8.3.1 请求消息（见表3、表4）

表3　　请求消息 Head 节点

父节点	Head			
节点	说明	类型	必填	备注
User - Agent	来源系统	String	是	提供全球溯源中心分配的第三方系统编号
User - Code	来源主体	String	是	提供全球溯源中心共建方登记的登记号
User - Type	来源主体类型	String	是	提供主体对应的类型（10：企业；20：监管部门）
Token	口令	String	是	共建方口令
Sign	签名	String	是	数据签名
CallBackUrl	回调地址	String	否	接口回调地址

表4　　请求消息 Data 节点

父节点	Data			
节点	说明	类型	必填	备注
FragDataList	碎片化数据列表	JSONArray	是	碎片化数据列表

FragDataList 是碎片化数据列表。每条数据代表一条独立的碎片化数据内容（见表5）。

表5　　FragDataList 列表

父节点	FragDataList			
节点	说明	类型	必填	备注
FragInfo	碎片化数据信息	JSON	是	碎片化信息简要内容
FragCargoInherentData	商品固有属性	JSON	是	商品信息（商品基础信息、生产信息、质量信息）

续表

父节点	FragDataList			
节点	说明	类型	必填	备注
FragCargoCarExtInfo	商品固有属性汽车拓展信息	JSON	是	进口汽车类别的商品拓展属性
FragCargoRedWineExtInfo	商品固有属性红酒拓展信息	JSON	是	红酒类别的商品拓展属性
FragCargoSASweepRobotExtinfo	商品固有属性智能家电扫地机器人拓展信息	JSON	是	智能家电扫地机器人类的商品拓展属性
FragAdditionalData	商品附加数据	JSONArray	是	商品附加数据
FragAttachs	附件列表	JSONArray	否	碎片化数据附件列表
OgcodeBindInfo	标识关联信息	JSON	否	标识关联信息
RelaType	关联方式	String	否	10：发布　20：引用 30：追加　40：合并
CargoRelaInfo	商品关系信息	JSON	否	商品关系信息

FragInfo 是每条碎片数据的简要说明，第三方需要提供每条数据所对应业务的唯一编码，用于后续跟踪反馈（见表6）。

表 6　　FragInfo 列表

父节点	FragInfo			
节点	说明	类型	必填	备注
Reqbusicode	业务唯一编号	String	是	每条碎片化信息简要内容
OptMode	操作方式	Integer	否	0：新增　1：修改（默认新增）
OrgFragID	原碎片化数据 ID	String	否	当修改时，必须提供
DataMarks	数据标签	String	否	指定数据特定标签，标签内容由全球溯源中心提供

FragCargoInherentData 是固有属性内容，其中包括商品基础信息、生产信息、质量信息三大类数据（见表7）。

表 7 **FragCargoInherentData 列表**

父节点	FragCargoInherentData			
节点	说明	类型	必填	备注
CargoInfo	商品基础信息	JSON	是	
ProduceInfo	生产信息	JSON	否	
QualityInfo	质量信息	JSON	否	

8.3.2 返回消息（见表 8 ~ 表 11）

表 8 **回执内容（Head）说明**

父节点	Head			
节点	说明	类型	必填	备注
Version	接口版本号	String	是	
Timestamp	时间戳	String	否	
Token	口令	String	否	
Sign	签名	String	否	

表 9 **回执内容（Data）说明**

父节点	Data			
节点	说明	类型	必填	备注
Reqbusicode	业务唯一编号	String	是	对应共建方数据中的业务自编号
Cargoid	标准分类 ID	String	否	当前数据对应的标准分类数据 ID
Validity	是否有效	Bool 值	否	当前数据是否为有效的标准分类数据
BindCodeResult	标识关联结果	JSON	否	当前发布数据中标识关联结果内容
CargoRelaResult	商品关联关系结果	JSON	否	数据关联结果

表 10　　绑码结果说明

父节点	BindCodeResult			
节点	说明	类型	必填	备注
Status	状态	String	是	SUCCESS：关联成功　FAIL：关联失败
Info	标识关联信息	String	否	标识关联失败时的信息
Codenum	码值数量	数值	否	返回当前标识关联码值的数量

表 11　　商品关联关系结果说明

父节点	CargoRelaResult			
节点	说明	类型	必填	备注
Status	状态	String	是	SUCCESS：关联成功　FAIL：关联失败
Info	标识关联信息	String	否	关联失败时的失败信息

8.3.3 消息 Demo

8.3.3.1 请求 Demo

```
{
"Head":{
  "User-Type":"10",
  "User-Code":"ZMTEST",
  "User-Agent":"GTC-GTCPSP"
},
"Data":{
  "FragDataList":[{
    "FragEntrustInfo":{
      "entrustccodetype":"10",
      "entrustccode":"10"
    },
    "FragAttachs":[{
        "AttachNo":"附件编号07-282",
        "FilePath":"附件地址07-289",
        "AttachType":"10",
        "ProvideOrgan":"出具机构07-281",
        "ProvideoDate":"2021-07-28 15:16:46",
        "FjexpiryDate":"2021-07-28 15:16:46",
        "FileName":"附件名称07-283"
```

```
    },
    {
      "AttachNo":"附件编号07-280",
      "FilePath":"附件地址07-288",
      "AttachType":"10",
      "ProvideOrgan":"出具机构07-286",
      "ProvideoDate":"2021-07-28 15:16:46",
      "FjexpiryDate":"2021-07-28 15:16:46",
      "FileName":"附件名称07-283"
    }
  ],
  "FragCargoInherentData":{
    "ProduceInfo":{
      "pdbatchweightunit":"批次生产重量单位072",
      "pdbatchno":"生产批次号078",
      "ingresrcregion":"配料原产地072",
      "pdbatchvolumn":"4.00",
      "pddate":"2021-07-28 15:16:46",
      "assemcountry":"原产国/地区078",
      "producemode":"生产模式072",
      "pbarea":"产区077",
      "processingmode":"加工方式074",
      "assemaddr":"原产地078",
      "pdbatchqty":"2.00",
      "pdccodeaddr":"生产企业地址077",
      "cargoserialno":"商品唯一序列号073",
      "pdbatchweight":"9.00",
      "pdbatchvolumnunit":"批次生产体积单位071",
      "pdbatchqtyunit":"批次生产数量单位075",
      "pdcname":"生产企业073"
    },
    "CargoInfo":{
      "goodsno":"商品货号072",
      "mainingredient":"主要成分072",
      "hscode":"HS编码077",
      "cargoname":"商品中文名称072",
```

```
        "brandnameen":"品牌英文名称 073",
        "pdpackagemode":"包装方式 074",
        "cargorecordno":"商品备案序号 077",
        "brandblcountry":"品牌所属国 072",
        "brandname":"品牌中文名称 072",
        "spec":"规格 077",
        "cargocatg":"商品分类 070",
        "cargodesc":"商品描述 070",
        "netwtkgs":"8.00",
        "cargointernalno":"商品自编号 072",
        "unit":"最小销售 076",
        "cargouse":"用途 070",
        "brandccode":"品牌商 071",
        "cargonameen":"商品英文名称 075",
        "model":"型号 076",
        "danger_flag":"1",
        "cargobarcode":"商品条码 074",
        "funit":"第一计量单位名称 072"
      },
      "QualityInfo":{
        "expirydate":"2021-07-28 15:16:46",
        "pdecstdno":"产品执行标准号 079",
        "expirydays":"保质期 078",
        "pdecstdlevel":"产品执行标准级 071",
        "pdmeasureup":"产品符合标准 072"
      }
    }
    "FragInfo":{
      "Reqbusicode":"业务唯一内码_07-282",
      "DataMarks":0
    }
  }]
 }
}
```

8.3.3.2 返回 Demo

{
"message":"接入成功!",
"status":"success",
"indexinfo":"5d5372278c0fca14943f96ed",
"ticket":"971EBB7BB33B5581A0AA1D414DD16348"
}

8.4 数据查询接口

8.4.1 请求消息（见表12～表14）

表12　　请求消息 Head 节点

父节点	Head			
节点	说明	类型	必填	备注
User－Agent	来源系统	String	是	提供全球溯源中心分配的第三方系统编号
User－Code	来源主体	String	是	提供全球溯源中心共建方登记的登记号
User－Type	来源主体类型	String	是	提供主体对应的类型（10：企业 20：监管部门）
Token	口令	String	是	共建方口令
Sign	签名	String	是	数据签名
CallBackUrl	回调地址	String	否	接口回调地址

表13　　请求消息 Data 节点

父节点	Data				
节点	字段	说明	类型	备注	必填
Fldname	查询类型	OGCODE：溯源码 ORDERNO：订单号 VIN：VIN 号 WAYBILLNO：运单号	String		是
Fldvalue	查询值	查询值对应查询类型	String		是
Telephone	手机号码	查询手机号码	String		否
Latitude	经度	经度	String		否
Longtitude	纬度	纬度	String		否

续表

父节点	Data				
节点	字段	说明	类型	备注	必填
Ip	IP 地址	IP 地址	String		否
Channel	查询渠道	10：SUYUAN（App） 20：全球溯源查询服务平台（微信小程序） 30：全球溯源中心（微信小程序） 40：全球溯源查询服务平台（支付宝小程序） 50：用户中心 60：全球溯源中心公共服务门户（PC端）	String		否
Queryway	查询方式	10：扫码查询 20：手动输入	String		否
PageParam	分页参数		String		否
OrderParam	排序参数		String		否

表 14　pageParam 列表

父节点	PageParam				
节点	字段	说明	类型	备注	必填
PageNo	页码	页码	Int		否
RowsPerPage	每页行数	每页行数	Int		否
FirstRow	起始行号	起始行号	Int		否

8.4.2　返回消息（见表 15 ~ 表 18）

表 15　返回消息

节点	说明	类型	必填	备注
Status	接入状态	String	是	接口调用状态（success：成功　fail：失败）
Indexinfo	接入数据索引项	String	否	接入数据索引项，用于快速跟踪本次接入数据在全球溯源中心处理详情
Ticket	接入凭证	String	否	每次接入，全球溯源中心产生的唯一凭证

续表

节点	说明	类型	必填	备注
Code	接入结果编码	String	否	异常时参考异常编码说明
Message	接入信息	String	否	接入信息
Data	回执内容	JSON	否	不同的接口返回结果内容格式不一样

表 16　　Data 节点数据结果说明

父节点	Data			
节点	说明	类型	必填	备注
Ogcode	标识信息	JSONArray	是	标识信息
Datas	数据分页数据结果	JSONArray	是	

表 17　　分页数据结果说明

节点	说明	类型	必填	备注
PageNo	页码	Int	否	
RowsPerPage	每页行数	Int	否	
TotalRows	起始行号	Int	否	
Data	数据	JSONArray	否	

表 18　　数据结果说明

节点	说明	类型	必填	备注
Portraitid	画像 ID	Int	否	
Cargosrcicode	商品溯源数据 ID	String	否	
Predate	数据创建时间	Date	否	
Pddate	生产日期	Date	否	
Ogcodenum	绑码数量	Int	否	
Datamark	数据标签（如 1：自证　2：公证）	Int	否	
Pdcname	生产企业	String	否	
Cargoname	商品名称	String	否	
Brandname	品牌名称	String	否	
Assemcountry	原产国/地区	String	否	
Assemcountryname	原产国/地区名称	String	否	

续表

节点	说明	类型	必填	备注
Spec	规格	String	否	
Model	型号	String	否	
Cargointernalno	商品自编号	String	否	
Pdbatchno	生产批次号	String	否	
Busitype	业务类型	String	否	
CargoImage	商品主图，多个逗号分隔	String	否	
Brandccode	品牌商	String	否	
Qty	数量	String	否	

8.4.3 消息 Demo

8.4.3.1 请求 Demo 示例如下：


```
{
    "Head":{
      "User-Type":"10",
      "User-Code":"ZMTEST",
      "User-Agent":"GTC-GTCPSP",
      "Token":"1391e270-7c70-4031-9043-a9bcea4d97bc",
      "Sign":"602b8d02-ef6d-4647-b1a6-5d10e277987f"
    },
    "Data":{
      "pageParam":{
        "pageNo":1,
        "rowsPerPage":3
      },
      "queryway":"20",
      "fldname":"ORDERNO",
      "fldvalue":"923464002381581481",
      "telephone":"13666666666"
    }
}
```


8.4.3.2 返回 Demo 示例如下：


```
{
    "status":"success",
```

"indexinfo":"61d7ee83266475000685e616",
"ticket":"A262ADAFDA5B566204EBD416AE10510F",
"data":"{
"ogcode":null,
"datas":{
"pageNo":1,
"rowsPerPage":3,
"pageSumCount":1,
"totalRows":1,
"data":[{
"portraitid":null,
"cargosrcicode":"V20000000007147151",
"predate":null,
"pddate":null,
"ogcodenum":null,
"datamark":null,
"pdcname":"",
"cargoname":null,
"brandname":"",
"assemcountry":null,
"assemcountryname":null,
"spec":null,
"model":null,
"cargointernalno":null,
"pdbatchno":null,
"busitype":"10",
"cargoImage":null,
"brandccode":null,
"qty":"1"
}]
}
}"
}

9 网络安全要求

数据读取、访问都应符合 GB/T 25068 相关要求。

Q/QQSY

企　　业　　标　　准

Q/QQSY 018—2022

全球溯源中心　突发事件处置规范

2022－10－25 发布　　2022－10－25 实施

中共中国（广东）自由贸易试验区广州南沙新区片区
工作委员会政策研究和创新办公室　发布

前　言

本文件按照 GB/T 1.1—2020《标准化工作导则　第1部分：标准化文件的结构和起草规则》的规定起草。

本文件由全球溯源中心标准化建设办公室提出并归口。

本文件起草部门：全球溯源中心标准化建设办公室。

本文件主要起草人：刘家君、吴瑞坚、沈薇、黎秀婷、郭钰霞、张乐思。

本文件于2022年首次发布，本次为第一次修订。

全球溯源中心　突发事件处置规范

1　范围

本文件规定了全球溯源中心（以下简称“中心”）突发事件处置原则、组织机构和职责、突发事件处置程序和信息报告及后期处置的内容。

本文件适用于全球溯源中心突发事件处置工作。

2　规范性引用文件

下列文件中的内容通过文中的规范性引用而构成本文件必不可少的条款。其中，注日期的引用文件，仅该日期对应的版本适用于本文件；不注日期的引用文件，其最新版本（包括所有的修改单）适用于本文件。

Q/QQSY 020　全球溯源中心　消防安全管理

3　术语和定义

下列术语和定义适用于本文件。

突发事件

突然发生，对社会、企业或服务对象造成或者可能造成危害的，需要采取应急处置措施进行应对的自然灾害、事故灾难、社会安全、公共卫生、信息系统安全事件及其他突发事件。

4　处置原则

全球溯源中心的应急处置应遵循预防为主、以人为本、统一领导、分级处置、分工负责的原则，中心各岗位工作人员应密切配合、响应及时、行为规范、措施果断，确保中心运行和服务工作安全有序。

5 组织机构和职责

5.1 组织机构

5.1.1 中心应设立突发事件处置安全小组（以下简称“安全小组”），负责突发事件处置工作。

5.1.2 安全小组的组长由中心责任人担任，成员由中心各人员组成。

5.2 工作职责

5.2.1 安全小组组长的职责应包括以下内容：

a）负责协调应急救援人员、物资调配，发布应急指令；

b）负责有关突发事件信息的核实、上报；

c）组织应急物资的保障和人员的应急救援教育、培训和演练；

d）应急资源管理；

e）信息发布。

5.2.2 安全小组各成员的职责应包括以下内容：

a）负责日常应急管理工作，负责接听应急救援电话和应急处置信息的记录更新工作；

b）参加安全知识、救援和急救技能的培训及应急预案的实施和演练；

c）参加日常安全工作检查，督促、落实隐患整改工作，及时消除隐患；

d）跟进组长交办其他事情。

6 突发事件处置程序

6.1 现场纠纷

6.1.1 若有人员发生矛盾纠纷时，第一发现人应及时处理，把矛盾化解在萌芽状态，防止激化。

6.1.2 若在中心发生激烈争吵、人身伤害或肢体冲突时，第一发现人应立即通知物业保安，配合保安进行当场调停制止，控制事态发展。无法当场制止的，保安应立即将涉事人员带离中心，进一步处置。

6.1.3 涉及人身伤害、激烈冲突以及当事人不听从解释、劝告持续无理取闹影响正常工作的，应将情况报告组长，组长应在接到报告后尽快赶赴现场进行应急指挥和处置，无法控制或出现人身伤害的应拔打 110 报警协调公安机关处理。

6.2 信息安全

中心发生信息安全事件时可参考《信息安全事件应急事件管理规范》，做好以下工作：

a）当发生有害程序事件、网络攻击事件、信息破坏事件、信息内容安全事件、设备设施故障等情况时，及时采取措施使损失程度减少到最小，应尽快通知运维单位进行处理，运维工程师应在半个小时内做出响应；

b）维护时间较长时，中心工作人员可通过电话、网络、邮件等方式向受影响单位发布故障通告；

c）工作人员应配合运维工程师进行系统安全修复工作，做好数据库、应用程序、日志和配置的备份工作；

d）恢复正常后，工作人员应及时通知受影响单位。

6.3 火灾

火灾突发事件应按照 Q/QQSY 020 做好以下工作：

a）当发现火灾时应在保护自身安全的情况下就近灭火，控制初起火灾；

b）未能及时扑灭火源时，及时拨打 119 火警电话，尽快通知物业公司组织灭火，并向组长汇报；

c）组织中心内各岗位人员参与救援，按照先救人后救物的原则，首先转移疏散现场人员，引导人员从最近楼梯有序疏散，及时抢救物品并参与灭火，在消防车到来之前尽量控制火势，减少人员伤亡；

d）如有人员受伤，应尽快拨打 120 急救电话；

e）不应擅自进入火灾现场或移动火场中的任何物品，未经消防救援机构同意，不得擅自清理火灾现场；

f）火灾事故相关人员应主动配合接受事故调查，如实提供火灾事故情况、申报火灾直接财产损失；

g）火灾调查结束后，应总结火灾事故教训，及时改进消防安全管理。

6.4 停电

6.4.1 在接到计划性停电通知时，应及时发布通知告知停电原因和时间。

6.4.2 当维修和保养电气设备需要计划停电时，应提前通知说明停电原因、范围、时间，并按要求做好保证安全的组织措施和技术措施，原则上正常上班时间不同意此类计划性停电。

6.4.3 发生突然停电事故时，按以下程序处理：

a）通知物业公司或中心立即启用备用电源，关闭监控机房设备，进行数据自动备份检查；关闭系统机房设备，进行数据自动备份检查，确保网络安全。

b）检查电梯内有无被困人员，有人被困时，应联系物业公司立即施救。

c）物业应立即检查大楼供电系统，立即抢修，属于地方供电局范围的故障，立即与供电局联系。

d）恢复正常供电后，相关部门应立即组织维修人员检查各相关设备，确保各系统正常运行。

6.5 公共卫生安全

6.5.1 中心出现突发急病情况危急的，第一发现人应立刻拨打120急救电话，并报告组长。第一发现人应根据情况组织有关人员进行力所能及的施救。

6.5.2 传染病突发事件应做好以下工作：

a）按照国家、省、市有关疫情防控工作要求，安全小组应统筹做好疫情防控工作，坚持常态化防控和疫情流行期间应急处置相结合；

b）安全小组应及时组织中心学习国家最新发布的疫情防控方案，提高工作人员自我防护意识和应急处置能力；

c）做好工作环境清洁消毒和通风换气，要求工作人员开展自我健康监测，无症状感染者、轻型病例可采取居家自我照护，其他病例应及时到医疗机构就诊；

d）疫情严重期间，可采取延缓大型参观活动、缩短参观时间、减少人群聚集和降低人员流动等措施。

6.6 社会安全

6.6.1 中心发生盗抢、重要财物丢失、人身攻击以及其他社会治安事件的，安全小组应保持冷静，沉着应对：

a）情节轻微的，应采取劝阻、制止措施，防止事态发展；

b）情节严重的，应第一时间联系物业公司保安，疏散人群，协助维持好现场秩序，并立即向组长报告；

c）案件重大的，应立即拨打110电话报警，协助公安部门处理；若出现人员伤亡，应拨打120对受伤人员进行及时救治，同时做好善后处置工作。

6.6.2　事件处理后，若判断事件对工作影响不大的，应立即恢复正常工作；若相关工作需要延期进行的，中心应对外发布通知公告，妥善安排好后续工作。

6.6.3　事件结束后，安全小组应协助相关部门查明事件经过，提出处理意见和防范类似事件发生的建议。

6.7　台风暴雨

6.7.1　发生台风暴雨前，若市政府应急办已发出“三停”通知，中心应立即发布停止对外服务的公告。

6.7.2　安全小组应听从物业公司安排和指挥，做好台风防御工作，检查并固定好架设的设备、通信设施，切断电源，关好门窗。

6.7.3　需要转移财产的，安全小组应听从组长安排，组织有关信息化设备设施维护单位配合做好有关财产转移工作。

6.7.4　台风过后，安全小组应做好现场人员的安全统计工作，并逐一检查财产损失情况；有人员受伤或受困时，应及时拨打 120、110 求救。

6.7.5　台风后恢复服务的，安全小组应及时组织有关单位、工作人员恢复服务，并通过中心微信平台、网站等渠道向社会作好有关公告。

7　信息报告及后期处置

7.1　信息报告

事件发生后，现场有关人员应立即报告安全小组组长，并按照相关规定上报。上报时间最迟不应超过 4 小时，应急处置过程中，及时续报有关情况。

7.2　后期处置

突发事件处理后期，安全小组应对突发事件的起因、过程、性质、财产损失等情况进行调查，总结事件处理过程中的经验和教训，制定突发事件责任的处理意见和将来对同类事件的防范措施。

应将整个事件过程中所有收发信息、领导批示、现场录像、图片等材料整理归档。

参考文献

[1] 中共中国（广东）自由贸易试验区广州南沙新区片区工作委员会政策研究和创新办公室．信息安全事件应急事件管理规范．

Q/QQSY

企　　业　　标　　准

Q/QQSY 020—2022

全球溯源中心　消防安全管理

2022－10－25 发布　　　　2022－10－25 实施

中共中国（广东）自由贸易试验区广州南沙新区片区
工作委员会政策研究和创新办公室　发布

前　言

本文件按照 GB/T 1.1—2020《标准化工作导则　第 1 部分：标准化文件的结构和起草规则》的规定起草。

本文件由全球溯源中心标准化建设办公室提出并归口。

本文件起草部门：全球溯源中心标准化建设办公室。

本文件主要起草人：刘家君、吴瑞坚、沈薇、黎秀婷、郭钰霞、张乐思。

本文件于 2022 年首次发布，本次为第一次修订。

全球溯源中心　消防安全管理

1　范围

本文件规定了全球溯源中心的消防安全管理要求和措施，包括总则，消防安全责任，消防安全管理，防火巡查、检查，宣传教育，灭火和应急疏散预案及演练，火灾事故处理。

本文件适用于全球溯源中心进行消防安全管理工作。

2　规范性引用文件

下列文件中的内容通过文中的规范性引用而构成本文件必不可少的条款。其中，注日期的引用文件，仅该日期对应的版本适用于本文件；不注日期的引用文件，其最新版本（包括所有的修改单）适用于本文件。

GB/T 5907　消防词汇

GB/T 38315　社会单位灭火和应急疏散预案编制及实施导则

3　术语和定义

GB/T 5907 界定的术语和定义适用于本文件。

4　总则

全球溯源中心消防安全管理以防止火灾发生、减少火灾危害、保障人身和财产安全为目标，通过采取有效的管理措施和先进的技术手段，提高预防和控制火灾的能力。

5 消防安全责任

5.1 责任人员分类

5.1.1 消防安全责任人，应由全球溯源中心主任担任，并经过消防安全培训。

5.1.2 消防安全管理人，应由全球溯源中心副主任担任，负责日常消防安全管理工作，定期开展消防训练，发生火灾时引导人员疏散等。

5.1.3 消防设施值班操作员，应由全球溯源中心小组成员担任，应经过消防职业培训，掌握消防基本知识、防火与灭火基本技能、自动消防设施的基本维护与操作知识，遵守操作规程。

5.2 消防安全责任人

5.2.1 贯彻执行消防法律法规，掌握中心的消防安全情况，全面负责中心的消防安全工作。

5.2.2 统筹安排中心的消防安全管理工作，批准实施年度消防工作计划。

5.2.3 为消防安全管理工作提供必要的经费和组织保障。

5.2.4 确定逐级消防安全责任，批准实施消防安全管理制度和保障消防安全的操作规程。

5.2.5 组织召开消防安全例会，组织开展防火检查，督促整改火灾隐患，及时处理涉及消防安全的重大问题。

5.2.6 根据有关消防法律法规的规定配备相应的消防器材和装备。

5.2.7 针对中心的实际情况，组织制定灭火和应急疏散预案，并实施演练。

5.3 消防安全管理人

5.3.1 拟订年度消防安全工作计划，组织实施日常消防安全管理工作。

5.3.2 组织制定消防安全管理制度和保障消防安全的操作规程，并检查督促落实。

5.3.3 拟订消防安全工作的经费预算和组织保障方案。

5.3.4 组织实施防火检查和火灾隐患整改。

5.3.5 组织实施对中心消防设施、灭火器材和消防安全标志的维护保养，确保其完好有效和处于正常运行状态，确保疏散通道、走道和安全出口、消防车通道畅通。

5.3.6 发现火情时，引导人员有序疏散，落实灭火和应急疏散预案。

5.3.7 组织员工开展岗前和日常消防知识、技能的教育和培训，组织灭火和应急疏散预案的实施和演练。

5.3.8 定期向消防安全责任人报告消防安全情况，及时报告涉及消防安全的重大问题。

5.3.9 消防安全责任人委托的其他消防安全管理工作。

5.4 消防设施值班操作员

5.4.1 熟悉和掌握消防设施的功能和操作规程。

5.4.2 做好防火巡查，对巡查过程中发现的问题及时上报并整改。

5.4.3 按照制度和规程对消防设施进行检查、维护和保养，保证消防设施和消防电源处于正常运行状态，确保有关阀门处于正确状态。

5.4.4 发现消防设施故障的，应及时排除；不能排除的，应及时向消防安全管理人报告。

5.4.5 做好消防设施运行、操作、故障和维护保养记录。

5.4.6 对故障报警信号应及时确认，并及时查明原因，排除故障；不能排除的，应立即向消防安全管理人报告。

5.4.7 发现火情时，及时报火警并协助灭火救援。

6 消防安全管理

6.1 中心投入使用前，应依法向消防救援机构申请消防安全检查，并经消防救援机构许可后方可投入使用。改建、扩建、装修或改变用途的，应依法报经相关部门审核批准。

6.2 建筑四周不应搭建违章建筑，不应占用防火通道、消防车道、消防车登高操作场地，不应遮挡室外消火栓或消防水泵接合器，不应设置影响逃生、灭火救援或遮挡排烟窗、消防救援口的架空管线、广告牌等障碍物。

6.3 不应擅自改变防火分区，不应擅自停用、改变防火分隔设施和消防设施，不应降低建筑装修材料的燃烧性能等级。

6.4 建筑的内部装修不应改变疏散门的开启方向，减少安全出口、疏散出口的数量和宽度，增加疏散距离，影响安全疏散。建筑内部装修不应影响消防设施的正常使用。

6.5 应在公共部位的明显位置设置疏散示意图、警示标识等，提示公众对该场所存在的下列违法行为有投诉、举报的义务：

a）使用、开放期间锁闭疏散门；

b）封堵、占用疏散通道或消防车道；

c）使用、开放期间违规进行电焊、气焊等动火作业；

d）疏散指示标志损坏、不准确或不清晰；

e）损坏、挪用或擅自拆除、停用消防设施；

f）消防设施未保持完好有效；

g）违规储存使用易燃易爆危险品。

7 防火巡查、检查

消防设施值班操作员应确保每日做好防火巡查，重点检查疏散通道的畅通情况、消防设施是否运行正常、是否存在违章用电用火用气情况，对防火检查过程中发现的问题应落实整改措施。

8 宣传教育

8.1 应通过张贴图画、发放消防刊物、播放视频、举办消防文化活动等多种形式开展消防安全宣传教育。

8.2 应至少每半年组织一次对员工的消防培训，对新上岗人员应进行上岗前的消防培训。

8.3 消防培训应包含以下内容：

a）有关消防法律法规、消防安全管理制度、保障消防安全的操作规程等；

b）本单位、本岗位的火灾危险性和防火措施；

c）建筑消防设施、灭火器材的性能、使用方法和操作规程；

d）报火警、扑救初起火灾、应急疏散和自救逃生的知识、技能；

e）全球溯源中心安全疏散路线、引导人员疏散的程序和方法等；

f）灭火和应急疏散预案的内容、操作程序；

g）其他消防安全宣传教育内容。

9 灭火和应急疏散预案及演练

9.1 根据人员集中、火灾危险性较大和重点部位的实际情况，按照 GB/T 38315 制订有针对性的灭火和应急疏散预案。

9.2 预案应包括以下内容：

a）单位的基本情况，火灾危险分析；

b）火灾现场通信联络、灭火、疏散、救护、保卫等职责的确定；

c）火警处置程序；

d）应急疏散的组织程序和措施；

e）扑救初起火灾的程序和措施；

f）通信联络、安全防护和人员救护的组织与调度程序、保障措施。

9.3 确认发生火灾后，应立即启动灭火和应急疏散预案，并同时开展以下工作：

a）向消防救援机构报火警；

b）各职能小组执行预案中的相应职责；

c）组织和引导人员疏散，营救被困人员；

d）使用消火栓等消防器材、设施扑救初起火灾；

e）派专人接应消防车辆到达火灾现场；

f）保护火灾现场，维护现场秩序。

9.4 应至少每半年组织一次消防演练，包括以下内容：

a）选择人员集中、火灾危险性较大和重点部位作为消防演练的目标，每次演练宜选择不同的重点部位作为消防演练目标，并根据实际情况，确定火灾模拟形式；

b）消防演练方案可报告当地消防救援机构，邀请其进行业务指导；

c）演练过程中应在中心入口等明显位置设置“正在消防演练”的标志牌，避免引起公众慌乱；

d）演练开始后，各职能小组应按照计划实施灭火和应急疏散预案；

e）在模拟火灾演练中，应落实火源及烟气的控制措施，防止造成人员伤害；

f）演练结束后及时进行总结，并做好记录。

10　火灾事故处理

10.1　中心发生火灾后，应立即启动灭火和应急疏散预案，组织中心内人员立即疏散，并实施火灾扑救。

10.2　中心发生火灾后，应保护火灾现场。消防救援机构划定的警戒线范围是火灾现场保护范围；尚未划定时，应将火灾过火范围以及与发生火灾有关的部位划定为火灾现场保护范围。

10.3　不应擅自进入火灾现场或移动火场中的任何物品。

10.4　未经消防救援机构同意，不得擅自清理火灾现场。

10.5　火灾事故相关人员应主动配合接受事故调查，如实提供火灾事故情况、申报火灾直接财产损失。

10.6　火灾调查结束后，应总结火灾事故教训，及时改进消防安全管理。

Q/QQSY

企　　　　　　业　　　　　　标　　　　　　准

Q/QQSY 021—2022

全球溯源中心　设施设备配置和管理

2022－10－25 发布　　　　　　　　2022－10－25 实施

中共中国（广东）自由贸易试验区广州南沙新区片区
工作委员会政策研究和创新办公室　发布

前　言

本文件按照 GB/T 1.1—2020《标准化工作导则　第1部分：标准化文件的结构和起草规则》的规定起草。

本文件由全球溯源中心标准化建设办公室提出并归口。

本文件起草部门：全球溯源中心标准化建设办公室。

本文件主要起草人：刘家君、吴瑞坚、沈薇、黎秀婷、包小玲、田佳明。

本文件于2022年首次发布，本次为第一次修订。

全球溯源中心　设施设备配置和管理

1　范围

本文件规定了全球溯源中心设施设备管理的职责、管理内容与要求、监督与检查等内容。

本文件适用于全球溯源中心设施设备的配置和管理。

2　规范性引用文件

本文件没有规范性引用文件。

3　术语和定义

本文件没有需要界定的术语和定义。

4　职责

4.1　综合管理部门负责设备的采购和报废的审核，审核通过后报中心负责人审批。

4.2　综合管理部门负责落实设施设备的采购、登记、保管、更新、保养维修和报废等工作。

4.3　设施设备的验收由综合管理部门组织并由相关监理单位、相关技术人员验收。

4.4　综合管理部门指定设备管理专员负责设施设备保管、保养、维护、档案管理等工作。

5 管理内容与要求

5.1 采购

5.1.1 根据实际情况需要购置设施设备时，使用部门填写《设施设备需求申请表》（见附录 A），申请内容包含设备名称、设备型号、生产厂家、申购数量、预计金额、用途等。

5.1.2 购置申请应由使用部门递交综合管理部门，综合管理部门审查后递交中心领导审批。审批通过后，由综合管理部门购置。

5.1.3 购置的设施设备类型、设备质量、技术参数、数量应符合使用部门的要求。

5.1.4 设施设备采购到货后，使用部门应验收检查设施设备及零配件是否齐全，综合管理部门应安排设备管理专员及时记录验收或签收情况，并对随箱文件进行查收登记归档，填写《设施设备库存管理表》（见附录 B）。

5.1.5 综合管理部门根据设施设备使用情况和现金状况，适当储备设备、备品、备件。

5.2 登记

5.2.1 设施设备采购到货后，综合管理部门应根据第 5.1.4 条及时记录验收或签收情况。

5.2.2 入库登记时，应按规则对设施设备进行统一编号，并进行标记。

5.3 更新

5.3.1 使用部门根据设施设备使用实际情况，提出设施设备更新的申请，申请内容包括设施设备使用情况说明、更新设施设备的型号、性能、预计金额等。

5.3.2 综合管理部门对使用部门提出的设施设备更新需求进行审查，对设施设备进行检查，做出设施设备更新计划。

5.3.3 经中心领导批准后，由综合管理部门负责落实设施设备更新计划。

5.4 保管使用

5.4.1 设施设备应规定使用范围和对象。

5.4.2　设施设备、备品和备件的贮存、保管由设备管理专员负责，领用要严格按照设备管理规定执行。领用或调出设备时，需填写《设施设备库存管理表》（见附录B）。
5.4.3　综合管理部门应建立公共设施设备的使用说明文档。
5.4.4　设施设备的设备管理专员和使用者应经专业技术培训，掌握所保管设备的性能、用途、操作规范及各种技术参数。
5.4.5　设施设备的设备管理专员和使用者应爱护所使用的设备，做好日常维护及做好清洁工作，使设备经常处于良好状态。
5.4.6　使用者因违反操作规程或其他人为因素造成设备损坏，应根据当时情况处以罚款。

5.5　保养维修

5.5.1　综合管理部负责公共设施设备的维护保养工作，应制定维护保养制度，安排定期检查设施设备完好率，保持设施设备正常运转，并记录具体情况。
5.5.2　设施设备在出现严重故障影响正常使用的情况下，设备管理专员应及时通知综合管理部门安排维修计划，重大维修应由生产厂家专职专业人员进行。
5.5.3　综合管理部门应及时处理并安排具体的维修计划，保障全球溯源中心的重大接待活动。
5.5.4　维修完成后综合管理部门应记录维修结果，并与使用部门进行确认。
5.5.5　综合管理部门负责对设施设备的维修费用的审核。
5.5.6　年检设施设备应由综合管理部门根据年检周期进行年检，确保所使用的年检设施设备均在有效期内，经核准的年检设施设备应标明核准时间和有效使用日期。

5.6　报废

5.6.1　符合报废条件的设施设备应作报废处理。
5.6.2　各部门可根据设施设备使用期限等具体情况提出报废计划，经综合管理部门审核后，报请中心领导审批。
5.6.3　报废的设备审核批准后，统一由综合管理部门处理。

6 监督检查

6.1 各部门应组织辨识出本部门重要的设备设施，列出重要设施设备清单，分层次明确检查周期和责任人。

6.2 各部门应按照已确定的重要设施设备检查责任人和检查周期，认真开展检查工作，对检查中发现的问题应及时整改，一时无法整改的应采取有效防范措施，确保重要设施设备安全可靠，防止事故发生。

附录 A
（规范性）
设施设备需求申请表

《设施设备需求申请表》如表 A.1 所示。

表 A.1　　设施设备需求申请表

设备名称		申购数量	
设备型号		预计金额	
生产厂家		到货时间	
用途			
主要技术参数			
申请部门意见	签名： 日期：		
审批意见	签名： 日期：		

附录 B
（规范性）
设施设备库存管理表

《设施设备库存管理表》如表 B. 1 所示。

表 B. 1　　设施设备库存管理表

编号：

序号	名称	规格	数量	使用/用途	出库时间	入库时间	领取人/使用人	登记时间	备注

记录人：　　　　　　　　　　　　　　　　　　　　时间：

Q/QQSY

企　业　标　准

Q/QQSY 022—2022

全球溯源中心　岗位设置

2022－10－25 发布　　2022－10－25 实施

中共中国（广东）自由贸易试验区广州南沙新区片区
工作委员会政策研究和创新办公室　发布

前　言

本文件按照 GB/T 1.1—2020《标准化工作导则　第 1 部分：标准化文件的结构和起草规则》的规定起草。

本文件由全球溯源中心标准化建设办公室提出并归口。

本文件起草部门：全球溯源中心标准化建设办公室。

本文件主要起草人：刘家君、吴瑞坚、沈薇、黎秀婷、包小玲。

本文件于 2022 年首次发布，本次为第一次修订。

全球溯源中心　岗位设置

1　范围

本文件规定了全球溯源中心岗位设置的基本要求、岗位设置要求和人员配备要求。

本文件适用于建设全球溯源中心。

2　规范性引用文件

本文件没有规范性引用文件。

3　术语和定义

本文件没有需要界定的术语和定义。

4　基本要求

4.1　具有中华人民共和国国籍。

4.2　遵纪守法，品行端正，具有良好的职业道德。

4.3　具备良好的身体素质和心理素质，无传染性疾病，无精神病史，安心工作，服从安排。

4.4　具有报考岗位所需的资格条件、业务素质和符合岗位要求的工作能力。

5　岗位设置

5.1　岗位类型

全球溯源中心应设置运营管理岗、公服运营管理岗、产业规划岗、创新研究岗、公服运营岗和综合管理岗等岗位。

5.2 岗位要求

岗位具体要求如表1～表8所示。

表1 运营管理岗

项目	内容
任职条件	国内一流大学全日制硕士研究生或以上学历，管理学、经济学类专业
	中级或以上职称
	有五年以上项目管理工作经验，擅长政策研究、经营分析、数据分析等，有两年以上数字经济领域创新研究及项目综合运营管理工作经验，经济管理类中级或以上职称
	熟悉政府组织架构及办事流程，了解相关领域政策法规，具有与政府部门、行业协会等渠道协调沟通的经验，有三年以上政府事务工作经历
	有良好的逻辑思维能力、文案写作能力，有优秀的统筹规划、组织协调、分析研判、突发事件处理等能力，有跨部门、跨行业协调沟通能力，有强烈的责任心、团队协作精神，抗压能力强
岗位职责	组织和参与制定项目运营指标、年度发展计划并动态跟踪执行情况
	统筹项目日常运行、创新研究、推广联络等工作，推进项目各项运营指标有效完成
	协调各工作岗位之间工作任务衔接，协调全团队人员配置，提升运营团队整体工作效率
	组织完善业务流程和运营管理制度
	完成领导交办的其他工作

表2 公服运营管理岗

项目	内容
任职条件	国内一流大学本科或以上学历，管理学、经济学、法律相关专业
	具备十年以上大型企业项目运营经验和团队管理经验，有品牌推广规划、业务流程梳理规划、业务运营推广等相关工作经验，具备培训师资格或聘任经历
	具有高度的工作责任感，良好的组织协调能力、业务拓展能力和演说能力，具有优秀的分析、判断、沟通、突发事件处理等能力，环境适应力和抗压能力强

续表

项目	内容
岗位职责	负责建立公共服务平台管理制度、客户服务规范，建立客户服务策略和方案并根据业户需求及时作出调整
	负责公服平台服务质量督导，负责处理相关投诉质疑
	负责公共服务平台团队建设，开展公服人员业务培训，规范工作流程服务标准，全面提高公服人员业务水平
	负责推进项目公共服务业务落地，负责公共服务平台规划、建设，并根据业务及行业技术变化不断优化平台功能

表 3　产业规划岗

项目	内容
任职条件	国内一流大学全日制硕士研究生或以上学历，管理、经济、计算机类相关专业，复合型专业背景
	八年以上工作经验、五年以上项目运营管理经验，擅长用户分析、产品研发、市场运营、业务推广等工作，有物流行业、供应链管理中大型企业工作经验
	综合业务能力强，熟悉企业经营业务环节和核心控制点，拥有大型企业管理培训生的经验
	具有高度的工作责任感、优秀的沟通协调能力，具备跨部门沟通协调能力和全局把控能力，环境适应力和抗压能力强
岗位职责	负责统筹项目产业体系建设和产业应用拓展工作，包括研究制定产业服务体系规范，开展平台的服务商资源对接、评估、洽谈、合作，推动项目与产业发展融合等
	为各地方政府提供项目建设指导与专项培训，指导各区域项目建设
	开展项目相关理论、标准、规则等内容的培训
	建立信息反馈机制，对重点建设单位和企业开展常态化调研走访，持续提升项目复制推广的建设经验
	负责项目在相关行业、领域创新应用的具体对接，推动与项目相关的场景式应用上线运行

表 4　创新研究岗（数据规则研究、技术研发）

项目	内容
任职条件	本科或以上学历，计算机信息管理相关专业
	有良好的市场分析、数据分析、业务沟通和深度思考能力及创新意识，学习能力强
	有三年以上信息化项目管理经验，有金融、供应链管理、质量监管、信息技术服务等行业信息化顶层设计经验
	熟练掌握 Sqlserver、Auere、XMIND 等。有项目管理 PMP 证书、产品经理 NPDP 证书等资格证书
岗位职责	负责项目信息系统相关的方案编写、技术沟通等工作
	负责项目复制推广、产业拓展业务对接等技术方面的交流
	根据项目信息系统运行效果及业务发展状况，提出系统优化建议，不断改进系统产品。 开展项目相关的数据规则创新研究
	按照系统运维要求，督导信息系统运维团队完成系统运维任务，定期出具相关系统监控分析报告，重大异常及时反馈

表 5　创新研究岗（标准研究）

项目	内容
任职条件	全日制硕士研究生或以上学历，管理学、新闻学等相关专业，特别优秀的可适当放宽至全日制本科
	具备五年以上政府或大型企业工作经验，有大型企业或标准研究机构标准体系建设或研究工作经验
	熟悉标准化工作流程，负责过国家或省市地方标准化技术委员会的组织、协调、管理工作
	具有高度的工作责任感，较强的文字功底和表达能力，执行力强
	熟悉政府组织架构及办事流程，有较强的人际交往和沟通交流能力
岗位职责	负责项目标准体系研究及项目标准体系推广工作，组织开展标准化调研分析、标准制订或修订、培训等工作
	负责项目复制推广对接工作，为各地方政府提供项目建设指导，跟进落实各项目建设运营情况

续表

项目	内容
岗位职责	建立信息反馈机制，对重点建设单位和企业展开常态化调研走访，持续提升项目复制推广的建设经验
	配合开展项目对外推广、调研交流

表 6　公服运营岗（消费者权益维护）

项目	内容
任职条件	35 周岁以下，本科或以上学历，英语专业，通过专业英语八级考试
	具备三年以上客户服务管理相关工作经验。具有外贸、物流、供应链管理工作经验
	具有良好的沟通协调能力与应变能力，敏锐的市场观察力及一定的数据分析能力
岗位职责	负责公共服务平台业务处理、质量管理、业务协调、客户服务管理、投诉举报处理等相关工作
	负责共建方加入项目的业务对接办理，项目相关产业服务资源维护与产业服务规范制定
	开展公共服务平台业务相关的专业培训
	对公共服务平台数据进行监控和风险分析，定期撰写监控分析报告
	定期总结公共服务平台运行情况，组织研究公共服务平台业务规则及功能优化，提出优化需求建议
	项目展厅讲解、日常参观接待
	负责国内外重要访客的商务接待、讲解工作，负责国际合作合同、宣传文案及其他文件起草、撰写及翻译工作

表 7　公服运营岗（检验检测、知识产权、产业建设）

项目	内容
任职条件（检验检测）	35 周岁以下，硕士或以上学历，质量安全、检验检测等相关专业，特别优秀的可适当放宽至全日制本科
	具有三年以上检验检测行业经验，1 年以上实验室管理工作经验
	熟悉 ISO/IEC：17025 实验室质量管理体系相关内容，熟悉 CMA、CNAS 认证认可准则及相关法规要求，了解国内外相关检测技术动态及国内外现行的有关标准等

续表

项目	内容
任职条件（检验检测）	具有食品检验中级工程师职称，曾参与国家认证认可监督管理委员会（CNCA）举办的能力验证或在国家、省级杂志发表学术论文
	精通各类产业调查研究方法与工具，以及思维导图、Office 办公软件
任职条件（知识产权）	35 周岁以下，硕士或以上学历，计算机、法律、知识产权等相关专业
	熟悉知识产权法律法规，具有三年以上知识产权申请、保护等经验或与知识产权有关的专业工作经历，包括从事企事业单位知识产权管理、知识产权政策宣贯、知识产权公共服务等工作经历
	有大型企业的知识产权平台运营及企业服务相关平台运营经验
	良好的沟通协调能力与应变能力，有与政府部门、企业协会、媒体等协调沟通经验，学习能力和客户服务意识强，能合理处理客户服务事项
任职条件（产业建设）	35 周岁以下，硕士或以上学历，市场营销、企业管理、经济学、金融学等相关专业
	有三年以上数字经济领域产品研究、产品策划、客户研究或市场岗工作经验
	具备良好的沟通协调能力与应变能力，有较强的学习能力和创新能力，具有与政府部门、行业协会等渠道协调沟通的经验
	精通各类产业调查研究方法与工具，以及思维导图、Office 办公软件
岗位职责	负责公共服务平台业务处理、质量管理、业务协调、客户服务管理、投诉举报处理等相关工作
	负责共建方加入项目的业务对接办理，项目相关产业服务资源维护与产业服务规范制定
	开展公共服务平台业务相关的专业培训
	对公共服务平台数据进行监控和风险分析，定期撰写监控分析报告
	定期总结公共服务平台运行情况，组织研究公共服务平台业务规则及功能优化，提出优化需求建议
	负责项目相关的产业服务公共平台相关工作，包括研究制定产业服务体系规范，开展平台的服务商资源对接、评估、洽谈、合作等
	项目相关产业政策、产业服务规范研究
	项目法律保障体系研究与法律协议制定
	项目服务创新具体对接工作，推动新功能平台的研究开发，搭建与项目相关的价值生态链

表 8 综合管理岗

项目	内容
任职条件	35 周岁以下，全日制硕士研究生或以上学历，特别优秀的可适当放宽至全日制本科。管理学、广告学、新闻学等相关专业，五年以上相关工作经验
	较强的文字功底和表达能力，逻辑性强，善于归纳总结。有优秀的沟通协调能力，对工作高度负责
	具有新闻敏感性、品牌与营销意识，有专题文案、专题报道工作经验
	熟悉新媒体运营推广手段，有独立的提案、组织、策划能力，熟练使用 Word、Photoshop 等专业工作软件，具备一定的编辑设计能力。有 3 年以上新媒体运营经验
岗位职责	项目汇报材料、介绍材料、总结材料等综合材料管理工作
	项目公众号运维推广
	项目宣传工作，包括整体宣传策略、计划的制订，宣传文案的写作，与各种媒体沟通、联络及扩大媒体范围
	项目档案管理、保密工作

6 人员配备

全球溯源中心岗位人员的配备要求如下：

a）设运营管理岗 1 名，公服运营管理岗 1 名、产业规划岗 1 名、创新研究岗 2 名、公服运营岗 4 名、综合管理岗 1 名；

b）所有岗位人员应经培训合格后上岗。

Q/QQSY

企　　业　　标　　准

Q/QQSY 023—2022

全球溯源中心　工作人员培训管理指南

2022－10－25 发布　　　　2022－10－25 实施

中共中国（广东）自由贸易试验区广州南沙新区片区
工作委员会政策研究和创新办公室　发布

前　言

本文件按照 GB/T 1.1—2020《标准化工作导则　第 1 部分：标准化文件的结构和起草规则》的规定起草。

本文件由全球溯源中心标准化建设办公室提出并归口。

本文件起草部门：全球溯源中心标准化建设办公室。

本文件主要起草人：刘家君、吴瑞坚、沈薇、黎秀婷、郭钰霞、黄佩珊。

本文件于 2022 年首次发布，本次为第一次修订。

全球溯源中心　工作人员培训管理指南

1　范围

本文件提供了全球溯源中心工作人员培训的基本原则、培训对象、培训内容和方式、培训程序和培训结果的内容。

本文件适用于全球溯源中心开展工作人员培训管理。

2　规范性引用文件

下列文件中的内容通过文中的规范性引用而构成本文件必不可少的条款。其中，注日期的引用文件，仅该日期对应的版本适用于本文件；不注日期的引用文件，其最新版本（包括所有的修改单）适用于本文件。

Q/QQSY 025　全球溯源中心　档案管理规范

3　术语和定义

本文件没有需要界定的术语和定义。

4　基本原则

全球溯源中心工作人员的培训遵循以下原则：

a）以人为本、按需施教；

b）全员培训、保证质量；

c）全面发展、注重能力；

d）联系实际、学以致用；

e）与时俱进、改革创新。

5　培训对象

全球溯源中心各岗位工作人员，包括展厅运营、公服平台运营、产业规划、创新研究、综合管理和安全管理等岗位人员。

6 培训方式和内容

6.1 培训方式

6.1.1 内部培训：中心利用自身的资源对新员工和在岗员工通过现场授课、网络培训、在职自学等各种方式、手段使其在政治思想、相关政策法律法规、理论知识、专业技能、职业道德等诸方面有所改进而进行的培训。

6.1.2 外聘培训：对于专业性较强的培训，需要外聘培训师或外部机构到中心开展实施培训项目或活动。

6.1.3 外派培训：因中心内部不具备相应的课题或师资，需要把培训对象派送到外部企业、单位或外地院校、培训机构参加的培训。

6.2 培训内容

6.2.1 入职培训

6.2.1.1 中心新入职的员工须接受入职培训，培训内容主要包括中心简介、中心文化、规章制度、溯源业务、行为规范、岗位职责等相关内容，以帮助新入职员工增进对中心及工作环境的了解，迅速进入工作状态。

注：溯源业务包括中心概况、产业体系、信息化系统、标准体系、法律保护体系等。

6.2.1.2 新员工培训一般采用内部培训方式。

6.2.2 在岗培训

6.2.2.1 坚持理想信念、政治理论、政策法规培训，注重业务知识、科学人文素养等方面教育培训，全面提高员工素质和能力。

6.2.2.2 员工的在岗培训可采用外聘、外派和内部培训相结合的方式开展，培训周期为一年两次（可根据实际情况调整）。培训内容主要包括：

a）政治理论、廉政建设。

b）行业、职业相关政策、法规、标准和规范。

c）溯源业务、专业理论等溯源知识培训。

d）个人能力开发、素质提升、突发事件处置能力提升培训。

e）信息安全知识培训和消防安全，主要包括：

——信息安全方针、控制目标、控制措施；

——计算机基础理论知识、安全管理知识、信息安全专业知识（ISO 27000 体系、CCRC 等）；

——岗位安全职责、保密制度等培训；

——消防安全知识。

f）其他培训。

7 培训程序

7.1 流程图

工作人员培训流程一般包括：培训需求确定、拟订培训计划、组织实施及考核和考核结果应用。工作人员培训流程如图 1 所示。

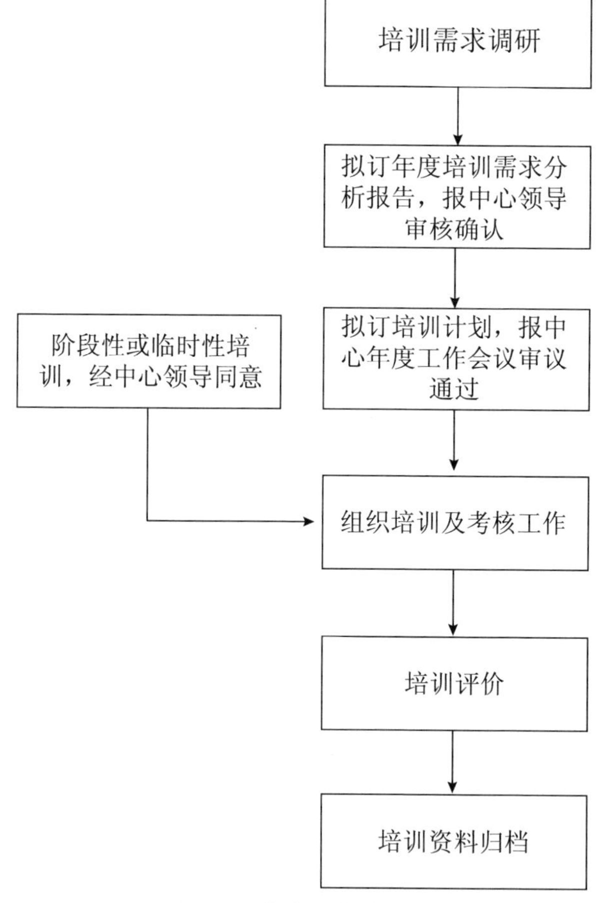

图 1 工作人员培训流程

7.2 培训需求确定

7.2.1 根据中心整体运作需要，经充分的培训需求调研后，拟订年度培训需求分析报告，或将相关内容在年度工作计划中予以体现，制定年度培训计划表，报中心领导审核确认。
7.2.2 对于阶段性或临时性培训需求，应及时向中心领导请示，经领导同意后方可执行。

7.3 拟定培训计划

7.3.1 根据中心年度工作计划，结合培训需求，拟订中心年度培训计划，计划中应包括全年拟计划实施的培训项目、培训形式、预计开展时间、培训经费预算、考核或培训效果评估方式、培训讲师等相关内容。
7.3.2 一般情况下，一年至少组织两次培训，如在此期间实际情况发生变化，需要对计划内容进行调整，则在培训计划实施过程中予以调整。

7.4 组织实施及考核

7.4.1 培训考核
7.4.1.1 中心应按培训计划组织开展各种培训，并按以下要求做好学习培训记录：

a）实行考勤管理：制定中心培训考勤制度，建立学习培训考勤档案，实行考勤打分制，纳入量化考评指标体系；

b）实行考核管理：根据培训计划和实际情况，部分培训须组织员工进行考核，考核方式可以是闭卷、开卷或现场提问考核等，考核结果要入档保存。
7.4.1.2 因工作需要，派工作人员外出参加相关培训，参加培训人员应提供培训证明材料，如签到表、培训照片、考核情况等。
7.4.2 考核结果应用
7.4.2.1 工作人员因故无法参加培训的，必须履行请假手续。工作人员必须按照中心教育培训计划完成规定的培训。
7.4.2.2 无正当理由不参加培训或未完成年度教育培训任务的，该年度考核不得确定为优秀等级。
7.4.2.3 考勤得分与考核结果作为工作人员年度考核的依据之一，将培训考核结果与绩效挂钩，并施行岗位动态调整制度。

8 归档

8.1 应按照 Q/QQSY 025 要求，对档案资料统一进行编号、分类、汇总、整理、归档、存储、查阅等。

8.2 培训记录档案由专人进行管理、统筹、协调、组织、整理、保管等。

8.3 归档资料包括但不限于：培训考勤表、培训照片、培训课件及资料、培训考核结果及应用等。

9 培训评价

9.1 培训完成后，由中心相关部门负责开展培训评估工作，对培训讲师的培训质量进行评价，提出优化建议。

9.2 在每年年底统计本年度培训情况报表（含培训项目、学时、参加人数及考核情况等信息），根据培训评价情况和考核情况调整下一年度培训计划。

参考文献

［1］中共中央．干部教育培训工作条例［M］．北京：党建读物出版社，2015.

［2］中共中央办公厅．2019—2023 年全国党员教育培训工作规划．2019.

［3］广东省委．2019—2023 年广东省干部教育培训规划．（粤发〔2019〕16 号）．2019.

企　　业　　标　　准

Q/QQSY 024—2022

全球溯源中心　合同管理规范

2022－10－25 发布　　　　2022－10－25 实施

中共中国（广东）自由贸易试验区广州南沙新区片区
工作委员会政策研究和创新办公室　发布

前　言

本文件按照 GB/T 1.1—2020《标准化工作导则　第 1 部分：标准化文件的结构和起草规则》的规定起草。

本文件由全球溯源中心标准化建设办公室提出并归口。

本文件起草部门：全球溯源中心标准化建设办公室。

本文件主要起草人：刘家君、吴瑞坚、沈薇、黎秀婷、包小玲、郭钰霞。

本文件于 2022 年首次发布，本次为第一次修订。

全球溯源中心　合同管理规范

1　范围

本文件规定了全球溯源中心（以下简称“中心”）合同管理的基本原则、管理机构、合同要求、合同管理、归档和责任追究的内容。

本文件适用于全球溯源中心合同管理工作。

2　规范性引用文件

下列文件中的内容通过文中的规范性引用而构成本文件必不可少的条款。其中，注日期的引用文件，仅该日期对应的版本适用于本文件；不注日期的引用文件，其最新版本（包括所有的修改单）适用于本文件。

GB/T 36298　电子合同订立流程规范

Q/QQSY 025　全球溯源中心　档案管理规范

3　术语和定义

本文件没有需要界定的术语和定义。

4　基本原则

合同的签订、履行和解除遵循合法、审慎、公平和诚实信用的原则。

5　合同要求

5.1　合同相关方

5.1.1　订立合同的当事人必须具有相应的民事权利能力和行为能力。

5.1.2　对方当事人是法人或其他组织的，必须填写其单位全称。

5.2 合同形式

中心合同应尽可能采用纸质合同书。特殊情况，可采用电子合同，电子合同订立流程可参照 GB/T 36298 规定执行。

5.3 合同类别

5.3.1 中心合同类型有采购合同，外包合同，供应水、电合同，设备购置或维修合同，租赁合同等。

5.3.2 依据合同管理要求的不同，合同包括但不限于以下类别：

a）劳动合同；

b）经济合同；

c）服务合同；

d）委托合同；

e）技术合同；

f）共建合同。

5.4 合同文本

5.4.1 对国家、行业或地方有标准文本或示范文本的，应对最新发布的优先使用，并按照标准文本或示范文本的要求填写完整。中心有合同示范文本的，应在示范文本基础上起草。

5.4.2 合同当事人可根据实际情况决定合同原件的份数，并在签订合同时认真核对，以确保各份合同内容一致；在任何情况下，合同当事人都应当至少持有一份合同原件。

5.5 合同内容

合同内容一般包括以下条款：

a）当事人的名称或者姓名和住所；

b）标的；

c）数量；

d）质量（如执行标准或要求）；

e）价款或报酬及付款方式；

f）履行期限、地点和方式；

g）双方的权利与义务；

h）违约责任；

i）解决争议的办法；

j）合同生效日期和有效期；

k）其他。

6 合同管理

6.1 合同起草和审核

6.1.1 项目经办人负责对合同相对人进行资信审查、谈判、合同起草、签约等工作。

6.1.2 合同事项应按中心规定审批权限报批，事项经批准后由项目经办人起草合同文本。

6.1.3 起草合同过程中，项目经办人应与对方当事人进行充分磋商。

6.1.4 拟定合同文本后，项目经办人应组织进行合同内部评审，并根据评审意见修改文本。评审的内容包括但不限于：

a）合同涉及资金的使用是否符合中心统一的资金调度计划；

b）合同主体的适格性；

c）合同的服务范围和服务质量要求是否与招标文件相符；

d）合同的权利义务约定的合法性、全面性；

e）合同中是否约定验收或者检验的标准、方式、日期；

f）合同中付款方式约定的合规性、合理性；

g）合同违约责任和争议处理的合法性、合理性。

6.1.5 修改后的合同文本应经中心法务或法律顾问审核，并根据意见进行修改，形成合同正式文本。

6.2 合同签订和履行

6.2.1 合同签订

6.2.1.1 合同正式文本由中心法定代表人或其委托代理人签字或盖章。

6.2.1.2 签订合同后，项目经办人应跟进合同履行情况，落实履行合同的具体措施，并了解相对方履行合同的情况，及时处理和解决合同履行遇到的问题。

6.2.1.3 出现下列情形之一的，项目经办人应根据合同事项及时处理或向中心负责人报告，采取措施预防和应对合同风险的发生：

a）出现不可抗力，可能影响合同正常履行的；

b）合同依据的法律、法规、规章修改或者废止，可能影响合同正常履行的；

c）签订合同时的客观情况发生重大变化，可能影响合同正常履行的；

d）合同对方当事人财产状况恶化导致丧失或者可能丧失履约能力的；

e）合同对方当事人预期违约的；

f）其他可能存在合同风险的情形。

6.2.2　合同履行

6.2.2.1　合同签订后经双方协商确有必要变更或撤销合同时，应按照合同审批权限重新审批。

6.2.2.2　合同在履行过程中发生纠纷时，经办人应立即报告中心负责人，并采取紧急措施，确保中心不受损失。

6.2.2.3　履行合同过程中产生纠纷的，按合同约定的方式处理。

7　归档

7.1　应按照 Q/QQSY 025 要求建立合同管理台账，对档案资料统一进行编号、分类、汇总、整理、归档、存储、查阅等。

7.2　设立专门的合同管理人，负责统筹、协调、组织、整理、保管等。合同管理人的基本职责包括但不限于：

a）制订相关的合同管理有关配套制度或流程，并对合同管理工作进行定期检查、监督；

b）对各类合同进行审核、申请签章，监督合同的履行和结算工作；

c）负责合同文本的保管及合同台账的建立、维护，负责合同发放、借阅工作；

d）对合同签约、履行和存在问题及时上报中心负责人；

e）协助处理合同的争议或纠纷。

7.3　调阅合同原件时，应签字登记，包括调阅时间、调阅人、调阅事由、归还时间。

7.4　对合同涉及的协议、补充协议及其相关资料应统一归档。其中纸质合同除保存原件外，应保存合同电子文本，并对合同电子文本进行编号，形成合同电子档案。

8 责任追究

8.1 各部门及有关人员应遵守本文件规定，有下列行为之一的，按中心内部考核相关规定进行处理，情节严重的，按法律相关规定进行处理：

a）在合同订立、审查、履行过程中与他人恶意串通、损害中心合法权益的；

b）在合同订立、审查、履行过程中玩忽职守、滥用职权、收受贿赂的；

c）未按规定保守秘密的；

d）未妥善保管合同资料、档案材料的；

e）其他损害中心合法权益的行为。

8.2 对违反本文件规定导致中心经济利益、名誉等受到损害的，中心将追究相应的法律责任。

Q/QQSY

企业标准

Q/QQSY 025—2022

全球溯源中心　档案管理规范

2022－10－25 发布　　2022－10－25 实施

中共中国（广东）自由贸易试验区广州南沙新区片区
工作委员会政策研究和创新办公室　发布

前　言

本文件按照 GB/T 1.1—2020《标准化工作导则　第 1 部分：标准化文件的结构和起草规则》的规定起草。

本文件由全球溯源中心标准化建设办公室提出并归口。

本文件起草部门：全球溯源中心标准化建设办公室。

本文件主要起草人：刘家君、吴瑞坚、沈薇、黎秀婷、郭钰霞、黄佩珊。

本文件于 2022 年首次发布，本次为第一次修订。

全球溯源中心　档案管理规范

1　范围

本文件规定了全球溯源中心档案管理的基本要求、分类与密级、形成与收集、整理与归档、存储与保护、销毁。

本文件适用于全球溯源中心档案的管理。

2　规范性引用文件

下列文件中的内容通过文中的规范性引用而构成本文件必不可少的条款。其中，注日期的引用文件，仅该日期对应的版本适用于本文件；不注日期的引用文件，其最新版本（包括所有的修改单）适用于本文件。

GB/T 18894—2016　电子文件归档与电子档案管理规范

3　术语和定义

DA/T 1、DA/T 58 界定的术语和定义适用于本文件。

4　基本要求

4.1　档案管理是全球溯源中心管理的重要组成部分，应与全球溯源中心各项业务同步部署、实施。

4.2　建立健全档案管理工作制度，集中、统一管理全球溯源中心档案。

4.3　落实档案管理安全责任制，指定专人负责档案管理工作，保障档案实体管理和信息化管理安全。

4.4　设立档案室，负责档案的接收、收集、整理、保管等。

4.5　配备必要的设备设施，合理存放档案，并做好防火、防盗、防高温、防潮、防光、防尘、防虫、防污染等措施。

5 分类与密级

5.1 综合档案

行政管理类、财务管理类、人事管理类工作中形成的过程材料。

5.2 文书档案

与项目有关的公文处理文件、程序性审批文件材料。

5.3 业务档案

与全球溯源中心项目建设相关的业务资料。包括但不限于全球溯源体系标准体系建设材料、法律保护体系建设材料、全球溯源中心信息化系统建设材料、实体中心建设材料、产业体系建设材料、溯源应用研究材料、中心运营管理规章制度材料、溯源介绍推广材料、溯源对外宣传材料、溯源成果案例材料。

5.4 服务档案

全球溯源中心提供服务过程中产生的关于服务内容、顾客信息、服务记录等文件材料。

5.5 密级

档案保密的密级分为“绝密”“机密”“秘密”三级，涉密文件由档案管理人员加密存档，查阅时应按第 8.1.4 条申请查阅权限；非涉密文件向中心全体工作人员公开。

6 形成与收集

6.1 全球溯源中心文件材料应按照相关程序和要求形成档案，所有档案应真实、准确、齐全、内容完整。

6.2 依据档案类型可将保管期限分为永久档案和定期档案两类，应编制中心档案保管期限表，归档范围和档案保管期限表应当全面、系统反映中心的主要运作活动和基本历史面貌，人事、会计文件材料应专门规定，具体要求参见《机关文件材料归档范围和文书档案保管期限规定》的内容。

6.3 收集档案应达到以下要求：

a）档案原件采用耐久、可靠、满足长期保存需求的记录载体和记录方式；

b）文书类档案保持书绘工整、字迹清楚、图样清晰、图表整洁、流程完备；

c）录音、影像类档案保持声像清晰，载体长久有效；

d）电子档案与元数据一并收集。

7 整理与归档

7.1 整理应遵循文件材料的自然形成规律，保持文件材料之间的有机联系，分类整理。

7.2 整理好的档案应进行登记，编制《归档目录》（见附录 A）。可按文件材料的内容、性质、时间等编制目录，便于查找。

7.3 所有档案应统一编号，按照表 1 的编码规则进行编号和分类存档。

表 1 全球溯源中心业务文档编码规则

序号	编号	文档类别
1	QQSY - BZ - 01—2022	全球溯源体系标准体系建设
2	QQSY - FL - 02—2022	全球溯源体系法律保护体系建设
3	QQSY - XT - 03—2022	全球溯源中心信息化系统建设
4	QQSY - ST - 04—2022	全球溯源中心实体中心建设
5	QQSY - CY - 05—2022	全球溯源中心产业体系建设
6	QQSY - YY - 06—2022	全球溯源中心溯源应用研究
7	QQSY - YG - 07—2022	全球溯源中心运营管理规章制度
8	QQSY - JT - 08—2022	全球溯源中心介绍推广材料
9	QQSY - XC - 09—2022	全球溯源中心对外宣传材料
10	QQSY - CG - 10—2022	全球溯源中心成果案例

7.4 档案整理完毕应填写《档案移交登记表》（见附录 A），并按期向档案管理部门移交档案。

7.5 档案管理人员接收归档材料时应认真核对，确认符合归档要求后，在《档案移交登记表》签字，双方各保留一份。

8 存储与保护

8.1 基本要求

8.1.1 档案存储与保护分为实体安全和信息安全，应根据档案载体的不同，选择符合要求的装具对档案进行存储。

8.1.2 备份介质应存放在专用介质库内，不同的项目系统需考虑系统软件、应用软件及业务数据备份介质是否需要异地保存。

8.1.3 档案管理人员应定期对档案资料进行审查、清点、鉴定，及时对受损、易损档案进行修复、复制或其他技术处理。档案修复应保持档案内容完整、维持档案原貌，修复前需做好登记和检查，必要时进行复制备份，并做出修复说明。

8.1.4 严格限定涉密档案的借用范围，中心内部借用档案应按要求填写查阅利用档案登记表（见附录 B），并按时完整归还。档案归还时应进行必要的完整性、有效性检查。涉密档案的借阅应按要求填写涉密文件查阅申请表（见附录 C）并呈中心主任审定，批准后方可获得查阅权限。档案管理人员应建立涉密档案查阅台账（见附录 D），做好涉密文件查阅记录。

8.1.5 涉及保密内容的业务档案，不得通过介绍、复印（拷贝）、发表文稿、互联网等方式外泄。

8.2 实物档案

8.2.1 应按照档案类型及时间顺序存储在档案室内。

8.2.2 应存放在档案装具内，满足防盗、防潮、防火、防水、防鼠、防虫、防磁、防震等要求，重要技术档案还应有冗余保护措施。

8.2.3 档案室应保持整洁，定期除尘。

8.3 电子档案

8.3.1 归档载体应做防篡改处理。

8.3.2 应定期对读取情况进行检查。

8.3.3 按照 GB/T 18894—2016 的要求规范管理。

9 销毁

9.1 对失去继续保存价值的档案，档案管理人员应填写《档案销毁登记表》(见附录E)，经单位负责人、档案部门负责人、相关业务部门负责人批准并签署登记意见后，方可销毁。

9.2 经批准销毁的档案应送至指定地点按指定方式销毁，不得作其他用途或当废纸使用。

9.3 销毁档案须有至少两名监销人在场，监销人应对销毁档案认真清点核查，销毁后在《档案销毁登记表》中注明“已销毁”及销毁日期，并签字确认。

附录 A
(资料性)
归档目录及档案移交登记表

表 A.1 给出了归档目录样式。

表 A.1 归档目录

序号	档案号	责任人	档案名称	日期	密级	页数	备注
1							
2							
3							
……							

表 A.2 给出了档案移交登记表样式。

表 A.2 档案移交登记表

<table>
<tr><th rowspan="2">序号</th><th rowspan="2">移交部门</th><th rowspan="2">所属年度</th><th rowspan="2">移交人</th><th rowspan="2">案卷数量</th><th colspan="3">存档期限</th><th rowspan="2">接收人</th><th rowspan="2">备注
（是否有电子档案）</th></tr>
<tr><th>永久</th><th>30 年</th><th>10 年</th></tr>
<tr><td>1</td><td></td><td></td><td></td><td></td><td></td><td></td><td></td><td></td><td></td></tr>
<tr><td>2</td><td></td><td></td><td></td><td></td><td></td><td></td><td></td><td></td><td></td></tr>
<tr><td>3</td><td></td><td></td><td></td><td></td><td></td><td></td><td></td><td></td><td></td></tr>
<tr><td colspan="10">……</td></tr>
</table>

附录 B
（资料性）
查阅利用档案登记表

表 B. 1 给出查阅利用档案登记表的样式。

表 B. 1　　查阅利用档案登记表

借档日期		档案编号	档案名称	借阅用途	借阅人签名	归还日期		归还签名	签收人	备注
月	日					月	日			

附录 C
（资料性）
涉密文件查阅申请表

表 C.1 给出涉密文件查阅申请表的样式。

表 C.1　　全球溯源中心涉密文件查阅申请表

申请人		申请时间	
涉密文件名称			
申请原因			
审核人		审核时间	
审核意见			

附录 D
（资料性）
涉密档案查阅台账

表 D. 1 给出了涉密档案查阅台账的样式。

表 D. 1　　涉密档案查阅台账

全球溯源中心涉密业务文档查阅台账						
序号	类别	文件名称	申请人	申请原因	查阅时间	备注
1						
2						
3						
4						
5						
6						
7						
8						
9						

附录 E
（资料性）
档案销毁登记表

表 E. 1 给出了档案销毁登记表样式。

表 E. 1　　档案销毁登记表

<table>
<tr><th>序号</th><th>档案号</th><th>责任人</th><th colspan="3">档案名称</th><th>形成时间</th><th>密级</th><th>销毁时间</th><th>备注</th></tr>
<tr><td rowspan="5">1</td><td></td><td></td><td colspan="3"></td><td></td><td></td><td></td><td></td></tr>
<tr><td>应保管期限</td><td></td><td rowspan="2">电子档案销毁情况</td><td>范围</td><td></td><td>数量</td><td></td><td>大小</td><td></td></tr>
<tr><td>已保管时间</td><td></td><td>在线存储</td><td></td><td>异地备份</td><td></td><td>离线介质</td><td></td></tr>
<tr><td>审批人</td><td colspan="8"></td></tr>
<tr><td>监销人</td><td colspan="8"></td></tr>
</table>

参考文献

[1] 国家档案局. 机关文件材料归档范围和文书档案保管期限规定.

ICS 03. 080. 99
CCS A 10

T/GNDECPA 0014—2022

团　　体　　标　　准

T/GNDECPA 0014—2022

全球溯源体系共建方　通则

Global traceability system co-construction sponsor——General rules

2022 -09 -01 发布　　2022 -09 -02 实施

广州市南沙区经济合作促进会　发布

前　言

本文件按照 GB/T 1.1—2020《标准化工作导则　第 1 部分：标准化文件的结构和起草规则》的规定起草。

请注意本文件的某些内容可能涉及专利。本文件的发布机构不承担识别专利的责任。

本文件由中共广州南沙经济技术开发区工作委员会政策研究和创新办公室提出。

本文件由广州市南沙区经济合作促进会归口。

本文件起草部门：中共广州南沙经济技术开发区工作委员会政策研究和创新办公室、广州市南沙区经济合作促进会、南沙区市场监督管理局、国家市场监督管理总局信息中心、中国信息通信研究院产业与规划研究所、商务部国际贸易经济合作研究院、中国交通信息科技集团有限公司、中央财经大学全球经济与可持续发展研究中心、中山大学自贸区综合研究院、广东省粤港澳大湾区交通物流发展促进会、广东省电子商务协会、广州海关技术中心、黄埔海关技术中心、北大荒中垦（广东）食品科技有限公司、广东芬尼克兹节能设备有限公司、广东卓志供应链科技集团有限公司、美赞臣营养品（中国）有限公司、广东省广州市南沙公证处、上海市通力（深圳）律师事务所、香港物流商会、骏德汇发展有限公司、卓志控股有限公司、澳门跨境电子商务行业协会。

本文件主要起草人：刘家君、吴瑞坚、张治峰、沈薇、黎秀婷、卢晓军、包小玲、黄殷瑜、彭伟新、陈毅仪、李锋、王俊红、何志豪、才久然、梁明、尹政平、嵇尉、李桂君、符大海、史欣向、曾亮兵、程宗政、赵明、卢男、黄雪琳、杨丽、李吉喆、孙志权、魏文华、洪志权、孙喜华、雷杰峰、杨迅、钟佳霖、钟鸿兴、任锦辉、陈颂、伍卓萍、徐少东、曹脩。

全球溯源体系共建方　通则

1　范围

本文件规定了全球溯源体系共建方的类型与要求、加入、警示和退出等内容。

本文件适用于全球溯源体系共建方（以下简称“共建方”）。

2　规范性引用文件

下列文件中的内容通过文中的规范性引用而构成本文件必不可少的条款。其中，注日期的引用文件，仅该日期对应的版本适用于本文件。不注日期的引用文件，其最新版本（包括所有的修改单）适用于本文件。

T/GNDECPA 0016　全球溯源中心建设指南

3　术语和定义

下列术语和定义适用于本文件。

3.1　全球溯源体系　global traceability system

各国政府部门、企业和消费者共建共享的价值传递体系。

注：全球溯源体系通过对商品生产、流通、分配和消费全生命周期的数据采集、科学分析与精准识别，实现风险可识别、可控制、可处置，服务于货物流通、贸易便利、权益维护，以最低成本实现商品价值的真实传递。

3.2　全球溯源体系共建方　global traceability system co-construction sponsor

自愿加入全球溯源体系，秉持“共建共享、真实安全、开放便利”的基本原则，在商品全生命周期价值传递过程中，提供数据或服务的组织或个人。

3.3 溯源数据 traceability data

进入全球溯源体系信息系统的数据，包括商品数据、生产数据、质量数据、物流数据和消费数据等。

4 共建方类型

共建方按其主要功能分为以下四类：

——溯源共建方：在全球溯源体系内提供商品溯源数据的组织或个人，拥有其提供的溯源数据的所有权。

——服务共建方：为实现全球溯源体系信息有效、准确、便利传递，按其他共建方需求提供服务的机构或组织。

——协同共建方：为优化全球溯源体系信息化建设提供技术支持，或按其他共建方需求拓展溯源在产业中应用的机构或组织。

——支撑共建方：负责区域或行业的全球溯源中心建设和运营，具有公信力的公共机构或组织。

5 共建方要求

5.1 溯源共建方

5.1.1 企业

企业是将全球溯源体系内商品在生产、流通、分配过程中产生的数据共享给全球溯源体系的机构或组织。包括生产商、品牌商、贸易商和物流商等。企业需具备合法经营资质，负责：

——将商品数据以自主声明的方式主动、真实地共享到全球溯源体系；

——确保在溯源信息所有方的授权范围内使用溯源信息。

5.1.2 第三方机构

第三方机构是将其出具的具有证明意义的鉴定结果信息共享给全球溯源体系的组织，包括但不限于公证机构、检验检测机构、认证机构等。第三方机构需取得官方授权或资质认定，负责：

——核实来自全球溯源体系的信息并反馈结果，且确保从全球溯源体系获得的信息不挪作他用；

——同时登记为服务共建方的第三方机构，主动共享其为溯源共建方出具的鉴定结果信息相关内容。

5.1.3 消费者

消费者是在商品消费过程中，向全球溯源体系反馈商品消费信息的最终用户，负责：

——真实、准确地反馈商品消费相关溯源信息；

——确保仅限于自身使用溯源信息。

5.1.4 政府部门

政府部门是在商品全生命周期过程中，按照区域行政管理法规，对商品进行有效监管，维护商品各相关方合法权益，且具有行政执法权的区域行政管理机构，负责：

——确保仅限于在其行政执法监管范围内使用溯源信息；

——将应用溯源信息而做出的执法认定结果反馈给全球溯源体系。

5.2 服务共建方

5.2.1 具备特定领域的服务能力或资质，接受共建方的委托，为其提供相应领域的服务，服务范围包括但不限于：检验检测服务、认证服务、公证服务、溯源标识服务、知识产权保护服务、消费者权益维护服务等。

5.2.2 满足其他共建方在全球溯源体系内的业务需求。

5.2.3 与委托共建方签订合同，在合同规定下提供符合要求的服务。

5.3 协同共建方

5.3.1 具备信息化专业技术，按照全球溯源体系信息化建设要求，提供专业技术协同服务，提升全球溯源体系信息化水平。

5.3.2 具备协同创新能力，按照全球溯源体系规则，融合产业特点，促进全球溯源体系在新技术、新业态、新模式方面的开放应用。

5.4 支撑共建方

支撑共建方按照 T/GNDECPA 0016 的要求应承担：

——区域或行业全球溯源中心的建设工作；

——区域或行业全球溯源中心的运营、信息安全等管理工作；

——全球溯源中心复制推广工作。

6 加入

6.1 基本条件

6.1.1 申请加入者应遵守附录 A 的约定。

6.1.2 申请加入者应认同并遵循全球溯源体系内数据所有权归属于提供数据的共建方、使用数据应获得数据所有人授权的规则。

6.1.3 除消费者外，申请加入者还应符合以下要求：

——具备参与和应用全球溯源体系所需的设备设施条件、技术力量、服务能力和经济实力等；

——具有健全的组织机构和完善的内部管理制度；

——具有良好的信用记录。

6.2 登记

6.2.1 申请加入者应在全球溯源体系信息系统注册用户账号，按要求填报信息、提交资质文件，并签署《共建全球溯源体系倡议书》，加入全球溯源体系，承诺遵守全球溯源体系的规则。

6.2.2 完成注册后，加入者应根据第 4 条的分类，根据自身实际情况，选择单一或多个共建方类型，并在全球溯源体系信息系统登记。

6.2.3 完成登记后，共建方享受相关权利和承担相应义务。

7 警示

7.1 共建方出现违背“共建共享、真实安全、开放便利”原则的行为时，将会被全球溯源体系警示，包括但不限于：

——不遵循全球溯源体系规则及标准的行为，如服务失信，提供虚假信息、违反数据使用规则等；

——破坏全球溯源体系信息安全的行为，如恶意攻击数据库、非法篡改溯源信息等。

7.2 警示方式包括：提醒、警告、公示通报、限制全球溯源体系信息系统的部分功能权限等。

8 退出

共建方可通过注销全球溯源体系信息系统账号自愿退出全球溯源体系。

附录 A
（规范性）
共建全球溯源体系倡议书

共建全球溯源体系倡议书

各地政府、国际组织、社会机构、广大企业和消费者朋友们：

全球数字经济蓬勃发展为贸易与竞争带来新的机遇与挑战，国际贸易已进入“质量竞争”与“产业链竞争”的深度变革。全球溯源体系是顺应全球数字贸易发展的创新成果，遵循“共建共享、真实安全、开放便利”原则，通过对商品生产、流通、分配和消费全生命周期的数据采集、科学分析与精准识别，实现风险可识别、可控制、可处置，以最低成本实现商品价值真实传递。全球溯源体系通过为各共建方提供全面有效、科学权威的价值信息，赢得了国际企业、消费者、监管部门的高度认可和踊跃参与，有效保障了全球商品高效流通，促进了国际经贸发展和产业集聚。为使各共建方更好地共同参与、共同建设、共同享用全球溯源体系成果，营造价值驱动的良性贸易生态，我们提出以下倡议：

（一）自主自愿参与全球溯源体系，共享商品信息和溯源服务，推动溯源商品高效流通和价值高效传递，实现“信息流通、政策沟通、贸易畅通、民心相通”。

（二）共同承诺遵守全球溯源体系规则标准，按照溯源信息共建共享机制，提供真实、完整、及时的商品信息，享受相关权利和承担义务，依约履责，实现价值共享、发展共赢。

（三）共同发挥业务优势，为溯源信息高效、准确、便利传递和应用提供优质服务，以全球溯源体系助力产业发展。

（四）共同加强交流互访、业务协作和信息互通，推动全球溯源体系在新技术、新模式、新业态的开放应用，营造创新应用的良好氛围和溯源生态。

（五）共同维护全球溯源体系的运行秩序，推动有利于全球溯源体系发展的数字经济公共基础设施建设，促进全球溯源体系广泛应用和科学、可持续发展。

全球溯源体系将推动形成追求卓越、崇尚质量的价值导向，打造数字贸易创新发展新生态，提供数字经济时代社会治理体系全新规则，为社会经济高质量发展提供新动能。让我们共同努力，乘势而上，把握机遇，携手应对世界经济风险和困难带来的挑战，共创数字经济时代美好未来。

中国（广东）自由贸易试验区广州南沙新区片区管理委员会

ICS 03. 080. 99
CCS A 10

T/GNDECPA 0015—2022

团 体 标 准

T/GNDECPA 0015—2022

全球溯源体系服务通则

General service rules for global traceability system

2022 –09 –01 发布 2022 –09 –02 实施

广州市南沙区经济合作促进会 发布

前　言

本文件按照 GB/T 1. 1—2020《标准化工作导则　第 1 部分：标准化文件的结构和起草规则》的规定起草。

请注意本文件的某些内容可能涉及专利。本文件的发布机构不承担识别专利的责任。

本文件由中共广州南沙经济技术开发区工作委员会政策研究和创新办公室提出。

本文件由广州市南沙区经济合作促进会归口。

本文件起草部门：中共广州南沙经济技术开发区工作委员会政策研究和创新办公室、广州市南沙区经济合作促进会、南沙区市场监督管理局、国家市场监督管理总局信息中心、中国信息通信研究院产业与规划研究所、商务部国际贸易经济合作研究院、中国交通信息科技集团有限公司、中央财经大学全球经济与可持续发展研究中心、暨南大学中国（广东）自由贸易试验区研究院、广东省数字经济协会、广州海关技术中心、黄埔海关技术中心、广东芬尼克兹节能设备有限公司、广东卓志供应链科技集团有限公司、广东丰信律师事务所、广州市鑫浪信息科技有限公司、云从科技集团股份有限公司、广东省广州市南沙公证处、上海中商网络股份有限公司、香港物流商会、骏德汇发展有限公司、卓志控股有限公司、澳门跨境电子商务行业协会。

本文件主要起草人：刘家君、吴瑞坚、张治峰、沈薇、黎秀婷、卢晓军、包小玲、黄殷瑜、彭伟新、陈毅仪、钱铖、张甜、何志豪、才久然、梁明、尹政平、嵇尉、李桂君、符大海、顾乃华、朱金周、谭艺佳、赵明、卢男、黄雪琳、杨丽、魏文华、洪志权、潘立锋、张俊、张立、李军、雷杰峰、方吴丰、魏子涵、钟鸿兴、任锦辉、陈颂、伍卓萍、徐少东、丛聪。

全球溯源体系服务通则

1 范围

本文件规定了全球溯源体系内服务提供者基本要求、服务内容、服务要求和失信处置。

本文件适用于全球溯源体系内的服务提供者。

2 规范性引用文件

下列文件中的内容通过文中的规范性引用而构成本文件必不可少的条款。其中，注日期的引用文件，仅该日期对应的版本适用于本文件。不注日期的引用文件，其最新版本（包括所有的修改单）适用于本文件。

T/GNDECPA 0014 全球溯源体系共建方 通则

T/GNDECPA 0016 全球溯源中心建设指南

T/GNDECPA 0020 全球溯源体系 溯源标识要求

3 术语和定义

T/GNDECPA 0014 界定的以及下列术语和定义适用于本文件。

3.1 溯源信息 traceability information

溯源商品在生产、流通、分配、消费的全生命周期过程中产生的信息。

注：全球溯源体系的溯源信息包括但不限于商品信息、生产信息、质量信息、检验检测信息、公证信息、交易信息、物流信息、监管信息、消费信息、评价信息。

3.2 服务提供者 service provider

在全球溯源体系内提供服务的共建方，包括服务共建方、协同共建方和支撑共建方。

3.3 溯源标识 traceability identification

将溯源商品与商品溯源信息进行关联的载体。

注：如二维码、RFID。

4 服务提供者基本要求

4.1 应按照 T/GNDECPA 0014 的规定遵守全球溯源体系规则。

4.2 应在溯源数据所有人授权的范围内使用溯源数据，并反馈使用结果信息。

4.3 应具有与所提供服务匹配的资质、能力、设备设施等，并作出服务能力承诺。

4.4 应同意服务接受方对其服务能力、执行情况等评价在全球溯源体系信息系统上公开。

5 服务内容

5.1 服务分类

全球溯源体系内的服务按服务类型的不同，分为溯源服务、协同服务、支撑服务三大类。

5.2 溯源服务

5.2.1 溯源服务是服务共建方受全球溯源体系共建方的委托，为便利、准确地建立溯源商品与溯源信息之间的对应关系，按委托方要求提供的服务。

5.2.2 溯源服务按具体的服务内容分为以下三类：

——专业服务：服务共建方在其资质能力范围内，围绕溯源商品为其他溯源共建方提供的与法定效力相关的服务，包括但不限于商品质量检验检测、认证认可、公证、知识产权保护和消费者权益维护；

——溯源标识服务：服务共建方围绕溯源标识为溯源共建方提供的服务，包括但不限于溯源标识生成、溯源标识制作、溯源标识加贴、溯源信息绑定；

——其他服务：服务共建方提供的除专业服务和溯源标识服务以外的服务。

5.3 协同服务

为提升全球溯源体系信息化水平和促进全球溯源体系在新技术、新业态、新模式开放应用提供的服务，包括但不限于：

——基于全球溯源体系全面开放的特点，提供区块链、人工智能、大数据、云计算等技术协同服务；

——在全球溯源体系规则下，挖掘与运用溯源数据，为产业应用提供“溯源+”协同服务。

5.4 支撑服务

承担全球溯源中心建设和运营，支撑全球溯源体系在区域或行业内的运行和发展。

6 服务要求

6.1 溯源服务

6.1.1 服务共建方应依据委托服务合同提供服务。

6.1.2 服务共建方在全球溯源体系内提供专业服务时应：

——确保其提供的专业服务符合其所在专业领域的通用规定及要求；

——确保其提供的专业服务结果的合法性和有效性。

6.1.3 服务共建方提供溯源标识服务时，应符合 T/GNDECPA 0020。

6.2 协同服务

6.2.1 协同共建方应遵循全球溯源体系数据管理规则和全球溯源体系信息系统要求，将其自身掌握的信息技术和创新能力应用于全球溯源体系。

6.2.2 协同共建方在提供协同服务时应确保其服务质量，不影响全球溯源体系信息系统的运行安全。

6.2.3 协同共建方提供的技术涉及专利时，应取得自主知识产权或专利实施许可。

6.2.4 若在其他共建方委托下开展协同服务，协同共建方还应依据与委托共建方签订的服务合同，按时按质提供约定的服务。

6.3 支撑服务

支撑共建方在提供支撑服务时应：

——按照 T/GNDECPA 0016 的要求建设和运营全球溯源中心；

——确保全球溯源中心在其区域或行业内安全有序运行；

——按照与其他支撑共建方签署的合作协议内容提供服务。

7 失信处置

全球溯源体系内各共建方提供的服务不符合第 4 条及第 6 条的约定并造成不良影响，根据情节严重程度，全球溯源体系信息系统将对失信共建方做出以下处置：

——发出提醒、警告；

——发出警告，列入全球溯源体系警示名单，并进行公示通报；

——列入全球溯源体系警示名单，进行公示通报，并限制其在全球溯源体系信息系统中的部分功能权限。

ICS 07.060
CCS A 45

T/GNDECPA 0021—2022

团　　体　　标　　准

T/GNDECPA 0021—2022

全球溯源体系　开放应用指南

Global traceability system——Guidance on opening and application

2022-09-01 发布　　2022-09-02 实施

广州市南沙区经济合作促进会　发布

前　言

本文件按照 GB/T 1.1—2020《标准化工作导则　第1部分：标准化文件的结构和起草规则》的规定起草。

请注意本文件的某些内容可能涉及专利。本文件的发布机构不承担识别专利的责任。

本文件由中共广州南沙经济技术开发区工作委员会政策研究和创新办公室提出。

本文件由广州市南沙区经济合作促进会归口。

本文件起草部门：中共广州南沙经济技术开发区工作委员会政策研究和创新办公室、广州市南沙区经济合作促进会、国家市场监督管理总局信息中心、中国信息通信研究院产业与规划研究所、商务部国际贸易经济合作研究院、中国交通信息科技集团有限公司、中央财经大学全球经济与可持续发展研究中心、广州现代金融学会、广东省电子口岸管理有限公司、粤港澳国际供应链（广州）有限公司、广东广物优车科技有限公司、广东芬尼克兹节能设备有限公司、中国工商银行股份有限公司广州分行、云从科技集团股份有限公司、广东丰信律师事务所、香港物流商会、骏德汇发展有限公司、卓志控股有限公司、澳门跨境电子商务行业协会。

本文件主要起草人：刘家君、吴瑞坚、张治峰、沈薇、黎秀婷、卢晓军、王大强、黄殷瑜、彭伟新、李锋、乔妍艳、何志豪、才久然、梁明、尹政平、嵇尉、李桂君、符大海、蒋达、原航志、严珠珠、于崇刚、甘洪霖、魏文华、范昭鸣、张立、李军、潘立锋、钟鸿兴、任锦辉、陈颂、伍卓萍、曹倫、萧家浩。

全球溯源体系　开放应用指南

1　范围

本文件提供了全球溯源体系开放应用的总则、开放范围、应用形式、实现过程和安全保障等方面的建议和指导。

本文件适用于全球溯源体系协同共建方和支撑共建方。

2　规范性引用文件

下列文件中的内容通过文中的规范性引用而构成本文件必不可少的条款。其中，注日期的引用文件，仅该日期对应的版本适用于本文件；不注日期的引用文件，其最新版本（包括所有的修改单）适用于本文件。

T/GNDECPA 0014　全球溯源体系共建方　通则

T/GNDECPA 0017　全球溯源体系　信息系统架构规范

T/GNDECPA 0018　全球溯源体系　公共技术组件

3　术语和定义

T/GNDECPA 0014 和 T/GNDECPA 0017 界定的以及下列术语和定义适用于本文件。

3.1　全球溯源体系信息系统　the information systems of global traceability system

在全球溯源体系内依托全球溯源体系理论、标准和规则而建设的所有信息系统的统称，由各个区域或行业全球溯源中心管理系统、公共技术组件、各类“溯源+”应用等构成。

［来源：T/GNDECPA 0017，定义 3.1］

3.2 开放应用 opening and application

遵循全球溯源体系“共建共享、真实安全、开放便利”基本原则，通过全球溯源中心管理系统的开放架构，使协同共建方利用信息技术优化全球溯源体系信息系统或增加其功能的行为。

4 总则

全球溯源体系基于“共建共享、真实安全、开放便利”基本原则和相关标准，支持各行业各领域的新技术、新应用，面向各共建方全面开放应用、共享成果，提升全球溯源体系溯源信息的应用价值。

5 开放范围和应用形式

5.1 开放范围

通过全球溯源体系信息系统向协同共建方开放，开放范围包括：

a）技术开放：区域或行业全球溯源中心管理系统和公共技术组件支持各类技术接入；

b）应用开放：区域或行业全球溯源中心管理系统对各类“溯源+”应用开放。

5.2 应用形式

5.2.1 协同共建方依托全球溯源体系信息系统，围绕溯源数据，参与共建全球溯源体系开放应用的方式如下：

a）运用信息技术，优化和扩充全球溯源体系信息系统的功能、性能和安全等，提高全球溯源体系信息化水平；

b）将“溯源+”应用接入全球溯源体系信息系统，经授权提供服务，拓展溯源在产业中的应用。

5.2.2 协同共建方提供的新技术、新应用是通过某个区域或行业全球溯源中心管理系统应用到全球溯源体系。

5.2.3 新技术、新应用接入全球溯源体系信息系统后，每个区域或行业全球溯源中心管理系统均可应用。

6 实现过程

6.1 实现步骤

6.1.1 新技术的开放应用实现步骤至少包括：

a）协同共建方应与支撑共建方确认应用目标、范围和内容；

b）协同共建方应针对应用需求组织调研和可行性分析，制订实施方案，并与支撑共建方确认；

c）协同共建方和支撑共建方签订服务接入协议；

d）协同共建方履行协议，开发、测试、部署新技术应用；

e）在项目完成后，新技术的应用应通过由支撑共建方组织的测试评估。

注：实现过程是各项新技术开放应用服务应遵循的共性步骤，在此基础上，各项服务遵循各自的具体要求。

6.1.2 新应用的开放应用实现步骤至少包括：

a）协同共建方应完成新应用的测试评估；

b）协同共建方应与支撑共建方签订服务接入协议；

c）协同共建方将新应用与区域或行业全球溯源中心管理系统对接。

6.2 实现要求

6.2.1 协同共建方应通过全球溯源体系信息系统获取溯源数据提供方的授权许可，并在体系内服务于溯源共建方。

6.2.2 协同共建方应确保新技术、新应用符合 T/GNDECPA 0017 和 T/GNDECPA 0018 的要求，并对所提供的新技术、新应用的安全性、可靠性和有效性负责，如技术涉及专利时，应取得专利实施许可。

6.2.3 协同共建方通过新技术、新应用提供服务后，应将服务结果数据反馈全球溯源体系。

6.2.4 协同共建方提供信息技术服务的，应提供能满足全球溯源中心使用或相关服务要求的技术文档。

7 安全保障

7.1 系统安全

7.1.1 协同共建方应提供新技术、新应用在全球溯源体系信息系统运行的安全保障。

7.1.2　协同共建方应确保新技术、新应用符合全球溯源体系信息系统的安全等级。

7.2　数据安全

协同共建方提供的新技术、新应用应保护、维持溯源数据的完整性、保密性和可用性等。

Q/QQSY

企　　业　　标　　准

Q/QQSY 026—2022

全球溯源中心　产业搭建管理规范

2022－10－25 发布　　2022－10－25 实施

中共中国（广东）自由贸易试验区广州南沙新区片区
工作委员会政策研究和创新办公室　发布

前　言

本文件按照 GB/T1. 1—2020《标准化工作导则　第 1 部分：标准化文件的结构和起草规则》的规定起草。

本文件由全球溯源中心标准化建设办公室提出并归口。

本文件起草部门：全球溯源中心标准化建设办公室。

本文件主要起草人：刘家君、吴瑞坚、沈薇、黎秀婷、卢晓军、罗敏仪。

本文件于 2022 年首次发布，本次为第一次修订。

引　言

全球溯源中心产业搭建依托全球溯源中心溯源产业公共服务平台。全球溯源中心溯源产业公共服务平台面向所有共建方，以及暂未加入全球溯源体系但有意愿推进溯源产业发展壮大的各方开放，用于提出和响应溯源产业新需求，不断丰富和完善溯源产业，共同打造优质良序的溯源产业新生态。为有效发挥全球溯源中心溯源产业公共服务平台作用，更好地促进商品价值真实传递，发掘溯源数据的价值，壮大全球溯源中心产业体系，特编制本文件。

全球溯源中心　产业搭建管理规范

1　范围

本文件规定了全球溯源中心产业搭建内容、产业搭建要求、产业搭建机制和产业搭建流程。

本文件适用于有意推进全球溯源中心产业体系优化完善或新增产业的机构、组织或个人。

2　规范性引用文件

下列文件中的内容通过文中的规范性引用而构成本文件必不可少的条款。其中，注日期的引用文件，仅该日期对应的版本适用于本文件；不注日期的引用文件，其最新版本（包括所有的修改单）适用于本文件。

T/GNDECPA 0014　全球溯源体系共建方　通则

Q/QQSY 030　全球溯源中心　溯源服务共建指引

Q/QQSY 032　全球溯源中心　协同服务共建指引

3　术语和定义

T/GNDECPA 0014 界定的以及下列术语和定义适用于本文件。

游客

暂未加入全球溯源体系的机构、组织或个人。

4　产业搭建内容

全球溯源中心产业搭建应围绕促进商品价值传递、发掘溯源数据、保障和维护共建方权益等方面进行，内容包括但不限于：溯源服务相关产业的开拓优化、“溯源 +”协同服务相关产业的开拓、溯源中心公共服务平台建设等。

5　产业搭建要求

5.1　结构清晰

应由支撑共建方构建清晰的产业结构，在更新全球溯源中心管理系统产业服务相关功能、更新公共服务平台或接入协同服务产品时，厘清各产业、各服务之间的关系。

5.2　有效性

共建方和游客参与溯源产业搭建时，应遵守全球溯源体系规则，并符合全球溯源体系运行发展有效性的需要。

5.3　依约履责

共建方参与搭建溯源产业体系过程中提供服务或参与溯源的，应根据共建方类型的不同，履行相应的权利和义务，遵循相应的共建机制。

6　产业搭建机制

6.1　开放平等

6.1.1　共建方和游客均可提出产业搭建需求，且地位平等。
6.1.2　共建方均可响应产业搭建需求，且地位平等。

6.2　产业共建

6.2.1　全球溯源中心现有产业体系及其系统功能无法满足需求时，共建方和游客均可自主在全球溯源中心提出产业需求。
6.2.2　各类共建方自主响应产业需求：

——协同共建方可自主响应提升全球溯源中心信息化能力的技术支持，或进一步拓展溯源在产业中应用的相关需求；

——支撑共建方可自主响应新增、优化全球溯源中心系统功能，或开创其他公服平台的相关需求；

——服务共建方可自主响应在全球溯源中心管理系统功能支持下使溯源信息更有效、准确、便利传递的相关需求。

6.3 宣传推广

协同产品与支撑服务类产品在全球溯源中心管理系统上线后，三个月内可享有全球溯源中心线上线下宣传推广资源，包括但不限于网站推荐、线下活动推荐等，便于其他共建方了解和应用新产品、新功能、新平台，推动全球溯源产业体系发展。

7 产业搭建流程

7.1 提出产业需求

共建方和游客在全球溯源中心管理系统的溯源产业公共服务平台提出产业需求，或点击支持已提出的产业需求。

7.2 加入溯源

有意愿响应溯源产业需求的游客，应先按照全球溯源中心管理系统流程，注册登记成为共建方。

7.3 产品发布

7.3.1 协同产品：协同共建方应按照 Q/QQSY 032 的有关规定，完成协同产品的研发、评估测试、备案登记和上线发布。

7.3.2 支撑产品：支撑共建方应依据全球溯源中心管理系统变更的有关程序，按需求优化、开发系统功能或新增公共服务平台，并为新功能或新公共服务平台上线配备必要的业务指导等运营资源。

7.3.3 溯源服务：服务共建方应按照 Q/QQSY 030 的有关规定，提供溯源服务。

7.4 产业推广

7.4.1 协同产品发布后，按照对应产业需求的发布数量/支持数量、产品发布时间，在协同产品市场上优先推荐展示。

7.4.2 支撑产品发布后，在全球溯源中心相关的网站、系统等线上渠道优先展示，线下推广渠道重点推荐。

7.5 产业应用

7.5.1 协同产品、溯源服务应按照对应的共建方共建规范提供服务和履约反馈。

7.5.2 在支撑共建方运营服务支撑下，各共建方应用全球溯源中心管理系统新功能或新平台，参与溯源产业共建，并向支撑共建方反馈应用情况。

Q/QQSY

企　　业　　标　　准

Q/QQSY 027—2022

全球溯源体系　溯源共建方共建规范

2022－10－25 发布　　2022－10－25 实施

中共中国（广东）自由贸易试验区广州南沙新区片区
工作委员会政策研究和创新办公室　发布

前　言

本文件按照 GB/T 1.1—2020《标准化工作导则　第 1 部分：标准化文件的结构和起草规则》的规定起草。

本文件由全球溯源中心标准化建设办公室提出并归口。

本文件起草部门：全球溯源中心标准化建设办公室。

本文件主要起草人：刘家君、吴瑞坚、沈薇、黎秀婷、郭钰霞、黄佩珊。

本文件于 2022 年首次发布，本次为第一次修订。

全球溯源体系 溯源共建方共建规范

1 范围

本文件规定了溯源共建方参与全球溯源体系共建的权利义务和共建机制。

本文件适用于指导溯源共建方参与溯源活动。

2 规范性引用文件

本文件没有规范性引用文件。

3 术语和定义

本文件没有需要界定的术语和定义。

4 权利和义务

4.1 溯源共建方的权利

4.1.1 数据分享权

有权通过全球溯源中心发布溯源数据，或授权其他共建方应用发布的溯源数据。

4.1.2 数据共享权

有权通过全球溯源中心获取其他共建方授权的溯源数据，并在授权范围内应用。

4.1.3 服务选择权

有权通过全球溯源中心自主选择溯源服务和协同服务，并知悉服务提供者与服务相关信息。

4.1.4 服务反馈权

有权通过全球溯源中心反馈服务提供者的服务履约情况。

4.1.5 法律追责权

与企业自主声明事项存在利害关系的，发现企业在全球溯源中心发布的自主声明失实后，有权委托为企业进行自主声明公证的公证机构向声明失实企业进行法律追责。

4.2 溯源共建方的义务

4.2.1 维护全球溯源体系规则

应主动维护全球溯源中心有序运行，发现不遵循全球溯源体系规则的行为或破坏全球溯源体系信息安全的行为，应及时向全球溯源中心反馈。

4.2.2 遵守全球溯源体系规则

通过全球溯源中心共享共用溯源数据时，应遵守全球溯源体系规则。

4.2.3 共享真实溯源数据

应以自主声明的方式主动、真实地向全球溯源中心共享商品溯源数据，并为共享的溯源数据的真实性、准确性、合法性承担法律责任。参与法律追责的，还应确保提供的证据合法真实。

4.2.4 遵守全球溯源中心服务共建机制

通过全球溯源中心发布服务需求、获取溯源服务时，应遵守并维护全球溯源中心制定的溯源服务共建机制；使用协同产品、获取协同服务时，应遵守并维护全球溯源中心制定的协同服务共建机制。

4.2.5 如实反馈服务提供者履约情况

应真实、准确地通过全球溯源中心反馈服务提供者的服务履约情况，并对提供内容的真实性负责。

5 共建机制

5.1 自主声明自愿公证

参与溯源共建时，应按照全球溯源中心要求进行声明，声明的方式包括自主声明和声明公证：

——自主声明：溯源共建方加入全球溯源中心时，应自主声明上传至全球溯源中心管理系统的所有溯源数据真实、准确、合法，并自愿为溯源数据的真实性承担法律后果。

——声明公证：溯源共建方通过全球溯源中心发布溯源数据时，自愿委托公证机构对声明进行公证并出具声明公证书，以提升溯源数据的信任度。

5.2 溯源数据共享共用

共享溯源数据时，应遵循全球溯源体系数据规则及以下内容：

——数据发布：采用系统界面录入或系统接口对接等方式，发布真实、有效的溯源数据，并对发布数据的真实性负责。

——数据授权：设置自定义共享规则，授权所有共建方或指定共建方应用共享的溯源数据。

——数据应用：确保在其他共建方的授权范围内应用溯源数据。

注1：数据的发布格式包括但不限于文本、图片、音频、视频。

注2：通过全球溯源中心管理系统发布商品在生产、贸易、流通等各环节的数据，发布内容包括但不限于商品信息、生产信息、质量信息、监管结果信息、物流信息、检验检测认证信息、公证信息。

5.3 溯源服务自主选择

选择溯源服务时，可根据实际业务需求，自主选择以下内容：

——服务类型：包括但不限于溯源标识服务、检验检测认证服务、知识产权保护服务、公证法律服务。

——服务内容：包括但不限于服务范围、服务行业、服务地点、服务价格、服务期限。

——服务提供者：指定共建方作为服务提供者发起服务委托；或面向具备相应服务能力的所有共建方公开发布服务需求，自主选择服务提供者。

5.4 协同服务自主选择

5.4.1 选择协同服务时，可根据实际业务需求，自主选择已上线的协同产品。

5.4.2 首次使用协同产品时，应自主授予服务提供者数据应用的有关权限，完成数据授权后方可使用协同产品，获取相关协同服务。

5.5 服务情况主动反馈

获取溯源服务或协同服务后，应主动向全球溯源中心反馈服务提供者的服务履约情况，反馈内容包括：服务价格、服务质量、服务效率、服务态度等。

Q/QQSY

企　业　标　准

Q/QQSY 028—2022

全球溯源中心　溯源共建指引

2022－10－25 发布　　　　2022－10－25 实施

中共中国（广东）自由贸易试验区广州南沙新区片区
工作委员会政策研究和创新办公室　发布

前　言

本文件按照 GB/T 1.1—2020《标准化工作导则　第 1 部分：标准化文件的结构和起草规则》的规定起草。

本文件由全球溯源中心标准化建设办公室提出并归口。

本文件起草部门：全球溯源中心标准化建设办公室。

本文件主要起草人：刘家君、吴瑞坚、沈薇、黎秀婷、郭钰霞、黄佩珊。

本文件于 2022 年首次发布，本次为第一次修订。

全球溯源中心　溯源共建指引

1　范围

本文件给出了全球溯源中心溯源共建的主体、共建内容、共建要求和共建流程的指引。

本文件适用于溯源共建方参与溯源共建。

2　规范性引用文件

本文件没有规范性引用文件。

3　术语和定义

本文件没有需要界定的术语和定义。

4　溯源共建主体

4.1　溯源共建方是溯源共建的主体，包括但不限于生产商、品牌商、贸易商、物流商、平台商。

4.2　溯源共建方需具备合法的经营资质、健全的组织机构、完善的内部管理制度和良好的信用记录，获得官方授权或资质认定证明，包括但不限于营业执照、生产许可证、经营许可证、企业信用等级证书。

5　溯源共建内容

溯源共建内容包括但不限于共享数据、获取服务。

6　溯源共建要求

6.1　遵循全球溯源体系“共建共享、真实安全、开放便利”的基本原则。

6.2 遵守全球溯源体系数据规则。

7 溯源共建流程

7.1 流程图

溯源共建流程包括加入溯源、共享数据、获取服务三个阶段，溯源共建流程如图1所示。

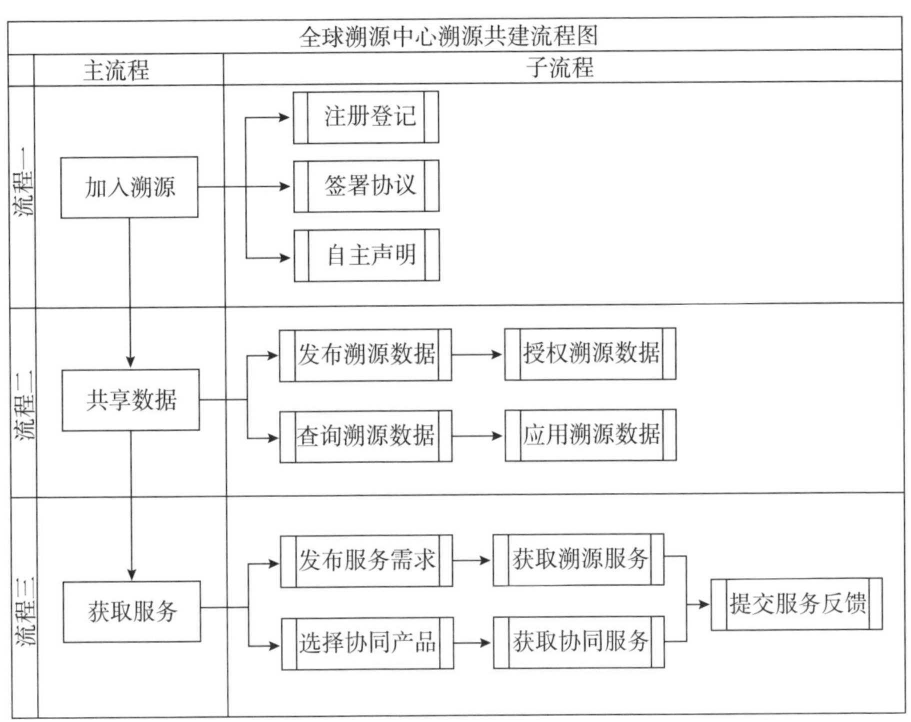

图1 溯源共建流程

7.2 加入溯源

7.2.1 登录全球溯源中心管理系统，注册用户账号，选择共建方类型，登记基本信息，提交资质文件。

7.2.2 在线签署《共建全球溯源体系倡议书》《用户协议》《个人信息保护声明》等协议。

7.2.3 自主声明上传至全球溯源中心管理系统的所有溯源数据真实、准确、合法。

7.2.4 获取全球溯源中心分配的唯一共建方 ID，成为溯源共建方。

7.3 共享数据

7.3.1 发布溯源数据：选择系统界面录入或系统接口对接，将商品在生产、贸易、流通等各环节的溯源数据上传至全球溯源中心管理系统，自愿选择赋码方式将溯源标识与溯源数据进行关联，自愿委托公证机构对溯源数据进行公证。

7.3.2 授权溯源数据：设置溯源数据的授权对象、授权范围、授权期限、授权内容等自定义共享规则，自主授权溯源数据公开共享或定向共享，完成数据授权。

7.3.3 查询溯源数据：通过高级搜索功能，输入查询条件，快速查询公开共享或定向共享的溯源数据。

7.3.4 应用溯源数据：在遵守全球溯源体系数据规则且取得数据相关共建方授权的前提下，应用溯源数据。

7.4 获取服务

7.4.1 获取溯源服务：根据实际业务需求，自定义服务类型、服务范围、服务价格、服务期限、服务要求等服务内容，指定共建方发起服务委托或面向具备相应服务能力的共建方公开发布服务需求，自主选择服务提供者，签订合作合同，达成合作关系，获取相关溯源服务。

7.4.2 获取协同服务：通过全球溯源中心管理系统查看已上线发布的协同产品，根据实际业务需求，自主选择协同产品，与提供协同产品的服务提供者签订合作合同、达成合作关系，自主授权溯源数据，获取相关协同服务。

7.4.3 提交服务反馈：获取服务后，应自服务结束或服务提前终止之日起十五个工作日内主动向全球溯源中心反馈服务提供者的服务品质、服务效率、服务态度、服务价格等服务履约情况。

ICS 03. 080. 99
CCS A 10

T/GNDECPA 0020—2022

团　　体　　标　　准

T/GNDECPA 0020—2022

全球溯源体系　溯源标识要求

Global traceability system——Requirements of traceability identification

2022 - 09 - 01 发布　　2022 - 09 - 02 实施

广州市南沙区经济合作促进会　发布

前　言

本文件按照 GB/T 1.1—2020《标准化工作导则　第 1 部分：标准化文件的结构和起草规则》的规定起草。

请注意本文件的某些内容可能涉及专利。本文件的发布机构不承担识别专利的责任。

本文件由中共广州南沙经济技术开发区工作委员会政策研究和创新办公室提出。

本文件由广州市南沙区经济合作促进会归口。

本文件起草部门：中共广州南沙经济技术开发区工作委员会政策研究和创新办公室、广州市南沙区经济合作促进会、国家市场监督管理总局信息中心、中国信息通信研究院产业与规划研究所、商务部国际贸易经济合作研究院、中国交通信息科技集团有限公司、中央财经大学全球经济与可持续发展研究中心、北大荒中垦（广东）食品科技有限公司、广东芬尼克兹节能设备有限公司、广东广物优车科技有限公司、广东卓志供应链科技集团有限公司、广州科语机器人有限公司、广州市鑫浪信息科技有限公司、美赞臣营养品（中国）有限公司、上海中商网络股份有限公司、香港物流商会、骏德汇发展有限公司、卓志控股有限公司、澳门跨境电子商务行业协会。

本文件主要起草人：刘家君、吴瑞坚、张治峰、沈薇、黎秀婷、卢晓军、王大强、黄殷瑜、彭伟新、钱铖、乔妍艳、何志豪、才久然、梁明、尹政平、嵇尉、李桂君、符大海、李吉喆、孙志权、魏文华、甘洪霖、洪志权、王立磊、叶朝阳、张俊、孙喜华、方吴丰、魏子涵、钟鸿兴、任锦辉、陈颂、伍卓萍、丛聪、李玉培。

全球溯源体系　溯源标识要求

1　范围

本文件规定了全球溯源体系溯源标识的角色与职责、溯源标识值和溯源标识形式。

本文件适用于全球溯源体系中溯源标识的设计、制作和应用。

2　规范性引用文件

下列文件中的内容通过文中的规范性引用而构成本文件必不可少的条款。其中，注日期的引用文件，仅该日期对应的版本适用于本文件；不注日期的引用文件，其最新版本（包括所有的修改单）适用于本文件。

GB/T 12905—2019　条码术语

GB/T 14257　商品条码　条码符号放置指南

GB/T 23704　二维条码符号印制质量的检验

GB/T 28925　信息技术　射频识别　2.45 GHz 空中接口协议

GB/T 29261.3—2012　信息技术　自动识别和数据采集技术　词汇　第 3 部分：射频识别

GB/T 29768　信息技术　射频识别　800/900 MHz 空中接口协议

GB/T 34996　800/900 MHz 射频识别　读/写设备规范

GB/T 36435　信息技术　射频识别　2.45 GHz 读写器通用规范

3　术语和定义

GB/T 12905—2019、GB/T 29261.3—2012 界定的以及下列术语和定义适用于本文件。

3.1 溯源标识 traceability identifier

将溯源商品与商品溯源信息进行关联的载体。

注：如二维码、RFID 等。

［来源：T/GNDECPA 0015—2022，定义 3.3］

3.2 溯源标识编码 traceability identifier encode

给定溯源标识值转化为溯源标识的过程。

3.3 溯源标识译码 traceability identifier decode

确定溯源标识中记载的溯源标识值的过程。

4 缩略语

下列缩略语适用于本文件。

FNC：二维码码制中的 GS1 专用编码模式（Function 1）

GS1：全球统一标识系统（Globe Standard 1）

QR：快速响应（Quick Response）

5 角色与职责

5.1 溯源标识管理方

溯源标识管理方是全球溯源中心通过区域或行业全球溯源中心管理系统进行管理，主要职责包括：

——制定溯源标识的相关标准和管理制度；

——管理溯源标识数据；

——根据统一规则分配溯源标识值代码；

——商品溯源信息与溯源标识值的绑定；

——溯源标识值的解析。

5.2 溯源标识服务方

溯源标识服务方提供溯源标识服务，主要职责包括：

——提供溯源标识生成（如标识符号生成、标识标签制作）、标识与商品关联、标识信息采集或标识设备服务；

——根据服务需要，将溯源标识编码和溯源标识译码系统集成到区域或行业全球溯源中心管理系统。

5.3 溯源标识使用方

溯源标识使用方是使用或应用溯源标识的组织或个人，主要职责包括：

——按规定使用或应用溯源标识；

——反馈使用或应用溯源标识过程中的建议或意见。

6 溯源标识值

6.1 原则

溯源标识值代码应符合以下原则：

——唯一性：溯源标识值在全球溯源体系统内对应一个代码，一个溯源标识值对应一组关联商品信息；

——通用性：溯源标识值可在各应用场景使用；

——无含义性：溯源标识值不包含商品有关的特定信息。

6.2 代码结构

溯源标识值采用24位代码结构，由标识序列号代码和全球溯源中心代码两部分组成，标识序列号代码包含特征位和校验位，可编码的字符集为可打印字符。溯源标识值代码结构如图1所示。

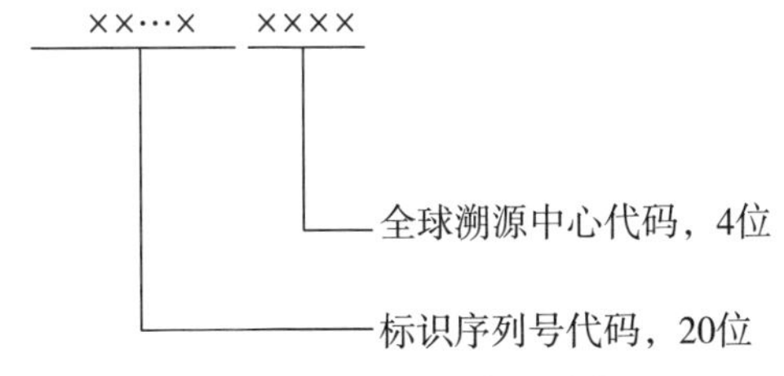

图1 溯源标识值代码结构

7 溯源标识形式

7.1 一般要求

溯源标识宜以标签作为表现形式，可根据应用需求选择二维码、射频标签等。

7.2 二维码

7.2.1 外观

7.2.1.1 二维码外观应包含标题、二维码符号、全球溯源体系标志、溯源标识值、溯源查询方式说明5种要素。二维码示例参考附录A。

7.2.1.2 二维码外观颜色可选择彩色或黑白。其中，选择彩色时，标题和溯源查询方式说明两部分应为蓝底白字，溯源标识值部分为白底蓝字。

7.2.1.3 二维码标准外观尺寸为3.6 cm×2.5 cm，可根据应用需求按同比例放大或缩小。

7.2.2 标题

7.2.2.1 标题应包括中英文，中文字体为思源黑体；英文标题位于中文标题下方，英文字体为Arial。

7.2.2.2 标题分为标准外观标题和个性化外观标题两类：

a）标准外观标题为“全球溯源体系”“GLOBAL TRACEABILITY SYSTEM”。

b）个性化外观标题格式为“全球溯源体系＋自定义部分”，自定义部分内容：

1）区域全球溯源中心名称，如“全球溯源体系　南沙中心”；

2）区域行政主管部门名称，如“全球溯源体系　‘部门名称’”；

3）品牌名称，如“全球溯源体系　‘品牌名称’”。

7.2.2.3 使用区域全球溯源中心名称或品牌名称时，应获得相应支撑共建方同意；使用区域行政主管部门名称时，应获得相应行政主管部门同意。

7.2.3 二维码符号

7.2.3.1 二维码符号位于二维码外观的中心位置。

7.2.3.2 二维码符号应采用具有GS1或FNC1模式，且二维码码制应在全球溯源中心授权共享，包括但不限于汉信码、快速响应矩阵码、数据矩阵码等。

7.2.3.3 二维码符号质量的判定应依据 GB/T 23704 以及相应的码制标准进行。二维码符号质量应不低于 2.0 级。

7.2.3.4 二维码符号印制模块尺寸应根据相关码制标准、印制技术以及识读装置与系统的接受程度选择。

7.2.4 全球溯源体系标志

7.2.4.1 全球溯源体系标志（见图 2）位于二维码符号中间，标志大小根据二维码符号的纠错等级决定，不应影响二维码容错。

7.2.4.2 全球溯源体系标志颜色要求为#80a7d8、#433f94、#030049。

图 2 全球溯源体系标志

7.2.4.3 全球溯源体系标志可与中英文字配合使用，其标准组合形式如图 3、图 4 所示。

图 3 标准组合形式一

图 4 标准组合形式二

7.2.5　溯源标识值

溯源标识值位于二维码符号的正下方，字体为 Arial。

7.2.6　溯源查询方式说明

溯源查询方式说明位于溯源标识值的下方，字体为思源黑体。

示例：请用“SUYUAN”App、“全球溯源查询服务平台”微信/支付宝小程序扫码溯源。

7.3　射频标签（RF tag）

7.3.1　封装

7.3.1.1　可根据商品类型、应用需求等选择射频标签的封装方式，封装方式包括：

——异形类：金属表面设置型、穿戴型和动植物使用型。

——卡片类：层压式和胶合式。

——标签类：粘粘式和吊牌式。

7.3.1.2　射频标签的封装材质应采用防水、防污染、防腐蚀、防暴晒、防老化材料封装，标签在潮湿、振动、粉尘等恶劣环境条件下能正常读写。

7.3.2　外观

7.3.2.1　在不影响射频标签读写、识别的位置上，标明以下内容：

——标题，应符合第 7.2.2 条的规定；

——全球溯源体系标志，应符合第 7.2.4 条的规定；

——射频识别标签的标识符。

7.3.2.2　射频标签外观应完整、无破损、无折痕、无明显凸起；表面文字和图形应完整、清晰。

7.3.3　功能

7.3.3.1　射频标签通信协议应符合 GB/T 28925 或 GB/T 29768 的规定。

7.3.3.2　电子标签读写器应符合 GB/T 36435 或 GB/T 34996 的规定。

附录 A
（资料性）
二维码溯源标识示例

图 A. 1 和图 A. 2 分别给出基于快速响应矩阵码（QR 码）的溯源标识尺寸要求和字体要求示例。

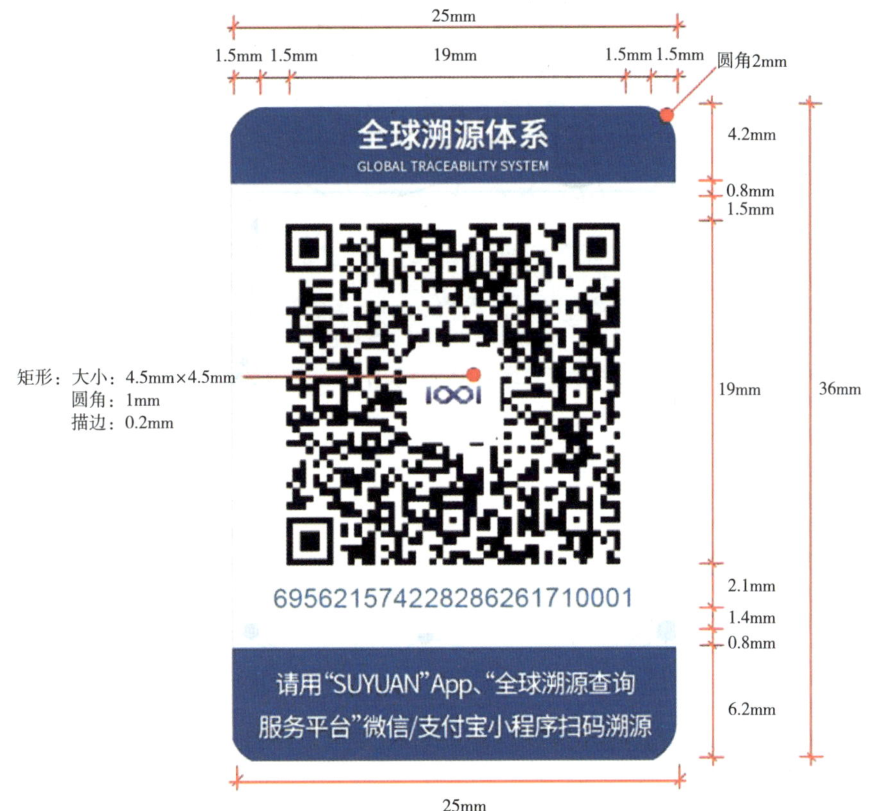

图 A. 1　二维码溯源标识尺寸要求示例

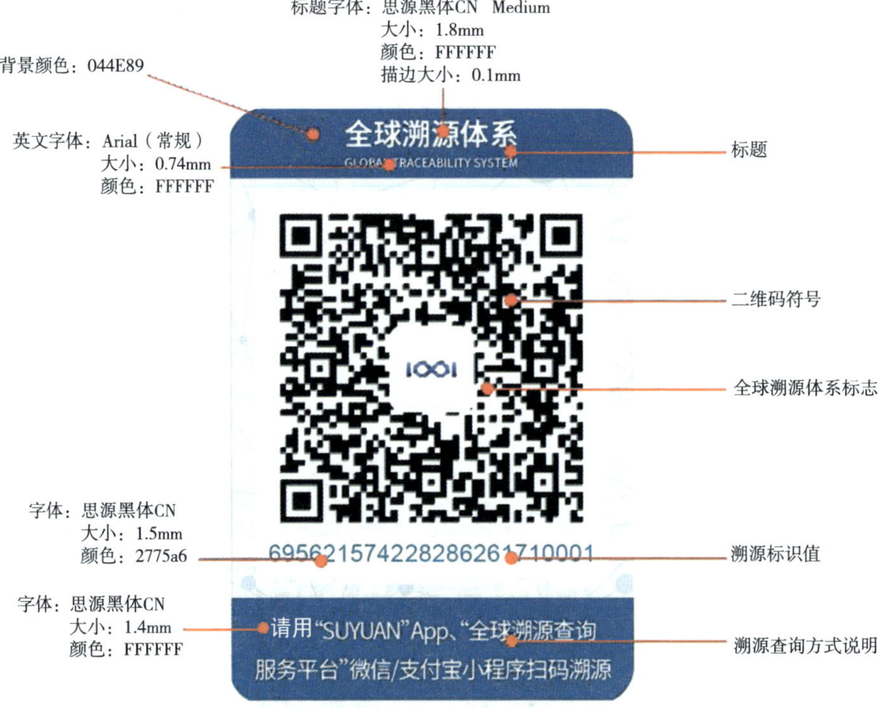

图 A.2　二维码溯源标识字体要求示例

参考文献

[1] GB/T 33993　商品二维码.
[2] T/GNDECPA 0015—2022　全球溯源体系服务通则.

Q/QQSY

企　业　标　准

Q/QQSY 029—2022

全球溯源体系　服务共建方共建规范

2022-10-25 发布　　　　2022-10-25 实施

中共中国（广东）自由贸易试验区广州南沙新区片区
工作委员会政策研究和创新办公室　发布

前　言

本文件按照 GB/T 1.1—2020《标准化工作导则　第 1 部分：标准化文件的结构和起草规则》的规定起草。

本文件由全球溯源中心标准化建设办公室提出并归口。

本文件起草部门：全球溯源中心标准化建设办公室。

本文件主要起草人：刘家君、吴瑞坚、沈薇、黎秀婷、卢晓军、罗敏仪。

本文件于 2022 年首次发布，本次为第一次修订。

全球溯源体系　服务共建方共建规范

1　范围

本文件规定了服务共建方参与全球溯源体系共建的权利义务和共建机制。

本文件适用于指导服务共建方参与溯源活动。

2　规范性引用文件

下列文件中的内容通过文中的规范性引用而构成本文件必不可少的条款。其中，注日期的引用文件，仅该日期对应的版本适用于本文件；不注日期的引用文件，其最新版本（包括所有的修改单）适用于本文件。

T/GNDECPA 0015　全球溯源体系服务通则

3　术语和定义

本文件没有需要界定的术语和定义。

4　权利和义务

4.1　服务共建方的权利

4.1.1　服务提供权

享有通过全球溯源中心公开发布服务能力，为溯源共建方提供服务的权利。

4.1.2　信息知情权

享有通过全球溯源中心知悉溯源共建方服务需求信息、溯源共建方履约情况和溯源共建方反馈信息、行政处罚信息及法律追责公示信息等信息的权利。

4.1.3　信息反馈权

享有向全球溯源中心反馈其服务的溯源共建方履约情况的权利。

4.2 服务共建方的义务

4.2.1 维护全球溯源体系规则

应主动维护全球溯源中心有序运行，发现不遵循全球溯源体系各项规则的行为或破坏全球溯源体系信息安全的行为，应及时向全球溯源中心反馈。

4.2.2 遵守全球溯源体系规则

提供服务的过程应遵守全球溯源体系规则，以及 T/GNDECPA 0015 的要求。

4.2.3 合法有效提供服务

应遵守全球溯源中心制定的溯源服务共建机制，按照所在地法律法规和行业要求，在服务能力范围内，为共建方提供合法有效的溯源服务。

注：为企业自主声明提供公证服务的服务共建方发现企业声明事项存在失实并给溯源共建方造成利益损害的，应接受利益受损方的委托，向声明失实企业进行法律追责。

4.2.4 如实反馈服务信息

提供服务后应如实、及时向全球溯源中心反馈服务结果和服务过程中溯源共建方的履约情况。

注：提供公证法律服务的服务共建方，在发现企业存在虚假声明后，按规定撤销企业声明公证书后应及时向中心反馈公证书撤销情况。

5 共建机制

5.1 服务能力承诺公开

5.1.1 在全球溯源中心发布服务产品后，应承诺按照发布内容向其他共建方提供服务，发布的服务能力承诺通过中心向所有共建方全面公开。

5.1.2 服务能力承诺的具体内容包括但不限于：服务类型、服务产品、服务产品说明、服务地域、服务时效、服务价格等。

5.1.3 服务能力承诺应满足以下要求：

——真实有效性：服务共建方应对所发布的服务能力承诺的真实、有效性负责，并接受所有共建方的公开监督和反馈。

——承诺变更：当实际的服务能力发生变更时，服务共建方应及时在全球溯源中心变更承诺并公告。

——生效时间：承诺自发布成功即刻生效，变更内容自变更发布成功即刻生效，变更前已发生的服务按变更前服务能力承诺执行。

5.2 服务合作自主选择

5.2.1 可自主选定服务合作对象并约定服务内容，达成合作后，应及时向全球溯源中心反馈登记合作要点，未予反馈的不可参与服务履约反馈。

5.2.2 服务结束，应及时向全球溯源中心反馈服务结果，服务结果仅合作双方通过全球溯源中心查询可见。

5.2.3 无须向全球溯源中心支付任何费用。

5.3 服务履约反馈公开

5.3.1 服务结束，应真实、准确地向全球溯源中心反馈服务过程中对方的服务履约情况，并对反馈内容的真实性负责。全球溯源中心将把合作双方就服务履约情况的反馈内容公开给所有共建方可见。

5.3.2 反馈内容应包括：服务配合度、要求合理性、费用支付及时性等。

5.3.3 服务结束或服务提前终止后，具备反馈条件。

注1：“服务结束”是指服务共建方按照双方合作约定为溯源共建方完成服务提供，反馈服务结果，且溯源共建方接受服务结果。

注2：“服务提前终止”是指服务共建方和溯源共建方双方约定提前终止合作。

5.3.4 应在具备反馈条件之日起十五个工作日内向全球溯源中心反馈，未及时反馈的默认对方服务履约情况为好评。

Q/QQSY

企　业　标　准

Q/QQSY 030—2022

全球溯源中心　溯源服务共建指引

2022-10-25 发布　　2022-10-25 实施

中共中国（广东）自由贸易试验区广州南沙新区片区
工作委员会政策研究和创新办公室　发布

前　言

本文件按照 GB/T 1.1—2020《标准化工作导则　第 1 部分：标准化文件的结构和起草规则》的规定起草。

本文件由全球溯源中心标准化建设办公室提出并归口。

本文件起草部门：全球溯源中心标准化建设办公室。

本文件主要起草人：刘家君、吴瑞坚、沈薇、黎秀婷、卢晓军、罗敏仪。

本文件于 2022 年首次发布，本次为第一次修订。

全球溯源中心　溯源服务共建指引

1　范围

本文件给出了全球溯源中心溯源服务的相关方、服务内容、服务要求、服务流程的共建指引。

本文件适用于参与共建溯源服务的相关方。

2　规范性引用文件

下列文件中的内容通过文中的规范性引用而构成本文件必不可少的条款。其中，注日期的引用文件，仅该日期对应的版本适用于本文件；不注日期的引用文件，其最新版本（包括所有的修改单）适用于本文件。

T/GNDECPA 0015　全球溯源体系　服务通则

Q/QQSY 017　全球溯源体系　客户端对接规范

Q/QQSY 029　全球溯源体系　服务共建方共建规范

3　术语和定义

本文件没有需要界定的术语和定义。

4　溯源服务相关方

4.1　溯源共建方是溯源服务需求的提出者，服务共建方是溯源服务的提供者，双方在全球溯源中心管理系统中提出和响应溯源服务需求，按照 Q/QQSY 029 的要求完成溯源服务。

4.2　服务共建方应满足 T/GNDECPA 0015 对服务提供者的基本要求，其中应满足的资质要求包括但不限于：

——所在国家或地区批准的基本经营资质；

——所在国家或地区批准特殊生产经营所需专业资质。

5 溯源服务内容

溯源服务内容包括但不限于溯源标识服务、检验检测认证服务、公证法律服务、知识产权服务等。溯源标识服务、检验检测认证服务、公证法律服务和知识产权服务除应遵循通用的共建要求外，还应分别符合附录 A 至附录 D 的要求。

6 溯源服务要求

6.1 服务质量要求

应按照 T/GNDECPA 0015 的规定，为溯源共建方提供安全、可靠、高质量的溯源服务。

6.2 服务时效要求

应根据与溯源共建方约定的服务时效，及时响应服务要求和提供服务；未作约定的，服务时效不得低于在全球溯源中心外提供同等服务所需的时效。

6.3 服务价格要求

应根据与溯源共建方约定的服务价格履行；未作约定的，服务价格不得高于在全球溯源中心外提供同等服务所需的价格。

7 溯源服务流程

7.1 流程图

溯源服务流程包括加入溯源、发布信息、服务合作、履约反馈四个阶段，具体流程如图 1 所示。

7.2 加入溯源

7.2.1 登录全球溯源中心管理系统网站，按系统要求注册用户账号，登记基本信息，提交资质文件，选择共建方类型。

7.2.2 在线签署《共建全球溯源体系倡议书》《用户协议》《个人信息保护

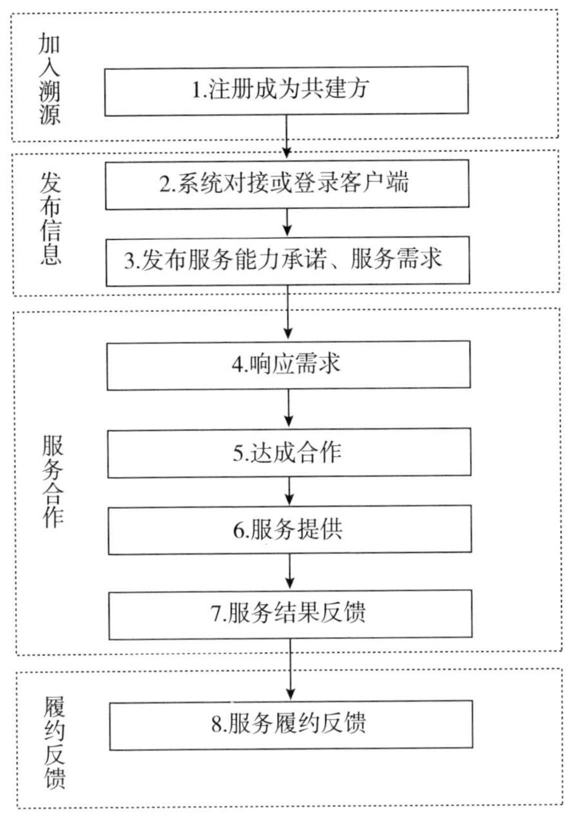

图 1　溯源服务流程

声明》等协议。

7.2.3　获取全球溯源中心分配的唯一共建方账号，成为服务共建方。

7.3　发布信息

7.3.1　应采用全球溯源中心管理系统界面录入或系统接口对接等方式，在全球溯源中心发布服务需求和服务能力承诺。系统接口对接需按照 Q/QQSY 017 的要求完成。

7.3.2　应以项目形式发布服务需求，可选择一种或多种项目服务类别，在确定类别的前提下发布具体的服务能力承诺。

7.4　服务合作

7.4.1　响应需求

应在全球溯源中心管理系统获取溯源共建方的服务需求，在线响应需求，线下具体洽谈，自主约定合作内容，签订合作合同。

7.4.2　达成合作

自主达成合作后，应登录全球溯源中心管理系统，反馈登记合作要点。

注：合作要点包括但不限于合作方名称和所在地、服务内容、服务数量、服务质量、服务价格、服务期限、服务地点、服务方式、违约责任和争议处理方式。

7.4.3　服务提供

应按照合同约定，按时按质为溯源共建方提供服务。

7.4.4　服务结果反馈

完成服务提供后，应在全球溯源中心管理系统上按系统要求反馈服务结果。

7.5　履约反馈

应按照 Q/QQSY 029 的规定及时反馈服务履约情况。

附录 A
(规范性)
溯源标识服务指引

A.1 分类

A.1.1 溯源标识服务

由标识服务商作为服务共建方，围绕溯源标识为溯源共建方提供的服务，包括标识生产服务、标识制作服务、标识关联服务、标识信息采集服务和标识设备服务。

A.1.2 标识生成服务

标识服务商将其标识生成技术集成到全球溯源中心，供溯源共建方在全球溯源中心生成溯源标识值后，使用其标识生成技术生成溯源标识的服务。

A.1.3 标识制作服务

标识服务商按照全球溯源中心和溯源共建方的要求将溯源标识实物化，制作成包括不干胶标签在内的各种形式的实物标签，并将制作结果反馈给全球溯源中心的服务。

A.1.4 标识关联服务

标识服务商将溯源标识附着于溯源商品上的服务，根据服务方式不同可进一步分为：

——贴标服务：将制作好的实物化的溯源标识粘贴到商品上，如手工贴标和机器贴标。

——即打即贴服务：将溯源标识打印到实物化标识载体，再粘贴到商品上，或直接将溯源标识打印到商品唯一关联的快递单、仓库发货单、拣货单等流通单证上。

——喷码服务：以非接触的方式将溯源标识以油墨等为载体直接喷印到商品上。

——激光刻印服务：用激光在商品包装上刻印溯源标识。

A.1.5 标识信息采集服务

标识服务商采集商品的溯源标识，与该商品建立对应关系并上传给全球溯源中心管理系统的服务。

A.1.6 标识设备服务

标识服务商按溯源共建方要求提供标识设备的服务。

A.2 服务资质

标识服务商应符合第4.2条对资质的有关要求，还应具备以下服务资质：

——持有所在国家或地区批准的基本经营资质，如境内工商营业执照等，且应确保批准经营范围与实际相符，资质在有效期内；

——持有所在国家或地区批准特殊生产经营所需专业资质，如境内的印刷经营许可证、环评资质证明、安全生产许可证、3C认证等，应确保相关专业资质在效期内。

A.3 服务要求

A.3.1 基本要求

标识服务商应满足第6条对服务质量、时效、价格的基本要求。

A.3.2 服务质量

A.3.2.1 标识管理应做到台账清晰，溯源标识一值一标，不多印、不错印。

A.3.2.2 溯源标识不得遗失、污损、混乱，残品、次品等报废品应妥善处理，不得外流。

A.3.2.3 溯源标识值的损耗率不得高于行业同类标签印制损耗率，一般不高于5%。

A.3.2.4 应保障溯源标识值和溯源信息采集、存储和传输的过程高效、准确、安全。

A.3.2.5 溯源标识外观应要素齐全，字体清晰、笔画完整、不缺点、版面完整、墨色均匀、无明显差异、无明显条杠、无明显脏污。

A.3.2.6 溯源标识材质应做到：黏性强，能牢固关联到实物商品上，在商品流通过程中不脱落、不破损、不开胶，不可揭下二次使用；耐磨损，环境耐受力强，防水、防酒精、防油污，不脱墨。

A.3.2.7 溯源标识能在自然光或接近自然光照明条件下，被市场常用手机扫码识别，识别率在99.99%以上。

A.3.2.8 溯源标识关联到商品上时应平整稳固，不影响扫描识别，不遮盖商品外包装上关键信息，不对商品外包装造成破损、伤痕等。

A. 3. 2. 9 溯源标识服务设备应符合国家和行业相关标准要求，性能稳定、生产安全可靠。

A. 3. 3 技术集成

提供闭源码标识生成服务时，应将其编码/译码系统按照 Q/QQSY 017 的有关要求集成到全球溯源中心管理系统。

注：全球溯源中心可提供免费办理溯源标识值转化为开源二维码的服务；由于闭源码印制存在一定技术难度，提供闭源码标识生成服务的同时还应一并提供标识制作的服务。

附录 B
（规范性）
检验检测认证服务指引

B.1 服务资质

提供检验检测认证服务的第三方机构应符合第 4.2 条对资质的有关要求，还应具备以下服务资质：

——持有所在国家或地区批准的基本经营资质，如境内工商营业执照等，且应确保批准经营范围与实际相符，资质在有效期内；

——持有所在国家或地区批准开展检验检测认证业务的强制性资质认定，如境内注册的机构应取得国家认证认可监督管理部门签发的《检验检测机构资质认定证书》和《认证机构批准书》；境外注册的机构应取得注册地国家/地区有关检验检测认证主管机构授予的资质认定，并通过 ISO 相关标准等效的资质认定认可。

B.2 服务要求

B.2.1 应满足第 6 条对服务质量、时效、价格的基本要求。

B.2.2 应满足在全球溯源中心管理系统上反馈的服务结果，在语言上应至少包括中文报告/英文报告/中文 + 英文报告的要求。

附录 C
(规范性)
公证法律服务指引

C. 1　分类

C. 1. 1　公证法律服务

由具备公证服务资质和能力的组织或个人作为服务共建方，为溯源共建方提供包括声明公证和法律追责在内的一体化服务。

C. 1. 2　声明公证服务

接受溯源共建方委托，对共建方在全球溯源中心发布的自主声明进行公证并出具公证书的服务。

注：自主声明指自愿承诺所提供的信息真实合法并愿意为之承担法律责任的声明。

C. 1. 3　法律追责服务

发现所公证的自主声明事项存在失实并造成相关共建方利益受损时，接受利益受损方委托，对做出失实声明的共建方进行法律追责的服务。

C. 2　服务资质

提供公证法律服务的服务商应符合第 4. 2 条对资质的有关要求，还应具备以下服务资质：

——组织或机构应持有所在国家或地区批准的专业资质。中国公证机构应具有省司法厅颁发、国家司法部备案的公证机构执业证；国外具有公证服务能力的其他服务机构（如律师事务所、社会团体组织等）应具有所在地公证业务从业资格。

——从业人员应具备专业从业资格；公证员、律师或其他具有公证能力的人员应取得所在国家或区域承认的公证或法律服务资格。

——具备公证和法律追责一体化服务能力，能同时为溯源共建方提供公证服务以及对声明失实的共建方进行法律追责。

C.3 服务要求

C.3.1 基本要求

应满足第6条对服务质量、时效、价格的基本要求。

C.3.2 客观、公正、合法

应以溯源共建方委托为前提，秉承客观、公正、合法的原则提供公证法律服务。

C.3.3 服务时效

应根据溯源共建方委托的时效要求，及时响应。通过全球溯源中心线上公证服务系统提供声明公证服务的，应在响应服务需求后48小时内出具声明公证书；通过线下方式提供声明公证服务的，具体应符合第6.2条对时效的要求。

C.3.4 服务价格

C.3.4.1 提供声明公证服务的，具体应符合第6.3条对价格的要求。

C.3.4.2 提供法律追责服务的，应采用风险代理的方式，按照所在地有关法律关于风险代理收费标准的规定执行。

C.4 服务流程图

全球溯源中心声明公证服务和法律追责服务具体的服务流程分别如图C.1和图C.2所示。

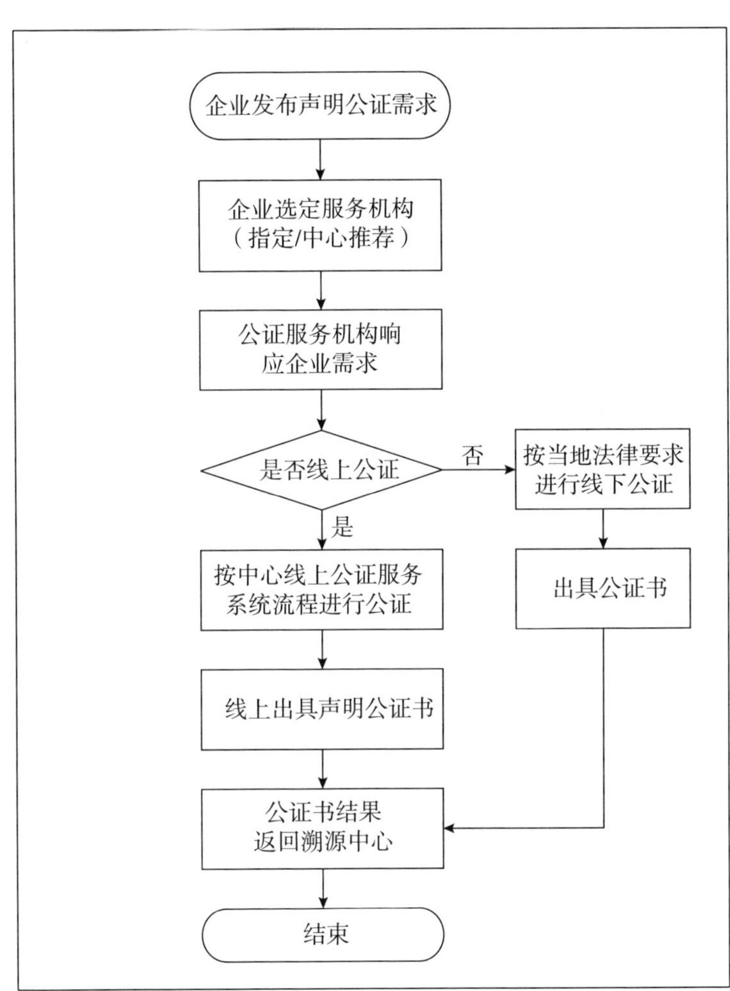

图 C. 1　全球溯源中心声明公证服务流程

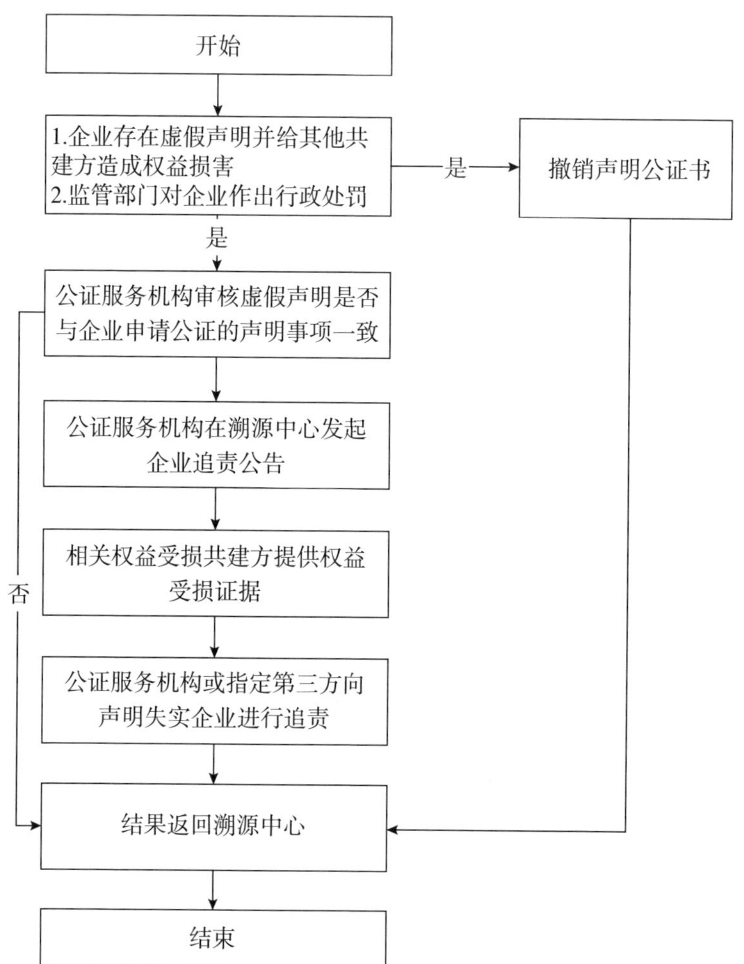

图 C.2　全球溯源中心法律追责服务流程

附录 D
（规范性）
知识产权服务指引

D.1 分类

D.1.1 知识产权服务

由具备知识产权相关专业知识的服务商作为服务共建方，为溯源共建方提供包括知识产权咨询、知识产权代理、知识产权维权在内的服务。

D.1.2 知识产权咨询服务

为溯源共建方提供包括但不限于有关知识产权问题咨询解答的服务。

D.1.3 知识产权代理服务

根据其他共建方的委托，提供包括但不限于知识产权确权、许可、转让等代理服务。

D.1.4 知识产权维权服务

根据其他共建方的委托，提供包括但不限于知识产权诉讼、调解等多元化纠纷解决的服务。

D.2 服务资质

提供知识产权服务的服务商应符合第 4.2 条对资质的有关要求，还应具备以下服务资质：

——持有所在国家或地区批准的基本经营资质，如境内工商营业执照等，且应确保批准经营范围与实际相符，资质在有效期内；

——持有所在国家或地区批准特殊生产经营所需专业资质，如有效期内的律师事务所登记证明、中国反侵权假冒创新战略联盟证书、中国专利保护协会理事单位证书等。

D. 3 服务要求

D. 3. 1 应满足第 6 条对服务质量、时效、价格的基本要求。

D. 3. 2 应对涉及知识产权信息服务项目的科学技术秘密、所提供资料及知识产权信息服务内容严格保密。

Q/QQSY

企　　　　业　　　　标　　　　准

Q/QQSY 031—2022

全球溯源体系　协同共建方共建规范

2022－10－25 发布　　　　2022－10－25 实施

中共中国（广东）自由贸易试验区广州南沙新区片区
工作委员会政策研究和创新办公室　发布

前　言

本文件按照 GB/T 1.1—2020《标准化工作导则　第 1 部分：标准化文件的结构和起草规则》的规定起草。

本文件由全球溯源中心标准化建设办公室提出并归口。

本文件起草部门：全球溯源中心标准化建设办公室。

本文件主要起草人：刘家君、吴瑞坚、沈薇、黎秀婷、包小玲、卢晓军。

本文件于 2022 年首次发布，本次为第一次修订。

全球溯源体系　协同共建方共建规范

1　范围

本文件规定了协同共建方参与全球溯源体系共建的权利义务和共建机制。

本文件适用于指导协同共建方参与溯源活动。

2　规范性引用文件

下列文件中的内容通过文中的规范性引用而构成本文件必不可少的条款。其中，注日期的引用文件，仅该日期对应的版本适用于本文件；不注日期的引用文件，其最新版本（包括所有的修改单）适用于本文件。

T/GNDECPA 0021　全球溯源体系　开放应用指南

3　术语和定义

下列术语和定义适用于本文件。

协同产品

协同共建方在全球溯源体系开放应用的规则下提供的新技术或新应用。

4　权利和义务

4.1　协同共建方的权利

4.1.1　信息知情权

4.1.1.1　享有知悉协同产品开发设计、在全球溯源中心上线应遵循的规则标准、技术要求、安全要求及系统接入参数等信息的权利。

4.1.1.2　享有知悉协同产品在全球溯源中心使用情况的权利。

4.1.1.3　享有知悉溯源共建方对协同产品反馈信息的权利。

4.1.1.4　享有知悉全球溯源中心内协同产品使用相关方的履约能力反馈信息的权利。

4.1.2　服务发布权

4.1.2.1　享有在全球溯源中心自主发布服务能力的权利。

4.1.2.2　享有满足一定条件下在全球溯源中心发布协同产品的权利。

4.1.2.3　在不违背全球溯源中心规则体系的前提下，享有对发布的协同产品进行管理、修改、下架等权利。

4.1.3　服务提供权

享有在全球溯源中心为溯源共建方提供服务的权利。

4.1.4　信息反馈权

享有在全球溯源中心反馈协同产品使用方履约情况的权利。

4.2　协同共建方的义务

4.2.1　维护全球溯源体系规则

应主动维护全球溯源中心有序运行，发现不遵循全球溯源体系各项规则的行为或破坏全球溯源体系信息安全的行为，应及时向全球溯源中心反馈。

4.2.2　遵守全球溯源体系规则

开发设计的协同产品，在全球溯源中心上线、运行过程应遵守全球溯源体系规则和 T/GNDECPA 0021 等。

4.2.3　保障系统运行安全

4.2.3.1　应对协同产品的安全性、可靠性和有效性负责，并提供协同产品在全球溯源体系信息系统运行的安全保障，确保协同产品符合全球溯源体系信息系统的安全等级，保护、维持全球溯源中心溯源数据的完整性、保密性和可用性。

4.2.3.2　提供信息技术服务的，技术文档应满足全球溯源中心使用或相关服务要求。

4.2.4　信息反馈

4.2.4.1　提供协同产品服务后，应通过全球溯源中心向溯源共建方反馈服务结果数据。

4.2.4.2　提供协同产品服务后，应向全球溯源中心反馈相关方的服务履约情况。

4.2.5　保密

应在协同产品的范围内使用被溯源共建方授权的溯源数据，且不得向任意第三方提供、披露、传输或许可使用溯源数据。

5 共建机制

5.1 协同产品自主研发

基于全球溯源体系规则自主研发协同产品，应在全球溯源中心管理系统申请上线，且满足以下要求：

——系统搭建：协同产品基于全球溯源中心管理系统搭建，与全球溯源中心管理系统直连直通，使用者通过全球溯源中心单点登录和使用业务系统。

——协同产品部署：协同产品与全球溯源中心管理系统部署在同一环境中。

——数据应用：通过全球溯源中心管理系统获得数据提供方的授权许可，在全球溯源中心内服务于溯源共建方。

5.2 协同产品评估测试

5.2.1 开发协同产品的过程中应与支撑共建方充分沟通，确保符合全球溯源体系规则。

5.2.2 完成协同产品开发后，应组织第三方对协同产品进行安全测评。

5.2.3 因项目管理需要，支撑共建方需对协同产品进行测评的，应予以配合并确保测评通过。

5.3 协同产品备案登记

完成协同产品评估测试、上线发布前，应在全球溯源中心管理系统进行备案登记，具体登记要求如下：

——备案登记内容包括但不限于：协同产品名称、所属类型（技术型、应用型）、服务行业/领域、技术/服务方案、服务收费标准、应用链接地址等。

——应同步上传有资质的第三方出具的评估测试报告。

——如对协同产品进行变更，应重新进行备案登记修正有关内容。

注：支撑共建方在备案登记完成后 3 个工作日内审核并反馈审核结果。

5.4 协同产品自主管理

5.4.1 自主上线发布、自主管理协同产品，研发、管理、运行过程中产生的费用自行承担。

5.4.2 协同产品备案登记审核通过后可上线发布，发布要求如下：

——应与支撑共建方签订服务接入协议，在全球溯源中心自主发布协同产品；

——协同产品发布的内容包括但不限于产品名称、适用场景、功能/服务介绍、应用链接地址等；

——协同产品通过某个区域或行业全球溯源中心管理系统应用到全球溯源体系，其他各区域或行业全球溯源中心管理系统均有权应用该协同产品。

5.4.3 可自主对发布的协同产品进行变更管理，包括新增、修改、下架：

——新增、修改协同产品：应对新增、修改后的协同产品重新进行测试评估和备案登记。

——下架协同产品：应确保已完成服务履约，或做好服务终止补偿措施管理。

5.5 服务合作自主选择

5.5.1 可自主选定有合作意愿的溯源共建方约定服务合作内容，提供协同产品服务。

5.5.2 服务结束，应及时通过全球溯源中心向溯源共建方反馈服务结果，反馈内容只对合作双方可见。

5.5.3 无须向全球溯源中心支付任何费用。

5.6 服务履约反馈公开

5.6.1 服务结束，应真实、准确地向全球溯源中心反馈服务过程中对方的服务履约情况，并对反馈内容的真实性负责。全球溯源中心将把合作双方各自反馈的服务履约内容公开给所有共建方可见。

5.6.2 反馈内容应包括服务配合度、要求合理性、费用支付情况等。

5.6.3 服务结束或服务提前终止后，具备反馈条件。

注：服务结束是指协同共建方按照双方合作约定为溯源共建方完成服务提供，反馈服务结果，且溯源共建方接受服务结果；服务提前终止是指协同共建方和溯源共建方双方约定提前终止合作。

5.6.4 应在具备反馈条件之日起十五个工作日内向全球溯源中心反馈，未及时反馈的默认对方服务履约情况为好评。

Q/QQSY

企　　业　　标　　准

Q/QQSY 032—2022

全球溯源中心　协同服务共建指引

2022－10－25 发布　　2022－10－25 实施

中共中国（广东）自由贸易试验区广州南沙新区片区
工作委员会政策研究和创新办公室　发布

前　言

本文件按照 GB/T 1.1—2020《标准化工作导则　第 1 部分：标准化文件的结构和起草规则》的规定起草。

本文件由全球溯源中心标准化建设办公室提出并归口。

本文件起草部门：全球溯源中心标准化建设办公室。

本文件主要起草人：刘家君、吴瑞坚、沈薇、黎秀婷、卢晓军、罗敏仪。

本文件于 2022 年首次发布，本次为第一次修订。

全球溯源中心　协同服务共建指引

1　范围

本文件给出了全球溯源中心协同服务的相关方、服务内容和服务流程的指引。

本文件适用于参与协同服务共建的相关方。

2　规范性引用文件

下列文件中的内容通过文中的规范性引用而构成本文件必不可少的条款。其中，注日期的引用文件，仅该日期对应的版本适用于本文件；不注日期的引用文件，其最新版本（包括所有的修改单）适用于本文件。

Q/QQSY 031　全球溯源体系　协同共建方共建规范

3　术语和定义

本文件没有需要界定的术语和定义。

4　协同服务相关方

协同服务相关方包括：

——协同共建方是协同服务的提供、管理方，通过协同产品为其他共建方提供协同服务；

——溯源共建方是协同服务的使用方；

——支撑共建方为协同共建方在协同服务过程中提供相关规则对接服务。

5　协同服务内容

5.1　新技术服务：为优化全球溯源体系信息化建设提供技术支持，运用信息技术优化、扩充、新增全球溯源体系公共技术的功能模块、系统安全或系统性能等，提高全球溯源体系信息化水平。

5.2　新应用服务：为授权溯源数据的溯源共建方提供拓展溯源在产业中应用的服务。

6　协同服务流程

6.1　流程图

协同服务流程包括加入溯源、发布产品、服务合作、履约反馈四个阶段，具体流程如图 1 所示。

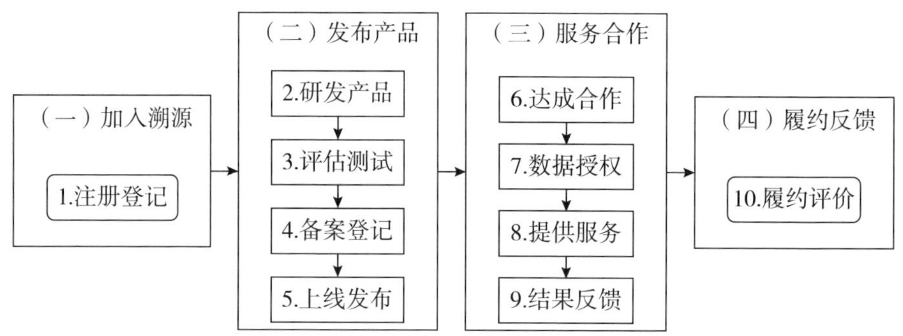

图 1　协同服务流程

6.2　加入溯源

6.2.1　登录全球溯源中心管理系统网站，按系统要求注册用户账号，登记基本信息，提交资质文件，选择共建方类型。

6.2.2　在线签署《共建全球溯源体系倡议书》《用户协议》《个人信息保护声明》等协议。

6.2.3　获取全球溯源中心分配的唯一共建方账号，成为协同共建方。

6.3　发布产品

6.3.1　研发产品：基于全球溯源体系规则，自主研发协同产品。

6.3.2　评估测试：组织第三方对协同产品进行安全测评。

6.3.3　备案登记：在全球溯源中心管理系统对协同产品进行备案登记。

6.3.4　上线发布：在全球溯源中心管理系统签订服务接入协议，发布协同产品。

6.4 服务合作

6.4.1 达成合作：与溯源共建方自主达成合作。
6.4.2 数据授权：向溯源共建方取得协同服务项下所需数据的授权。
6.4.3 服务提供：向溯源共建方提供约定的协同服务。
6.4.4 结果反馈：通过全球溯源中心向溯源共建方反馈服务结果。

6.5 履约反馈

应按照 Q/QQSY 031 规定及时反馈服务履约情况。

ICS 03. 080. 99
CCS A 10

T/GNDECPA 0016—2022

团　　体　　标　　准

T/GNDECPA 0016—2022

全球溯源中心建设指南

Guidance of global traceability center construction

2022 - 09 - 01 发布　　2022 - 09 - 02 实施

广州市南沙区经济合作促进会　发布

前　言

本文件按照 GB/T 1.1—2020《标准化工作导则　第 1 部分：标准化文件的结构和起草规则》的规定起草。

请注意本文件的某些内容可能涉及专利。本文件的发布机构不承担识别专利的责任。

本文件由中共广州南沙经济技术开发区工作委员会政策研究和创新办公室提出。

本文件由广州市南沙区经济合作促进会归口。

本文件起草部门：中共广州南沙经济技术开发区工作委员会政策研究和创新办公室、广州市南沙区经济合作促进会、南沙区市场监督管理局、国家市场监督管理总局信息中心、中国信息通信研究院产业与规划研究所、商务部国际贸易经济合作研究院、中国交通信息科技集团有限公司、中央财经大学全球经济与可持续发展研究中心、中山大学自贸区综合研究院、香港物流商会、骏德汇发展有限公司、卓志控股有限公司、澳门跨境电子商务行业协会。

本文件主要起草人：刘家君、吴瑞坚、张治峰、沈薇、黎秀婷、卢晓军、包小玲、黄殷瑜、彭伟新、陈毅仪、李锋、王俊红、何志豪、才久然、梁明、尹政平、嵇尉、李桂君、符大海、史欣向、钟鸿兴、任锦辉、陈颂、伍卓萍、徐少东、李玉培。

全球溯源中心建设指南

1 范围

本文件提供了全球溯源中心建设涉及的总则、内容、流程等方面的指导。

本文件适用于计划建设全球溯源中心的支撑共建方。

2 规范性引用文件

下列文件中的内容通过文中的规范性引用而构成本文件必不可少的条款。其中，注日期的引用文件，仅该日期对应的版本适用于本文件。不注日期的引用文件，其最新版本（包括所有的修改单）适用于本文件。

T/GNDECPA 0014 全球溯源体系共建方 通则

T/GNDECPA 0017 全球溯源体系 信息系统架构规范

T/GNDECPA 0018 全球溯源体系 公共技术组件

3 术语和定义

下列术语和定义适用于本文件。

3.1 全球溯源中心 global traceability center

依托全球溯源体系建立的区域或行业运营管理中心，由地方政府主导建设、监管部门共建共用、社会组织共同参与，通过建设全球溯源体系公共技术、运营团队及运营场所，服务于全球溯源体系在区域或行业运行的数字经济公共基础设施。

3.2 全球溯源体系信息系统 information systems of global traceability system

在全球溯源体系内依托全球溯源体系理论、标准和规则而建设的所有信息系统的统称，由各个区域或行业全球溯源中心管理系统、公共技术组件、各类“溯源＋”应用等构成。

3.3 区域或行业全球溯源中心管理系统 management system of regional or industrial global traceability center（简称中心管理系统）

按照全球溯源体系理论和标准实现全球溯源体系规则的区域或行业溯源管理信息化工具，支撑全球溯源中心执行区域或行业运营管理和提供公共服务，开放接入“溯源＋”应用。

3.4 公共技术组件 general technical components

为实现多个区域或行业全球溯源中心管理系统之间、区域或行业全球溯源中心管理系统与“溯源＋”应用之间互联互通，按照全球溯源体系理论、标准和规则建设的由一系列接口、服务组成的溯源数据交换平台。

3.5 支撑共建方 support co-construction parties

负责区域或行业全球溯源中心建设和运营，具有公信力的公共机构或组织。

4 总则

4.1 基本原则

4.1.1 应遵循全球溯源体系“共建共享、真实安全、开放便利”的原则。
4.1.2 应坚持公共性、公益性的原则。
4.1.3 各区域或行业全球溯源中心在同一公共技术下地位平等、互联互通。

4.2 功能定位

全球溯源中心应具备以下功能：

——负责全球溯源中心信息系统的建设和运维，承担本区域或行业全球溯源中心数据安全的责任；

——负责本区域或行业溯源公共服务业务运作，包括但不限于检验检测溯源服务、知识产权保护溯源服务、消费者权益保护溯源服务、溯源产业服务；

——推动全球溯源体系在本区域或行业的应用，包括但不限于风险分析、学术研究、“溯源+”产业孵化；

——负责维护全球溯源体系规则，并促进全球溯源体系标准在区域或行业实施；

——推广全球溯源体系，包括但不限于展示、培训、国际交流。

4.3 一般要求

4.3.1 全球溯源中心建设工作由支撑共建方承担，支撑共建方应满足T/GNDECPA 0014的规定。

4.3.2 新加入的支撑共建方应在建设指导方的指导下开展全球溯源中心建设工作。

4.3.3 建设指导方是已完成全球溯源体系业务学习，获得合格认定，并已运营的全球溯源中心的支撑共建方。

5 建设内容

5.1 全球溯源体系公共技术

5.1.1 概述

5.1.1.1 全球溯源体系公共技术支撑平台是按照公共基础设施属性打造的具有开放性、可延展特点的溯源管理信息化工具，是实现溯源公共设施管理及应用服务标准化的技术支撑。

5.1.1.2 全球溯源体系公共技术体现为公共技术组件和中心管理系统。

5.1.2 公共技术组件

公共技术组件是能接入统一的信息传输底层规则和通用标准，实现各共建方以及各全球溯源中心互联互通的一系列组件，其技术应符合T/GNDECPA 0018的规定。

5.1.3 中心管理系统

5.1.3.1 中心管理系统是区域或行业溯源管理的信息化工具，以精准识别、风险控制为核心，支撑全球溯源中心执行区域或行业运营管理和公共服务。

5.1.3.2 公共服务平台包括但不限于检验检测公共服务平台、知识产权保护公共服务平台、消费者权益保护公共服务平台、溯源产业公共服务平台、商品质量风险监测公共服务平台。平台及其核心功能如下：

——检验检测公共服务平台：

● 以市场所需、企业自愿为核心，实现检验检测标准互信互认，对接对标各国（区域）标准；

● 集聚全球检验检测服务商入驻，向全球品牌商、贸易商、生产商开放。

——知识产权保护公共服务平台：

● 对接全球商品基础数据库，完成源头追溯、实时监测、在线识别；

● 形成优质品牌集聚效应，推动全球范围认可。

——消费者权益保护公共服务平台：

● 汇集以商品为核心的全渠道消费者权益保护信息，并向政府部门、监管应用单位、企业、消费者开放；

● 协同地方政府、各消费者权益保护管理单位及企业对商品质量、消费反馈等具体问题进行处理。

——溯源产业公共服务平台：

● 提供共享共用的软硬件设施设备和信息资源；

● 为溯源产业链上下游企业提供政策信息、供应链金融、知识产权、产业大数据、人才培养等公共服务。

——商品质量风险监测公共服务平台：

● 基于溯源汇聚商品全生命周期动态数据，持续监测健康危害、物理危害、化学危害、生物危害、环境危害等商品质量风险，通过高效提取、智能研判、科学分析，向全社会自动发布商品质量风险预警；

● 支持与专业机构和专业部门对接，为商品质量风险处置提供数据基础。

5.1.3.3　中心管理系统的架构应符合 T/GNDECPA 0017 的规定。

5.2　全球溯源中心运营团队

5.2.1　全球溯源中心运营团队由支撑共建方组建，负责全球溯源中心运营管理，具体内容包括但不限于：

——全球溯源体系的推广；

——溯源公共服务平台的运营；

——“溯源+”新模式的研究与培育；

——全球溯源中心信息化系统、实体中心的日常运行与维护。

5.2.2　全球溯源运营团队应制定并执行相应的运营管理规范。

5.3 全球溯源中心运营场所

5.3.1 全球溯源中心运营场所应至少包含以下功能区域：

——展示区：用于全面展示全球溯源体系理论内涵、全球溯源中心的构建、应用实例等。

——运营区：用于运营团队的业务运营，包括溯源公共服务平台的对外业务办理、数据监控、风险分析、办公、培训、“溯源+”创新应用孵化区等。

——“溯源+”应用区：用于“溯源+”模式创新交流研讨、“溯源+”产业应用项目咨询洽谈、“溯源+”产业成果演示、溯源产业体系业务接洽、信息技术应用对接、风险防控对抗演练以及溯源产业综合服务等。

5.3.2 全球溯源中心运营场所应遵循统一的标识系统及使用规范，包括但不限于中心命名、VI 标志、服务导向标志、服务形象标志、公共信息图像符号等。

6 建设流程

6.1 加入体系

依照 T/GNDECPA 0014 的规定，自愿加入全球溯源体系。

6.2 达成合作

支撑共建方在全球溯源体系内选定建设指导方，达成指导建设意向，并签署合作协议。

6.3 建设中心

6.3.1 支撑共建方宜在建设指导方的协助指导下，结合拟建区域或行业实际情况，建设满足第 5 条要求的全球溯源中心。

6.3.2 支撑共建方应接受建设指导方的有关全球溯源体系和全球溯源中心专业知识、标准和技能等的培训，并通过建设指导方的考核。

6.3.3 完成中心建设后，支撑共建方应在全球溯源体系内发布自我声明，该全球溯源中心已具备服务全球溯源体系在区域或行业运行的能力。

6.4 运营推广

支撑共建方应保障全球溯源中心有序运行，推动全领域、各行业开放应用，促进“溯源+”产业发展，提升全球溯源体系国际知名度和影响力。

Q/QQSY

企　　　　　业　　　　　标　　　　　准

Q/QQSY 033—2022

全球溯源体系　支撑共建方共建规范

2022－10－25 发布　　　　　　　　　　　　2022－10－25 实施

中共中国（广东）自由贸易试验区广州南沙新区片区
工作委员会政策研究和创新办公室　发布

前　言

本文件按照 GB/T 1.1—2020《标准化工作导则　第 1 部分：标准化文件的结构和起草规则》的规定起草。

本文件由全球溯源中心标准化建设办公室提出并归口。

本文件起草部门：全球溯源中心标准化建设办公室。

本文件主要起草人：刘家君、吴瑞坚、沈薇、黎秀婷、包小玲、郭钰霞。

本文件于 2022 年首次发布，本次为第一次修订。

全球溯源体系　支撑共建方共建规范

1　范围

本文件规定了支撑共建方参与全球溯源体系共建的权利义务和共建机制。

本文件适用于指导支撑共建方参与溯源活动。

2　规范性引用文件

下列文件中的内容通过文中的规范性引用而构成本文件必不可少的条款。其中，注日期的引用文件，仅该日期对应的版本适用于本文件；不注日期的引用文件，其最新版本（包括所有的修改单）适用于本文件。

T/GNDECPA 0016　全球溯源中心建设指南

3　术语和定义

本文件没有需要界定的术语和定义。

4　权利和义务

4.1　支撑共建方的权利

4.1.1　中心建设权

享有全球溯源中心的建设权，建设内容包括全球溯源体系公共技术、全球溯源中心运营团队及全球溯源中心运营场所。

4.1.2　自治管理权

享有独立自主运营所建设的全球溯源中心的权利，各支撑共建方地位平等，不受任何其他支撑共建方的领导和管理。

4.1.3　建设指导单位选择权

享有在全球溯源体系内选定建设指导单位指导建设全球溯源中心的权利。

4.1.4 运营推广权

享有向其他国家或地区推广全球溯源中心，推动全领域、全行业应用，促进“溯源+”产业发展的权利。

4.2 支撑共建方的义务

4.2.1 维护全球溯源体系规则

应主动维护全球溯源中心有序运行，发现不遵循全球溯源体系各项规则的行为或破坏全球溯源体系信息安全的行为，应及时进行警示处置。

4.2.2 遵守全球溯源体系规则

建设及管理区域或行业全球溯源中心过程中应遵守全球溯源体系规则及T/GNDECPA 0016。

4.2.3 自筹资金建设

应自筹资金履行本区域或行业全球溯源中心建设的义务，建设包括但不限于全球溯源体系公共技术、全球溯源运营团队、全球溯源中心运营场所。

4.2.4 中心运营管理

应履行本区域或行业全球溯源中心运营团队、信息系统、运营场所、开放应用、数据存储与管理等一切与中心运营相关事项的管理义务。

4.2.5 中心信息安全管理

应采取必要的管理和技术措施，维护本区域或行业全球溯源中心的运营和信息安全。

4.2.6 提供中心复制指导

应作为指导方向有复制需求的支撑共建方提供全球溯源体系和全球溯源中心专业知识、标准和技能等培训，指导其他区域或行业全球溯源中心的建设。

4.2.7 建立联络机制

应与其他支撑共建方建立统筹协调机制和常态化沟通机制，明确联络对接协调部门，加强各方联系，推进合作共建。

5 共建机制

5.1 开放平等

5.1.1 全球溯源体系向全球符合支撑共建方资格的机构或组织开放，通过复制推广，建立全球溯源中心运营节点。

5.1.2　所有支撑共建方地位平等，支撑共建方之间不存在管理与被管理的关系。

5.2　自治管理

各区域或行业全球溯源中心依托统一的规则实现自治管理，并通过成立专家组的方式监督和维护全球溯源中心规则的实施和执行。

5.3　协同运营

5.3.1　各区域或行业全球溯源中心采用同一套数据规则、行为规则、运营规则、标准及争议解决机制。

5.3.2　各区域或行业全球溯源中心依据同一套规则实现每个区域或行业全球溯源中心之间的数据互通、功能互通。

注：同一套规则包括数据规则、行为规则和运营规则。

Q/QQSY

企　业　标　准

Q/QQSY 034—2022

全球溯源中心　窗口服务规范

2022－10－25 发布　　　　2022－10－25 实施

中共中国（广东）自由贸易试验区广州南沙新区片区
工作委员会政策研究和创新办公室　发布

前　言

本文件按照 GB/T 1.1—2020《标准化工作导则　第 1 部分：标准化文件的结构和起草规则》的规定起草。

本文件由全球溯源中心标准化建设办公室提出并归口。

本文件起草部门：全球溯源中心标准化建设办公室。

本文件主要起草人：刘家君、吴瑞坚、沈薇、黎秀婷、郭钰霞、黄佩珊。

本文件于 2022 年首次发布，本次为第一次修订。

全球溯源中心　窗口服务规范

1　范围

本文件规定了全球溯源中心窗口服务的基本要求、服务流程、档案管理和服务评价与改进。

本文件适用于全球溯源中心提供窗口服务。

2　规范性引用文件

下列文件中的内容通过文中的规范性引用而构成本文件必不可少的条款。其中，注日期的引用文件，仅该日期对应的版本适用于本文件；不注日期的引用文件，其最新版本（包括所有的修改单）适用于本文件。

Q/QQSY 025　全球溯源中心　档案管理规范

3　术语和定义

本文件没有需要界定的术语和定义。

4　基本要求

4.1　服务环境

4.1.1　应设置窗口服务台。

4.1.2　应设置醒目的、便于识别的办事指引标志。

4.1.3　应提供窗口服务指南，包括但不限于服务事项、申请材料告知书、办理流程，并应及时对外公开。

4.1.4　应设置窗口服务电话，对外提供咨询服务。

4.2 服务礼仪

4.2.1 形象要求

4.2.1.1 发型整理应做到：

——遵循端庄、干净、整洁的原则，头发应当梳理整齐，不允许不自然的烫染发型；

——男士头发不应过长或过短，长度为3~7厘米，不可遮盖眉毛、耳朵；

——女士不可披发、散发，长发应用深色简约发饰盘于脑后，刘海不能遮盖眉毛、脸庞。

4.2.1.2 面部及身体修饰应做到：

——男士日常应剃须修面，保持脸部干净整洁，不蓄胡须；

——女士日常应以淡妆为主，保持妆容自然、得体，不化浓妆、不素颜；

——指甲应经常修剪，不留长指甲，不涂抹鲜艳指甲油，保持手部整洁干净；

——讲究个人卫生，身上不得有异味，不使用浓郁香水。

4.2.1.3 饰品佩戴应做到：

——男士可佩戴的饰品有领带夹、手表、戒指，不得佩戴其他饰品；

——女士可佩戴的饰品有项链、戒指、手表、耳钉，不得佩戴其他饰品；

——佩戴饰品数量上应以少为佳，款式上应简约、端庄。

4.2.1.4 穿着应做到：

——统一穿着中心制服上岗（孕妇除外），并保持制服干净、整洁，熨烫平整；

——鞋子统一穿着黑色皮鞋，跟高不超过6厘米，并保持皮鞋清洁光亮；

——男士统一穿着黑色袜子，不能穿白色、浅色或有图案、花纹的袜子；

——女士统一穿着肤色丝袜，不能穿其他颜色的袜子。

4.2.1.5 佩戴应做到：

——男士系好中心配套发放的领带；

——皮带选择黑色、典雅的款式，不能佩戴前卫、花哨的款式；

——上岗时须佩戴工号牌/工作证。

4.2.2 行为要求

4.2.2.1 站姿

站立时抬头挺胸，女士双手交叉放于腹前，男士双手自然下垂，勿抱胸、插袋、背手、叉腰。

4.2.2.2 坐姿

为客户提供窗口服务时，坐姿要端庄、自然大方，上身微向前倾，双手自然放在桌面上。切忌前仰后靠、左右摇晃、跷二郎腿、抖动等不雅、懒散的姿势。

4.2.2.3 走姿

行走时要抬头挺胸，男性稳健、女性轻盈，不要发出大的响声，禁止在办公区域跑步，以免影响他人。

4.2.2.4 指引动作

为客户指示或指引方向时，应当用手掌指示方向，并且掌心向内，勿用手指指示方向。

4.2.2.5 递送物品

向客户递送物品时，应当上身略向前倾，双手递送，轻拿轻放，以文字正向方向递送。

4.2.3 服务用语要求

4.2.3.1 谈话礼仪应做到：

——与客户交谈时应当使用普通话，口齿清楚、条理清晰、语速适中、用语文明；

——与客户保持社交距离，目视对方，面带微笑，注意聆听；

——不在办公区域大声喧哗、争吵、嬉笑，讲话音量以对方听清为原则；

——不随意打断客人的话语，不打断客户与其他同事的谈话；

——不使用俚语、口头禅，禁止使用任何带有歧视、侮辱、嘲笑客户的语言。

4.2.3.2 基本服务用语包括但不限于：

——欢迎语：您好，欢迎光临全球溯源中心！

——问候语：您好/早上好/下午好/新年快乐/节日快乐！

——送别语：再见/请慢走/欢迎再次光临！

——征询语：请问有什么可以帮到您/请问您办理什么业务/请问您有什么需求/请问我的解释您满意吗？

——道歉语：对不起/很抱歉/请您谅解/这是我们工作的疏忽。

——致谢语：谢谢您的夸奖/谢谢您的建议/谢谢您的合作。

4.2.3.3 常用服务用语包括但不限于：

——见到客户时，要主动微笑、亲切招呼：“先生/女士，您好/欢迎光临，请问您需要办理什么业务/请问有什么可以帮到您”。

——在办理有关手续、业务时，告知客户：“请稍候，现在正在为您办理”。

——遇到本人无法回答的问题时，告知客户："对不起，请稍等，我咨询一下相关同事，稍后答复您"，或者把客户引导到应去的前台。

——当服务对象提出意见或建议时，诚恳地接受并表示感谢："谢谢您的建议，对于您的建议我们会认真研究并加以改进，欢迎您继续对我们的工作给予关注"。

——当受到客户表扬时，谦虚地回答："谢谢您对我们的鼓励，这是我们应该做的"。

4.2.3.4 服务忌语包括但不限于：

——喂/那谁/那个人；

——不行/不清楚/不知道/不归我管；

——你懂不懂/你想好了没有；

——有意见找领导去；

——我没时间/我解决不了/这不是我办理的；

——这不关我的事/这不是我的错；

——有疑问，上网查去/墙上贴着，自己看；

——这事办不了，你自己想办法；

——快下班了，明天再来。

4.3 服务内容

窗口服务内容包括溯源业务咨询、溯源业务办理和争议处理。

5 服务流程

5.1 服务流程图

窗口服务流程一般包括受理、资料审查、办结、满意度评价，具体流程如图1所示。

5.1.1 受理

5.1.1.1 属于窗口办理业务的，应做到一次告知，不应要求顾客到其他窗口或上网查询。

5.1.1.2 属于非窗口办理业务的，应告知正确的办理业务流程及操作指引。

5.1.2 资料审查

应按照审批事项有关制度，审查递交的所有资料并当面给予答复。

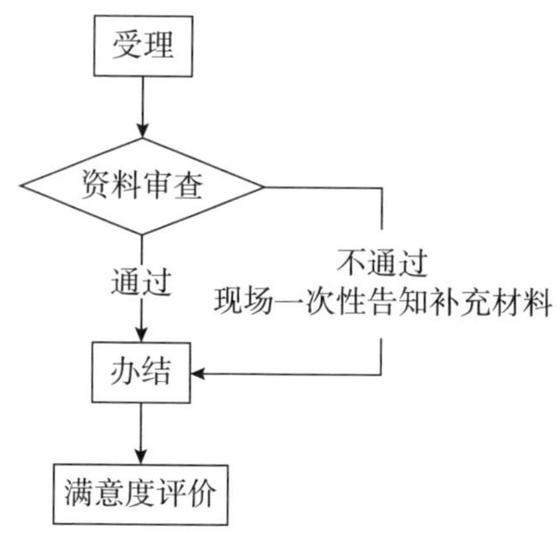

图1　窗口服务流程

5.1.3　办结

5.1.3.1　窗口有未办结事项时，窗口人员应服务到事项完结。

5.1.3.2　资料审核通过的应当面或当天通知客户，并按流程进行办结。

5.1.3.3　资料审核未通过的应当天通知客户未通过原因，并提交办结流程。

5.1.4　满意度评价

业务办结后由客户给予窗口人员现场评价，分为非常满意、满意、不满意三个级别，评价可依据窗口人员对业务流程的熟悉程度、是否一次性告知办理业务所需的全部材料、是否礼貌、接待行为、形象等。

6　档案管理

窗口人员应按照 Q/QQSY 025 的要求做好业务过程文件的保存与上传，便于档案进行收集整理。

7　服务评价与改进

7.1　应建立服务监督机制，通过日常巡查、专项督查、视频监督、顾客投诉、走访等形式，对窗口及窗口人员的执行情况进行监督。

7.2　通过定期的窗口评价工作，对窗口及其工作人员的办事规范、工作纪律、服务质量、窗口建设等内容进行评价，不断提高窗口服务的质量，达到持续改进目的。

Q/QQSY

企　　　　　业　　　　　标　　　　　准

Q/QQSY 035—2022

全球溯源中心　咨询服务规范

2022－10－25 发布　　　　2022－10－25 实施

中共中国（广东）自由贸易试验区广州南沙新区片区
工作委员会政策研究和创新办公室　发布

前　言

本文件按照 GB/T 1. 1—2020《标准化工作导则　第 1 部分：标准化文件的结构和起草规则》的规定起草。

本文件由全球溯源中心标准化建设办公室提出并归口。

本文件起草部门：全球溯源中心标准化建设办公室。

本文件主要起草人：刘家君、吴瑞坚、沈薇、黎秀婷、郭钰霞、黄佩珊。

本文件于 2022 年首次发布，本次为第一次修订。

全球溯源中心　咨询服务规范

1　范围

本文件规定了全球溯源中心咨询服务的基本要求、服务流程、档案管理和服务评价与改进。

本文件适用于全球溯源中心提供咨询服务。

2　规范性引用文件

下列文件中的内容通过文中的规范性引用而构成本文件必不可少的条款。其中，注日期的引用文件，仅该日期对应的版本适用于本文件；不注日期的引用文件，其最新版本（包括所有的修改单）适用于本文件。

Q/QQSY 025　全球溯源中心　档案管理规范

Q/QQSY 034　全球溯源中心　窗口服务规范

3　术语和定义

本文件没有需要界定的术语和定义。

4　基本要求

4.1　服务渠道

4.1.1　咨询服务渠道应包括中心服务台、咨询电话、电子邮箱、信函等。

4.1.2　咨询电话应通过有效渠道对外公开，提供咨询服务。

4.2　服务人员

4.2.1　服务人员的形象要求和行为要求应符合 Q/QQSY 034 的要求。

4.2.2　提供电话咨询服务时应做到：

——电话铃响时迅速接听，主动问候："您好，这里是全球溯源中心"。

——左手持听筒，右手拿笔或操作电脑，确定来电客户的姓名、单位、事由，及时做好电话记录。

——接听电话时使用标准的语速和合适的语音语调，简明扼要，文明礼貌。

——遇到无法听清或无声电话时，应每隔 3 秒，重复 2 遍询问："您好，请问能听见吗"，在对方仍无回应的情况下回复："很抱歉，由于信号问题听不到您的回应，如有疑问，欢迎再次来电，再见"，再稍停 3 秒，挂机。

——遇到客户讲方言客服人员听不懂时，应回复："对不起，我这边听不太清楚，请问您方便使用普通话吗"，保持与客户使用普通话交流。

——若没有听清楚客户所述内容要求客户配合重复时，应回复："对不起，这边由于信号问题没听清楚，麻烦您重复一遍问题好吗？谢谢"。

——遇到无法当场回复的客户咨询时，应回复："先生/小姐您咨询的问题我们需要进行后台核查，请您留下您的联系方式，我们核实后将尽快给您答复，谢谢您的配合，再见"。

——在结束电话之前，应主动询问客户是否还有其他问题需要帮助，并感谢客户来电，欢迎客户随时致电。结束时应礼貌地请客户先收线，并轻轻放下话筒。

4.3 服务内容

全球溯源中心咨询服务形式包括现场咨询、电话咨询、电子邮件咨询和信函咨询。服务内容主要包括：

——溯源业务咨询；

——溯源规则标准咨询；

——其他咨询。

5 服务流程

5.1 服务流程图

咨询服务流程包括受理咨询、咨询答复、满意度评价、记录归档，具体流程如图 1 所示。

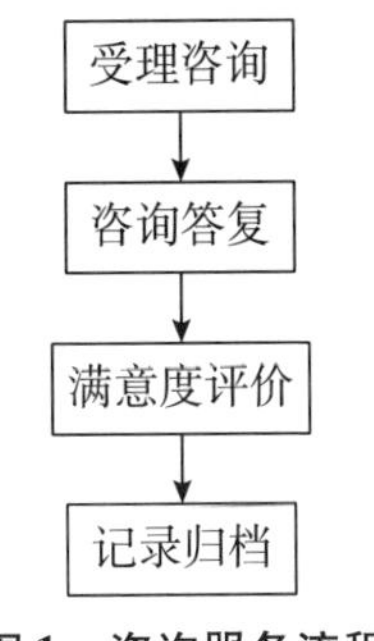

图1　咨询服务流程

5.2　受理咨询

5.2.1　对于在咨询服务内容的受理范围内的咨询，应一次性告知咨询结果。

5.2.2　对于不属于咨询服务内容受理范围的应告知不予受理的原因。

5.3　咨询答复

5.3.1　一般咨询事项应当场予以答复。

5.3.2　不能立即答复的，应记录咨询人的姓名、联系方式、咨询内容等信息，在2个工作日内核查并予以答复。

5.4　满意度评价

咨询结束后，通过系统、电话提示或调查表等方式进行满意度评价，分为非常满意、满意、不满意三个级别。

5.5　记录归档

服务人员应如实填写《全球溯源中心咨询登记表》，咨询登记表内容应包括咨询时间、咨询人姓名、联系方式、咨询内容等信息，并做好咨询台账和材料归档。

6　档案管理

服务人员应按照Q/QQSY 025对咨询事项有关资料进行归档，归档材料应包括：

——《全球溯源中心咨询登记表》（见附录A）；

——《全球溯源中心咨询统计台账》（见附录 B）；
——咨询解决方案。

7 服务评价与改进

7.1 应设置投诉电话、邮箱等服务质量监督、投诉渠道，公布服务公约、服务承诺，并接受有关部门和社会公众的监督。
7.2 应通过摄像头监控或电话录音监控等形式监督咨询服务的全过程。
7.3 采取定期和不定期服务质量评价，对服务态度、服务用语、仪表形象、工作纪律等内容进行考核评价。
7.4 对监督和评价过程中出现的问题应制定改进措施，形成改进分析报告。

附录 A
(规范性)
全球溯源中心咨询登记表

《全球溯源中心咨询登记表》如表 A. 1 所示。

表 A. 1　　全球溯源中心咨询登记表

序号	咨询时间	咨询渠道	咨询人姓名	联系方式	咨询内容	办理情况	办结时间	满意度评价	办理人	备注

附录 B
（规范性）
全球溯源中心咨询统计台账

《全球溯源中心咨询统计台账》如表 B. 1 所示。

表 B. 1　　全球溯源中心咨询统计台账

序号	月份	现场咨询（次数）	电话咨询（次数）	平台咨询（次数）	其他渠道咨询（次数）	咨询总数	非常满意（次数）	满意（次数）	不满意（次数）	满意度评价总数	备注

Q/QQSY

企　　业　　标　　准

Q/QQSY 036—2022

全球溯源中心　培训服务规范

2022-10-25 发布　　2022-10-25 实施

中共中国（广东）自由贸易试验区广州南沙新区片区
工作委员会政策研究和创新办公室　发布

前　言

本文件按照 GB/T 1.1—2020《标准化工作导则　第 1 部分：标准化文件的结构和起草规则》的规定起草。

本文件由全球溯源中心标准化建设办公室提出并归口。

本文件起草部门：全球溯源中心标准化建设办公室。

本文件主要起草人：刘家君、吴瑞坚、沈薇、黎秀婷、郭钰霞、黄佩珊。

本文件于 2022 年首次发布，本次为第一次修订。

全球溯源中心　培训服务规范

1　范围

本文件规定了全球溯源中心培训服务的基本要求、培训内容、服务流程、档案管理和服务评价与改进。

本文件适用于全球溯源中心对外提供的培训服务。

2　规范性引用文件

下列文件中的内容通过文中的规范性引用而构成本文件必不可少的条款。其中，注日期的引用文件，仅该日期对应的版本适用于本文件；不注日期的引用文件，其最新版本（包括所有的修改单）适用于本文件。

Q/QQSY 025　全球溯源中心　档案管理规范

Q/QQSY 044　全球溯源中心　服务评价与改进规范

3　术语和定义

本文件没有需要界定的术语和定义。

4　基本要求

4.1　管理制度要求

中心应建立培训管理、师资管理、学员管理、财务管理、设备使用管理、培训质量管理等方面的管理制度。

4.2　场地及设施设备要求

4.2.1　培训场地和设施设备应与培训规模和培训内容相适应。

4.2.2　培训场地应整洁卫生，场地设施应符合消防安全要求。

4.2.3 网络在线培训应符合国家互联网管理规定且符合技术要求。

4.3 培训师资要求

针对各类培训内容，应逐步建立师资库，培训师资从师资库中选取。培训教学人员应符合以下要求：

a）熟悉溯源系统运行；

b）掌握溯源领域专业知识、业务手册、标准体系等；

c）有溯源相关工作经验；

d）具有能够满足培训顺利开展的教案编制能力、教学组织能力、语言表达能力和操作示范能力。

5 培训内容

中心培训的主要内容有：

a）业务培训：溯源共建方、服务共建方、协同共建方和支撑共建方的权利义务、共建机制、服务内容、共建流程等。

b）管理系统培训：检验检测公服平台、知识产权公服平台、消费者权益保护公服平台、溯源产业公服平台等操作手册。

c）全球溯源中心相关培训：全球溯源体系标准体系、全球溯源中心法律保护体系、全球溯源中心建设与运营等内容。

6 服务流程

6.1 流程图

培训服务流程一般包括培训需求分析、培训方案设计、合同订立（如需）、培训服务准备、培训服务实施、培训效果评估。培训服务流程图见附录A。

6.2 培训需求分析

6.2.1 中心应对客户或市场的培训需求进行调查分析。

6.2.2 中心可根据客户需求提供培训需求分析报告。

6.3 培训方案设计

培训方案主要内容包括培训目标、培训对象、培训地点、培训时间、项目负责人、授课教师、授课内容分配、课时分配等。

6.4 合同订立（如需）

6.4.1 中心应与培训对象签订培训服务合同，合同应符合国家相关法律法规的要求。

6.4.2 培训服务合同应以培训方案为基础，包括培训时间与地点、培训内容、培训师资质要求、培训服务相关费用及明细、培训服务纠纷的解决和违约赔偿、保密、知识产权归属等。

6.4.3 培训服务合同可将培训方案、课程大纲、培训师简历、课程评价工具等作为合同附件。

6.5 培训服务准备

提供培训服务应做好以下准备工作：

a）提前与培训对象沟通确认培训资料、培训师安排等；

b）确定和布置培训场地；

c）通知培训对象培训时间、地点及相关注意事项；

d）通知培训师培训时间、地点、培训对象基本情况；

e）准备相应的培训资料、培训手册等用品；

f）做好电脑、网络、投影仪、音响、话筒、远程录像等教学设备的调试工作；

g）准备好满意度调查表、考核评估表（如有）等培训效果考核评估材料。

6.6 培训服务实施

6.6.1 中心应按照签订的服务协议（如有）提供培训服务。

6.6.2 中心应按培训方案，提供培训资料、教学设备。

6.6.3 在培训过程中，培训师应遵守课程方案，选用合适的教学手段，合理组织教学。

6.6.4 中心应对培训全过程及培训师进行管理与控制。

6.7 培训效果评估

6.7.1 培训项目结束后，中心应开展满意度调查，评估培训对象的满意度。满意度调查问卷的评价内容可包括但不限于：

a）培训师；

b）培训内容；

c）授课方法；

d）培训设施设备；

e）课程设置和日程安排；

f）培训组织；

g）培训效果；

h）改进建议。

6.7.2 根据培训类型和需要，在培训项目结束后，中心可组织对培训效果进行评估，通过理论考试、实践考核等多种方式，考察培训对象是否掌握培训内容、能否将所学知识应用到工作实践中。

6.7.3 评估完成，中心应撰写培训项目评估报告，总结培训项目经验，提出改进措施。

7 档案管理

7.1 应按照 Q/QQSY 025 要求，对培训资料统一进行编号、分类、汇总、整理、归档、存储、查阅等。

7.2 培训服务的档案管理应由专人负责统筹、协调、组织、整理、保管等。

7.3 归档资料包括但不限于：

a）前期资料：培训对象提交的资料、培训需求分析报告、培训方案等。

b）服务过程资料：服务协议、电子课件、培训课程实施资料、教学影音记录等。

c）考核评估资料：培训课程满意度调查表、培训对象考核结果（若有考卷则附考卷），项目评估报告等。

8 服务评价与改进

8.1 应按照 Q/QQSY 044 开展服务质量评价，建立服务评价管理机制，定期收集来自内外部的评价信息并加以分析。

8.2 应分析服务质量评价结果，制定改进措施，不断提升服务质量。

附录 A
（规范性）
培训服务流程图

培训服务流程如图 A. 1 所示。

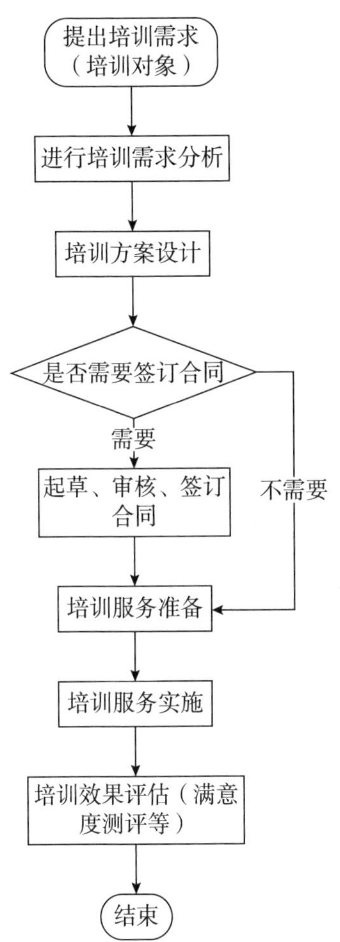

图 A. 1　培训服务流程

企 业 标 准

Q/QQSY 037—2022

全球溯源中心　参观服务规范

2022 – 10 – 25 发布　　　　2022 – 10 – 25 实施

中共中国（广东）自由贸易试验区广州南沙新区片区
工作委员会政策研究和创新办公室　发布

前　言

本文件按照 GB/T 1.1—2020《标准化工作导则　第 1 部分：标准化文件的结构和起草规则》的规定起草。

本文件由全球溯源中心标准化建设办公室提出并归口。

本文件起草部门：全球溯源中心标准化建设办公室。

本文件主要起草人：刘家君、吴瑞坚、沈薇、黎秀婷、包小玲、田佳明。

本文件于 2022 年首次发布，本次为第一次修订。

全球溯源中心　参观服务规范

1　范围

本标准规定了全球溯源中心接待展示的流程、形式、内容等。

本标准适用于全球溯源中心接待来访的政府部门、企事业单位、社会团体等。

2　规范性引用文件

下列文件中的内容通过文中的规范性引用而构成本文件必不可少的条款。其中，注日期的引用文件，仅该日期对应的版本适用于本文件；不注日期的引用文件，其最新版本（包括所有的修改单）适用于本文件。

Q/QQSY 034　全球溯源中心　窗口服务规范

Q/QQSY 044　全球溯源中心　服务评价与改进规范

3　术语和定义

本文件没有需要界定的术语和定义。

4　基本要求

4.1　服务形式

参观服务形式分为场地参观、系统演示以及座谈交流等。针对不同的来宾，可以选择组合不同的展示形式。全球溯源中心参观路线图参见附录 A。

4.2　服务内容

参观服务内容主要包括：

——全球溯源中心展厅讲解；

——全球溯源中心信息系统演示；
——全球溯源中心建设运营情况。

5 服务流程

5.1 接待流程图

接待流程分为接待申请与回复阶段、接待准备阶段、接待实施阶段、报道宣传及档案留存阶段，具体流程如图1所示。

5.2 接待申请与回复

5.2.1 接待需求申请

来访单位向全球溯源中心运营事业部发出来访函件，提出参观需求。

5.2.2 接待信息确认

全球溯源中心运营事业部明确接待任务，与来访单位确认来访人员信息、来访时间、来访目的、接待路线和时间安排。

5.2.3 接待信息登记

运营事业部做好接待信息登记，填写《接待登记信息表》（见附表B.1）。

5.3 接待准备

5.3.1 接待场所

运营事业部准备接待会议室、展厅等相关接待场所，同时保证接待路线畅通。

5.3.2 接待、讲解、系统操作人员

运营事业部负责安排接待、讲解、系统操作人员。接待人员负责与来访单位沟通，完善接待流程。讲解人员负责接待讲解，做好展示内容演练。系统操作人员调试好系统，保证网络通畅、系统正常流畅运行。

5.3.3 其他准备

运营事业部根据具体需求安排好接待用车、用餐及酒店住宿等。

5.4 接待实施

5.4.1 讲解演示

5.4.1.1 参观接待过程应做到接待流程清晰、明确、完善，整个过程需要做

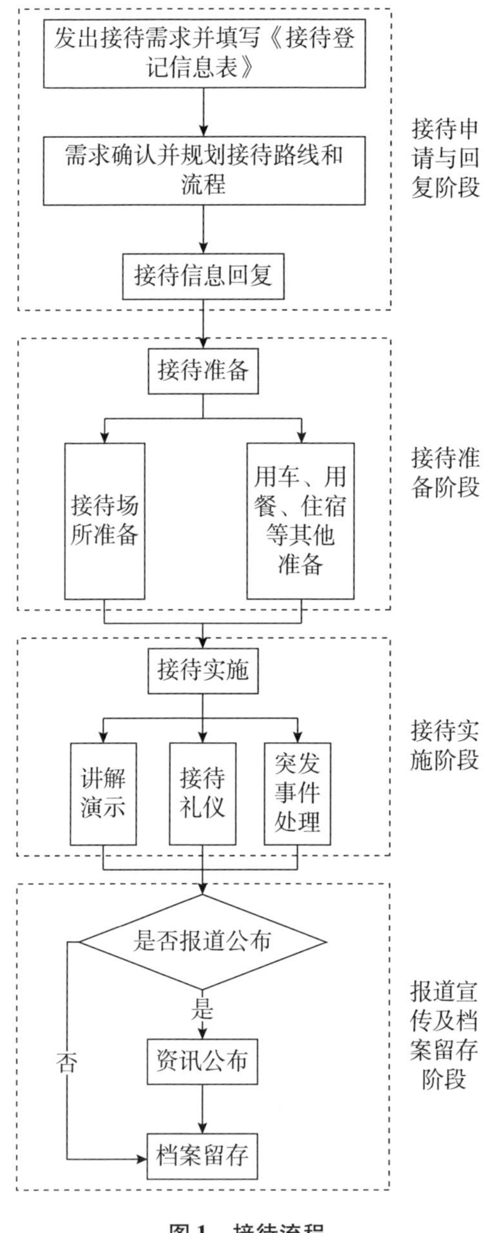

图1　接待流程

到系统演示流畅、接待路线准确、讲解清楚明白。

5.4.1.2　讲解人员应具备扎实的专业基础，精通全球溯源体系的理念，熟悉全球溯源中心的业务，表达能力强，讲解过程中积极回应来宾问题。

5.4.2 接待礼仪

接待人员接待礼仪按 Q/QQSY 034 规定执行。

5.4.3 突发事件处理

5.4.3.1 参观接待过程中遇到软件系统故障，如果能第一时间修复并能完好运行，由系统操作人员直接修复，稍作等待再由讲解人员进行讲解，修复期间讲解人员需要做好过渡讲解工作；如果无法第一时间修复，讲解人员可以选择性跳过，并做好解释工作。

5.4.3.2 接待展示过程中遇到来宾或者接待人员身体健康问题，或者遇到自然灾害、事故灾难、公共卫生事件以及社会安全事件，需要采取应急处置措施，包括但不限于以下几点：

a）对相关受伤人员采取紧急处置和救助；

b）疏散事故区域人员；

c）第一时间拨打“110”报警电话或“120”急救电话等。

5.5 报道宣传

5.5.1 拍照记录

参观接待过程中，运营事业部安排专人进行现场拍照、交流记录。

5.5.2 资讯发布

运营事业部可根据接待客群、参观交流情况等撰写相关报道，通过官网、公众号等平台进行资讯公布以及推广宣传。

6 档案管理

运营事业部对接待的照片、记录文档等做好资料汇总及留存管理。

7 服务评价与改进

参观的服务评价与改进按 Q/QQSY 044 规定执行。

附录 A
（资料性）
全球溯源中心参观路线图

全球溯源中心参观路线如图 A.1 所示。

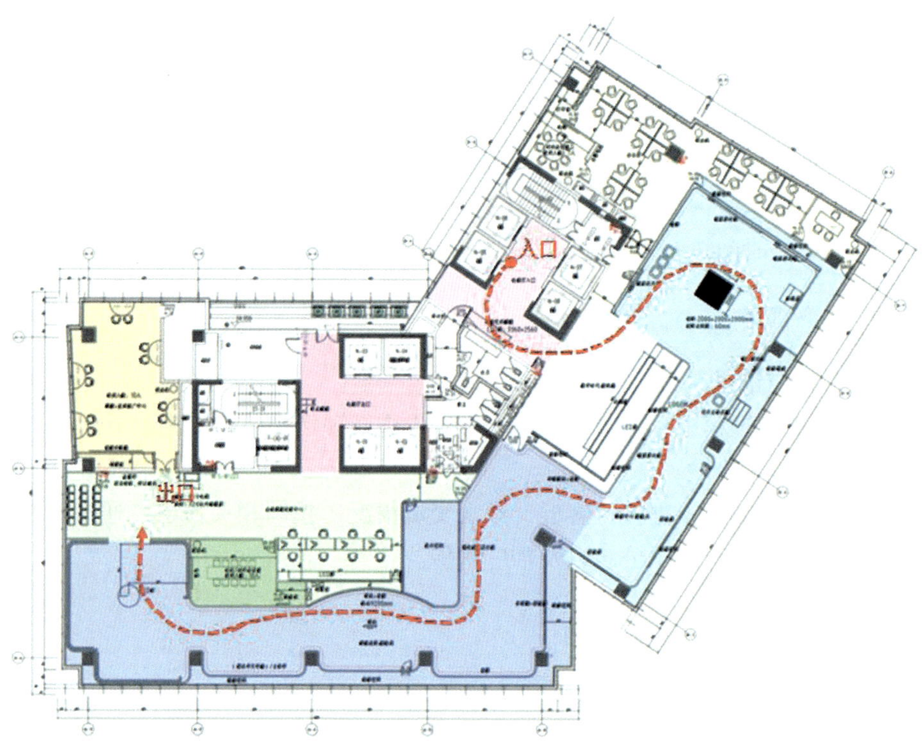

图 A.1　全球溯源中心参观路线

附录 B
（资料性）
接待登记信息表

全球溯源中心接待登记信息表如表 B. 1 所示。

表 B. 1　　全球溯源中心接待登记信息表

序号	时间		地点	事项	参加人员	分类	备注
1							
2							
3							
4							
5							
6							
7							
8							
9							
10							

Q/QQSY

企　　　业　　　标　　　准

Q/QQSY 038—2022

全球溯源中心　公共服务平台服务规范

2022－10－25 发布　　2022－10－25 实施

中共中国（广东）自由贸易试验区广州南沙新区片区
工作委员会政策研究和创新办公室　发布

前　言

本文件按照 GB/T 1. 1—2020《标准化工作导则　第 1 部分：标准化文件的结构和起草规则》的规定起草。

本文件由全球溯源中心标准化建设办公室提出并归口。

本文件起草部门：全球溯源中心标准化建设办公室。

本文件主要起草人：刘家君、吴瑞坚、沈薇、黎秀婷、郭钰霞、黄佩珊。

本文件于 2022 年首次发布，本次为第一次修订。

全球溯源中心　公共服务平台服务规范

1　范围

本文件规定了全球溯源中心公共服务平台的服务原则、服务内容、服务管理、服务保障和服务质量监督与改进。

本文件适用于全球溯源中心公共服务平台。

2　规范性引用文件

下列文件中的内容通过文中的规范性引用而构成本文件必不可少的条款。其中，注日期的引用文件，仅该日期对应的版本适用于本文件；不注日期的引用文件，其最新版本（包括所有的修改单）适用于本文件。

GB/T 22239—2019　信息安全技术　网络安全等级保护基本要求

Q/QQSY 011　全球溯源体系　术语

3　术语和定义

Q/QQSY 011 界定的术语和定义适用于本文件。

4　服务原则

4.1　真实性原则

平台应向用户提供真实有效信息。平台提供的各类信息资料应保证其合法性、真实性、准确性和完整性。

4.2　公正性原则

在服务过程中，平台应公平、公正地对待平台所有用户。

4.3 公开性原则

平台应全面、及时和准确地告知服务需求方该平台的服务内容、服务流程、收费标准等基本信息和服务过程中的相关信息。

4.4 保密性原则

平台应尊重和保护平台使用者的身份等隐私信息。

5 服务内容

5.1 检验检测公共服务

检验检测公共服务主要包括：

a）为检验检测服务共建方提供服务供需信息；

b）为其他溯源共建方提供检验检测、认证及证书核验信息。

5.2 知识产权保护公共服务

知识产权保护公共服务主要包括：

a）为知识产权服务共建方提供知识产权供需信息；

b）提供与知识产权保护相关的最新动态、百科知识；

c）提供与知识产权保护相关的政策法规等信息；

d）提供用权、咨询、代理维权、风险信息提示等一体化综合信息服务。

5.3 消费者权益保护公共服务

消费者权益保护公共服务主要包括：

a）提供与消费者权益保护相关的最新动态、百科知识；

b）提供与消费者权益保护相关的政策法规等信息；

c）联动监管部门及企业汇聚全渠道消费者权益保护信息。

5.4 溯源产业公共服务

溯源产业公共服务主要包括：

a）提供与溯源产业相关的最新动态、百科知识；

b）提供与溯源产业相关的政策法规等信息；

c）提供全方位、多层级的专业性溯源公共信息服务。

6　服务管理

6.1　共建方管理

6.1.1　注册管理

应提供账号注册服务，储存共建方的相关信息。

6.1.2　授权管理

应对使用平台的共建方进行分类管理，对不同共建方授予不同权限。

6.1.3　信息记录

应记录并储存共建方信息、平台使用历史记录等。

6.2　信息管理

6.2.1　信息发布

检验检测、知识产权保护、消费者权益保护、溯源产业等板块的信息收集、审核及发布。

6.2.2　信息备份

信息应通过后台自动备份于服务器内，技术支持单位应至少每隔 24 小时对服务器数据进行 1 次增量备份，确保信息数据的完整性。

6.2.3　信息变更及删除

6.2.3.1　如需变更或删除后台信息，平台工作人员应提交书面申请或通过平台系统提交申请，并由平台负责人签字或通过后台同意确认后方可操作。

6.2.3.2　技术支持单位未经平台负责人书面同意，不得变更或删除后台信息。

6.2.4　信息反馈

6.2.4.1　应通过官方邮箱、电话、网络评论、现场反馈等方式接受公众信息反馈，对咨询、意见等应在 5 个工作日内给予回复并完成整改，应对整改情况进行记录。

6.2.4.2　对其他单位转达的投诉，于 10 个工作日内回复并进行整改，应对整改情况进行记录。

6.3　故障应急管理

6.3.1　系统故障

后台发生系统故障影响正常使用时，平台工作人员应按以下流程操作：

a）尝试通过后台恢复数据，同时通知技术支持单位检查故障原因，排除故障；

b）如不能在30分钟内排除故障，应通过系统公告、站内信、手机短信、电话等方式与受影响用户沟通协商。

6.3.2 设备故障

6.3.2.1 服务器

服务器发生故障时，平台工作人员应立即联系技术支持单位查明原因并排除故障，如不能在30分钟内排除故障，应在服务终端首页发布服务器维护通知。

6.3.2.2 专用设备

6.3.2.2.1 专用设备遇故障时，平台工作人员应立即查明原因并排除故障，如不能排除故障，应通知技术支持单位维修，修理情况应做书面记录。

6.3.2.2.2 专用设备遇故障需暂时关闭时，应在设备显著位置张贴故障通知，并引导公众通过其他方式使用平台。

6.4 数据统计

6.4.1 后台自动记录的数据应包括但不限于：

a）注册用户数量；

b）网页浏览量；

c）注册用户基本信息，注册用户使用记录；

d）检验检测、知识产权保护、消费者权益保护、溯源产业等信息数字资源的发布数量。

6.4.2 应不定期对后台数据进行分析，了解记录用户需求及使用习惯，并根据分析结果调整平台的服务内容及服务方式。

7 服务保障

7.1 人员保障

7.1.1 人员配备

7.1.1.1 平台应至少配备1名负责人。平台负责人应熟悉公共服务平台业务，熟悉网络平台的管理模式。

7.1.1.2 平台应至少配备1名工作人员。平台工作人员应熟悉计算机操作系统及平台操作方法。

7.1.2 工作职责

7.1.2.1 平台负责人的工作职责应包括但不限于：

a）制定平台的发展计划和管理要求；

b）审核平台发布信息；

c）平台管理的其他工作。

7.1.2.2 平台工作人员的工作职责应包括但不限于：

a）公服平台的业务受理、业务咨询；

b）公众咨询、意见和投诉的接收、处理及回复；

c）故障的应急处理；

d）日常运营情况记录、整理和分析。

7.2 安全保障

7.2.1 操作系统安全

7.2.1.1 应采取必要措施保证平台操作系统安全。

7.2.1.2 应对操作系统设置管理权限，避免权限丢失造成重大影响。

7.2.1.3 系统安全等级设定应按 GB/T 22239 达到等级保护三级要求。

7.2.1.4 应确保安全防护手段与操作系统的兼容性，保证平台稳定运行。

7.2.2 应用安全

7.2.2.1 应通过密码技术进行用户身份认证，对使用部分功能的用户实行实名认证。

7.2.2.2 应对不同用户进行分级权限管理，对后台操作保存日志记录。

7.2.3 网络安全

7.2.3.1 应为网络安全提供以下保障，包括但不限于：

a）防火墙和入侵检测；

b）网络边界安全和线路安全。

7.2.3.2 应对所有网络及安全设备的运行状态进行全程跟踪，确保网络运行状态全程可控。

7.2.4 数据安全

7.2.4.1 应为数据安全提供以下保障，包括但不限于：

a）数据访问轨迹记录；

b）敏感数据存储和传输加密；

c）数据备份和恢复功能。

7.2.4.2 针对用户访问应记录访问者和访问时间，便于后续追溯查询。

7.2.4.3 应采取必要措施保护用户的个人信息以及其他可能涉及用户隐私的信息。

8 服务质量监督与改进

8.1 服务质量监督

8.1.1 应建立服务质量监督机制，平台服务接受共建方监督。

8.1.2 中心应对外公布服务质量监督电话，适时可采用信息平台、公众号、问卷、意见簿等多种方式收集分析客户对服务质量的意见，并做详细记录。

8.1.3 应接受和配合行政管理部门的监督、检查，对在监督、检查中发现的问题，应及时整改。

8.2 服务质量考核

8.2.1 建立内部考核机制，结合内部考核评定结果和共建方的评议意见及投诉情况，对平台的服务质量进行综合考核评定。

8.2.2 平台负责人要对考核评定结果进行分析评价，提出改进意见，及时对服务质量实施改进。

8.3 反馈处理

8.3.1 反馈制度健全，责任到人。

8.3.2 设立并公布联系电话（网址），接受共建方反馈。

8.3.3 反馈处理及时、妥善，接到反馈后应在承诺的时间内给予响应，反馈处理经过及结果应有完整的档案记录。应按反馈制度规定的处理流程操作，及时回复反馈人处理进展情况。

Q/QQSY

企　　业　　标　　准

Q/QQSY 039—2022

全球溯源中心　服务满意度测评规范

2022－10－25 发布　　2022－10－25 实施

中共中国（广东）自由贸易试验区广州南沙新区片区
工作委员会政策研究和创新办公室　发布

前　言

本文件按照 GB/T 1.1—2020《标准化工作导则　第 1 部分：标准化文件的结构和起草规则》的规定起草。

本文件由全球溯源中心标准化建设办公室提出并归口。

本文件起草部门：全球溯源中心标准化建设办公室。

本文件主要起草人：刘家君、吴瑞坚、沈薇、黎秀婷、郭钰霞、黄佩珊。

本文件于 2022 年首次发布，本次为第一次修订。

全球溯源中心　服务满意度测评规范

1　范围

本文件规定了全球溯源中心服务满意度评估的评价原则、评价要求、评价流程、评价指标、评价等级、评价形式、计算方法、评价报告的编写、评价结果的运用。

本文件适用于全球溯源中心服务满意度的评估管理。

2　规范性引用文件

本文件没有规范性引用文件。

3　术语和定义

下列术语和定义适用于本文件。

3.1　一事一评

共建方在服务窗口办事后，可通过现场设置的评价器、书面评价表等或网络平台设置的评价功能模块或环节，对被评价对象进行评价。

3.2　综合评价

通过数据采集、问卷调查、现场访查等方式对一定区域、一定时限内总体溯源服务质量进行评价。

4　评价原则

4.1　公正性

评价人员应自愿、客观、公正实施评价活动，评价等级应真实反映事项办理全过程，不应受实施难度、是否收费等非人为因素影响。

4.2 合理性

评价指标应包括影响溯源服务质量的各要素，指标内容逻辑清晰、结构合理，指标之间有机配合，避免重复和矛盾。

4.3 适用性

各项测评指标便于理解、采集和使用。

5 评价要求

5.1 评价环境

5.1.1 线下服务场所应在显要位置设置评价器或书面评价表等评价设备和表格。

5.1.2 线上服务网站、小程序或公众号应在显要位置设置评价入口。

5.2 评价人员

评价人员应客观公正，具备开展公共服务评价的能力。

5.3 评价机构

5.3.1 在中华人民共和国境内登记的各类所有制企业或事业单位法人以及符合政府购买服务资质的各类组织或个人，具有固定的工作场所和工作条件。

5.3.2 应配备熟悉溯源业务方面的专业人员。

5.3.3 应建立完善的服务标准和可靠的服务质量保证体系。

5.3.4 能够熟练地对溯源服务开展评价，能够独立编制溯源服务满意度评价报告书。

6 评价流程

6.1 一事一评

6.1.1 用户可在线下或线上服务完成后直接通过相应的评价工具进行评价。

6.1.2 用户在事项办结后，24 小时内未评价，则此次评价等级默认为满意。

6.1.3 事项办结后 5 个工作日内可对此次服务或本事项办理追加评价。

6.2 综合评价

6.2.1 评价准备

6.2.1.1 应确定评价活动的目的，并作为评价的依据。

6.2.1.2 应明确评价活动所使用的评价方法。

6.2.1.3 应确定评价活动的内容范围，即被评对象参与评价活动的内容板块。

6.2.1.4 应根据评价目的及评价活动相关特点，确定评价内容、实施步骤、时间安排等，并从合理性、适用性等角度对评价方案进行论证优化。

6.2.2 评价实施

6.2.2.1 确定评价指标评价者应根据评价目的、评价方案、被评对象特点等，对各项指标进行组合、细化，确定评价指标。

6.2.2.2 根据评价方案，确定数据采集的内容范围、时间区间与方法，实施数据收集并对所收集的数据进行质量评估；必要时可进行多次收集或补充收集。

6.2.2.3 对收集的数据进行加工，并转化为统一、可操作、易分析的格式数据。

6.2.2.4 选用合适的计算方法，将加工后的数据输入，计算得出评价分数。

6.2.3 评价报告

评价报告的基本结构如下：

——摘要：介绍调查测评的主要结论。

——前言：介绍测评的背景和调查中具体抽取样本的结果（样本量、回收率等）。

——第一部分：各问卷问题的频数统计及其他描述性统计分析；

——第二部分：溯源服务满意度评价模型介绍及主要结果列示；

——第三部分：辅助分析；

——第四部分：调查人群的背景资料分析；

——附录：溯源服务满意度调查问卷。

6.2.3.1 评价者应根据评价分数及其他信息，分析得出真实、准确的评价结论并对评价结论进行描述，必要时可在此基础上提出相关建议，形成评价结果。

6.2.3.2 评价者应对评价结果进行包括错误核查、误差分析、合理性验证等在内的质量稽核。

6.2.3.3 评价活动完成后，评价者应为评价对象或（和）相关方提供评价结果。

7 评价指标

7.1 “一事一评”的线下评价和线上评价见附录 A。
7.2 综合评价见附录 B。

8 评价等级

设“非常满意、满意、基本满意、不满意、非常不满意”5 个等级。“非常满意”折合得分 100 分，“满意”折合得分 80 分，“基本满意”折合得分 60 分，“不满意”折合得分 30 分，“非常不满意”折合得分 0 分。前 3 个等级为好评，后 2 个等级为差评。

9 评价形式

9.1 定期评价

9.1.1 每月调取线上或线下“一事一评”数据，计算月度得分；年终汇总全年评价数据，计算全年总得分，对事项或窗口进行评价。
9.1.2 每年采用“综合评价”方法，对一定区域、一定时限内特定或重点事项的溯源服务质量进行评估评价。

9.2 不定期评价

9.2.1 对一定时间段内线上或线下“一事一评”的数据随机调取、计算分析，对该时间段内溯源服务质量进行评价。
9.2.2 评价者适时通过“综合评价”方法对一定区域、一定时限内特定或重点事项的溯源服务质量进行评估评价。

10 计算方法

10.1 百分数

百分数适用于对样本中各种满意水平的测评对象比例的计算。其计算方法为：

$$A = \frac{f}{n} \times 100\% \qquad (1)$$

式中：

A——测评对象比例；

f——指标相同答案的个体；

n——样本量。

10.2 平均数

平均数适用于对各方面公众满意度一般（平均）水平的计算。平均数（也叫均值）等于变量值之和除以样本单元个数。其计算公式为：

$$\bar{X} = \frac{\sum X}{n} \qquad (2)$$

对于分组数据：

$$\bar{X} = \frac{\sum Xf}{n} \qquad (3)$$

加权平均数公式为：

$$\bar{X} = \frac{x_1 f_1 + x_2 f_2 + \cdots + x_k f_k}{n} \qquad (4)$$

式中：

X——某变量的取值；

f——变量值落在某一组中的次数。

注：二级指标采用加权平均数，三级指标采用算术平均数。

10.3 方差/标准差方差

（标准差）用于反映公众满意水平的差异状况，用于比较不同分支机构或不同类型的公众满意度水平的差异情况。其计算公式为：

$$S^2 = \frac{\sum (X - \bar{X})^2}{n - 1} \qquad (5)$$

对于分组数据：

$$S^2 = \frac{\sum (X - \bar{X})^2 f}{n - 1} \qquad (6)$$

标准差：

$$S = \sqrt{S^2} \tag{7}$$

10.4 相关分析

相关分析即研究现象之间是否存在某种依存关系，并对具体有依存关系的现象探讨其相关方向以及相关程度。两个变量之间线性相关程度的度量称为简单相关系数，记为 r。相关系数计算公式为：

$$r = \frac{n\sum xy - \sum x \sum y}{\sqrt{n\sum x^2 - \left(\sum x\right)^2} \cdot \sqrt{n\sum y^2 - \left(\sum y\right)^2}} \tag{8}$$

式中：

x——“信息获取”或“现场服务”的数值；

y——“服务结果”的数值；

r——取值范围是［-1，1］，$|r|=1$ 为完全相关，$r=1$ 为完全正相关，$r=-1$ 为完全负正相关，$r=0$ 表示不存在线性相关关系。$|r|$ 越趋于 1 表示关系越密切；$|r|$ 越趋于 0 表示关系越不密切。

11 评价结果的运用

11.1 评价溯源服务满意度的结果是考核溯源中心和工作人员的内容之一。

11.2 向社会公示溯源服务满意度调查结果，接受社会公众监督，改进服务行为和服务方式，促进溯源服务满意度的提升，提高相关方的认同感和获得感。

附录 A
（资料性）
“一事一评”服务质量评估表

一事一评的线下服务质量评估表如表 A.1 所示，线上服务质量评估表如表 A.2 所示。

表 A.1　线下服务质量评估表

序号	评价内容	得分
1	窗口工作人员服务态度是否热情	★★★★★
2	窗口工作人员是否做到书面一次性告知	★★★★★
3	窗口工作人员的办事效率是否高效	★★★★★
4	窗口服务是否实行一个窗口受理	★★★★★
总体评价		★★★★★

注：本表适用于溯源服务实体大厅的满意度评价。在服务现场完成事项办理后，不用填写姓名，通过点击评价器或二维码生成的界面，对上面的问题在 1 至 5 颗星之间打分，“非常满意”是 5 颗星，“非常不满意”是 1 颗星。

表 A.2　线上服务质量评估表

序号	评价内容	得分
1	服务指引清晰	★★★★★
2	办事流程便利	★★★★★
3	申报材料精简	★★★★★
4	操作界面友好	★★★★★
5	事项按时办结	★★★★★
6	咨询回复及时	★★★★★
总体评价		★★★★★

注：本表适用于网上办事的满意度评价。在溯源服务平台办理事项后，通过溯源服务平台设置的评价功能或模块，对上面的问题在 1 至 5 颗星之间打分，“非常满意”是 5 颗星，“非常不满意”是 1 颗星。

附录B
（资料性）
溯源服务满意度调查问卷（参考样表）

您好！本调查的目的是了解公众对溯源服务中心是否满意，为今后改进溯源服务中心工作提供参考依据。

本次调查的受访者是随机选取的，可匿名填写，所有回答只用于统计分析，调查资料也将严格保密，您只需花3分钟左右，对下面的问题在1至5颗星之间打分，“非常满意”是5颗星，“非常不满意”是1颗星。您的回答将成为我们服务改进的重要依据，谢谢！

一级指标	二级指标	三级指标	得分
知悉度（20分）	信息渠道畅通度（8分）	是否能从网站获得所办事项的办事指南	★★★★★
		是否能从移动端获得所办事项的办事指南	★★★★★
		是否能通过电话获得所办事项的信息	★★★★★
		是否能从办事大厅获得所办事项的办事指南	★★★★★
		从以上渠道获取的办事指南所有信息是否一致	★★★★★
	信息完备度（12分）	办事指南里是否明确了服务对象	★★★★★
		办事指南里是否明确了受理条件	★★★★★
		办事指南里是否明确了申请材料	★★★★★
		办事指南里是否明确了办理地点	★★★★★
		办事指南里是否明确了办理时间	★★★★★
		办事指南里是否明确了承诺时限	★★★★★
		办事指南里是否明确了无收费服务项目	★★★★★
		办事指南里是否明确了咨询电话	★★★★★
		办事指南里是否明确了投诉电话	★★★★★
便利度（40分）	服务引导明晰度（15分）	服务大厅是否有明确的指引标识	★★★★★
		服务大厅是否有服务引导员	★★★★★
		服务大厅是否有自助查询和自助办理设备	★★★★★

续表

一级指标	二级指标	三级指标	得分
便利度（40分）	窗口服务便捷度（25分）	在服务大厅内排队时间是否较长	★★★★★
		服务大厅是否提供签字笔、饮用水等便民用品	★★★★★
		窗口工作人员服务态度	★★★★★
		窗口工作人员能否做到书面一次性告知	★★★★★
		窗口工作人员业务熟练程度	★★★★★
		窗口工作人员办结是否高效	★★★★★
服务体验（40分）	获取信息可用度（10分）	服务大厅的办理地点和办理时间是否和已公布的办事指南一致	★★★★★
		窗口所需要的申请材料是否和办事指南一致	★★★★★
		咨询电话是否畅通	★★★★★
	窗口服务成效度（30分）	事项能否在承诺时限内办结	★★★★★
		办结文书能否通过物流等方式送达	★★★★★
		服务大厅能否提供免费复印	★★★★★
		所办事项能否通过网络提出申请	★★★★★
		所办事项能否在网上办理、办结	★★★★★
		所办事项能否在一个窗口受理、办结	★★★★★
		遇到问题时，能否得到及时有效的咨询回复	★★★★★
		遇到办事困难时能否能得到监督部门协助	★★★★★

个人基本情况（为了进行问卷分析，需要知道几个您的个人数据，我们将对这部分资料严格保密）

1. 性别：（1）男（2）女

2. 您的年龄：（1）18～24岁（2）25～35岁（3）36～50岁（4）51～60岁（5）61岁以上（6）不愿回答

3. 您的受教育程度：（1）高中及以下（2）中专（3）大专（4）大学本科（5）本科以上

4. 您的职业：（1）公务员（2）事业单位人员（3）公司职员（4）私营业主（5）学生（6）农民（7）离退休人员（8）其他

5. 您对溯源服务工作有哪些建议？

Q/QQSY

企　　业　　标　　准

Q/QQSY 040—2022

全球溯源中心　投诉处理规范

2022－10－25 发布　　　　2022－10－25 实施

中共中国（广东）自由贸易试验区广州南沙新区片区
工作委员会政策研究和创新办公室　发布

前　言

本文件按照 GB/T 1.1—2020《标准化工作导则　第 1 部分：标准化文件的结构和起草规则》的规定起草。

本文件由全球溯源中心标准化建设办公室提出并归口。

本文件起草部门：全球溯源中心标准化建设办公室。

本文件主要起草人：刘家君、吴瑞坚、沈薇、黎秀婷、郭钰霞、黄佩珊。

本文件于 2022 年首次发布，本次为第一次修订。

全球溯源中心　投诉处理规范

1　范围

本文件规定了全球溯源中心（以下简称“中心”）投诉处理的基本原则、处理机构及人员、投诉方式和渠道、投诉处理程序和投诉结果应用的内容。

本文件适用于全球溯源中心投诉处理工作。

2　规范性引用文件

下列文件中的内容通过文中的规范性引用而构成本文件必不可少的条款。其中，注日期的引用文件，仅该日期对应的版本适用于本文件；不注日期的引用文件，其最新版本（包括所有的修改单）适用于本文件。

Q/QQSY 044　全球溯源中心　服务评价与改进规范

3　术语和定义

下列术语和定义适用于本文件。

3.1　投诉

对全球溯源中心提供的各类服务或日常运营管理不满意，向中心表达诉求的行为。

3.2　投诉人

提出投诉（第3.1条）的个人、组织或其代表。

3.3　投诉处理人

负责处理投诉的工作人员。

4 基本原则

在处理投诉的过程中，应遵循以下原则：

a）公平公正：重视调查研究，重视事实依据，客观公平公正处理。

b）快速有效：尽快处理相关投诉事项，确保投诉得到客观公正的解决。

c）及时响应：接到投诉后，应保证两个工作日内做出投诉响应。

d）严格保密：对获取到的投诉人的个人信息，只能用于投诉处理过程，未经投诉人同意，不得将其公开，并应主动避免其被泄露。

5 处理机构及人员

5.1 处理机构

应设置投诉处理岗位，负责接收与中心相关的一切投诉事项，并根据投诉内容分配到涉诉人员处理。

5.2 人员要求

投诉处理人应符合下列要求：

a）熟悉中心投诉处理的规章制度、程序；

b）熟悉中心溯源业务；

c）定期参加相关培训；

d）具有良好的职业道德和沟通协调能力。

6 投诉方式和渠道

6.1 投诉方式

对中心的投诉方式包括现场投诉、电话投诉、信函投诉、网上投诉等。

6.2 投诉渠道

应公开投诉处置的电话、电子邮箱、信函邮寄地址等，确保渠道畅通有效、便捷可及。

7 投诉处理流程

7.1 投诉处理流程图

投诉处理流程图参见附录A。

7.2 投诉受理

7.2.1 受理范围

中心应对下列情况产生的投诉及时受理：

a）对中心提供的服务不满意的投诉，如工作人员服务态度、服务流程、服务质量等；

b）对中心网络平台的资讯内容、系统稳定性等的投诉；

c）对中心投诉处理结果存在异议或不满，申请继续投诉的。

7.2.2 受理要求

7.2.2.1 投诉处理人受理时应态度诚恳，主动稳定投诉人的情绪，认真倾听诉求。

7.2.2.2 现场投诉：投诉处理人接到投诉后，应尽快到达现场，主动亮明身份，能够现场沟通化解的，及时处置，并做好事后记录；不能现场沟通化解的，应将投诉人引导至投诉处置场所。

7.2.2.3 电话投诉：投诉处理人应主动向投诉人表明身份，详细了解投诉人的基本信息和诉求。

7.2.2.4 信函及网络渠道等投诉：投诉处理人应在两个工作日内主动回应投诉人。

7.2.2.5 对不予受理的投诉事项，应告知投诉人不予受理的理由。

7.2.2.6 受理时应做好投诉登记，其要素包括但不限于：投诉人的姓名、地址、联系电话、投诉对象、投诉时间、投诉方式、诉求等。

7.3 投诉处理

7.3.1 投诉处理程序

7.3.1.1 正式受理的投诉，可按以下步骤进行调查了解，并做好相关记录：

a）与投诉人对话，了解投诉对象、事项、原因以及解决要求；

b）通过信息管理系统调出有关办理信息，核查投诉事实；

c）通过调取其他辅助证据材料（如监控录像、录音等），核实投诉有关事实。

7.3.1.2 投诉的具体内容与实际情况不符的，视为无效投诉。

7.3.2 投诉处理时限

投诉处理应实行限时管理，并在规定时限内处理相关投诉：

a）接收投诉的2个工作日内，向投诉人进行首次回复；

b）对回复不满意的，应在7个工作日内再次联系投诉人进行处理；

c）对在规定时间内难以处理的投诉，应向投诉人说明原因，并确定解决的时间。

7.4 资料归档

投诉处理程序中必要的资料应进行保存，保存的形式可多样化，电子形式、纸质、磁盘均可。对于不同保存形式的投诉资料应进行妥善保管，涉及用户私人信息的资料应予保密。

8 投诉结果应用

8.1 投诉处理结果应通报被投诉人所在部门，按照规定对被投诉人进行责任追究，并作为相关考核的重要依据。

8.2 中心应按照Q/QQSY 044的要求，不断改进服务质量。

附录 A
(资料性)
投诉处理流程图

投诉处理流程如图 A. 1 所示。

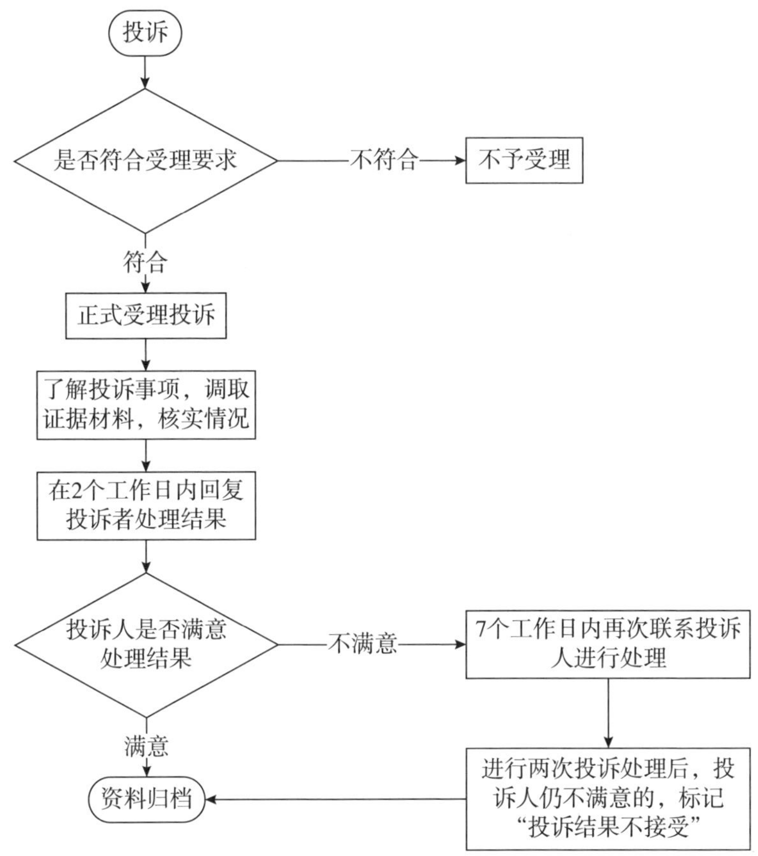

图 A. 1　投诉处理流程

Q/QQSY

企　业　标　准

Q/QQSY 041—2022

全球溯源中心　运行管理规范

2022－10－25 发布　　　　2022－10－25 实施

中共中国（广东）自由贸易试验区广州南沙新区片区
工作委员会政策研究和创新办公室　发布

前　言

本文件按照 GB/T 1.1—2020《标准化工作导则　第 1 部分：标准化文件的结构和起草规则》的规定起草。

本文件由全球溯源中心标准化建设办公室提出并归口。

本文件起草部门：全球溯源中心标准化建设办公室。

本文件主要起草人：刘家君、吴瑞坚、沈薇、黎秀婷、田佳明、包小玲。

本文件于 2022 年首次发布，本次为第一次修订。

全球溯源中心　运行管理规范

1　范围

本文件规定了全球溯源中心的运行组织、运行保障、资源管理和服务管理的要求。

本文件适用于全球溯源中心的实体运维管理。

2　规范性引用文件

下列文件中的内容通过文中的规范性引用而构成本文件必不可少的条款。其中，注日期的引用文件，仅该日期对应的版本适用于本文件；不注日期的引用文件，其最新版本（包括所有的修改单）适用于本文件。

GB/T 18894—2016　电子文件归档与电子档案管理规范

T/GNDECPA 0019　全球溯源体系　数据采集、存储和共享

Q/QQSY 021　全球溯源中心　设施设备配置及管理

Q/QQSY 022　全球溯源中心　岗位设置

Q/QQSY 025　全球溯源中心　档案管理规范

Q/QQSY 040　全球溯源中心　投诉处理规范

Q/QQSY 042　全球溯源中心　信息系统运行管理规范

Q/QQSY 044　全球溯源中心　服务评价与改进规范

3　术语和定义

本文件没有需要界定的术语和定义。

4　运行组织

4.1　组织架构

全球溯源中心运行组织架构如图 1 所示。全球溯源中心设立研究事业部

和运营事业部，其中运营事业部下设业务运营部、运营支撑部、综合管理部。

4.2 职能分工

4.2.1 研究事业部负责规则研究、应用研究、运营研究、战略研究等。

4.2.2 业务运营部负责共建方导入、业务培训、展厅运营、四大公服平台运营、纪念章运营等。

4.2.3 运营支撑部负责共建方资源管理、信息系统运营支撑等。

4.2.4 综合管理部负责人员管理、资产管理、档案管理、信息管理等。

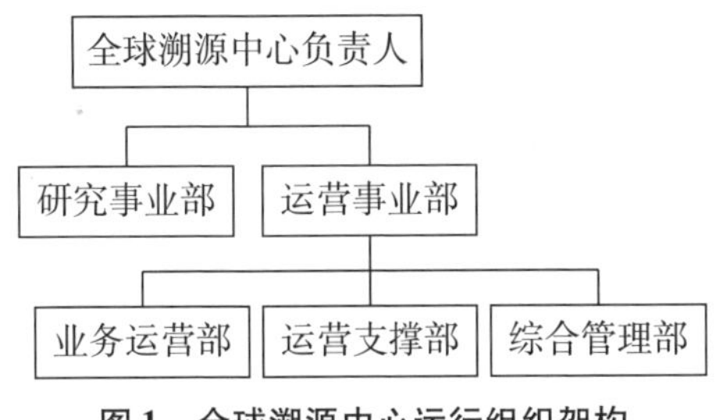

图1 全球溯源中心运行组织架构

5 运行保障

5.1 政策法规

遵守国家和地方相关法律、法规、规章，贯彻国家、省、市有关方针政策，遵守全球溯源体系相关规则、标准。

5.2 工作机制

5.2.1 建立工作管理制度，包括值班管理、保密制度、溯源数据库管理、责任奖惩、总结反馈制度等。

5.2.2 建立业务运行机制，包括展厅运维、共建方引入、共建方培训、共建资源管理、公服平台运营等。

5.2.3 建立中心运行管理制度，包括资产管理制度、设施设备维护管理制度、信息管理制度等。

5.3 保障措施

5.3.1 人员管理

5.3.1.1 应定期对工作人员开展安全教育及岗位技能培训，员工经考核合格后上岗。

5.3.1.2 应按 Q/QQSY 022 要求在岗人员遵守岗位职责和保密要求。

5.3.1.3 遵循人力资源管理的相关规范。

5.3.2 财务管理

5.3.2.1 中心的财务工作主要包括财务决算及账册、报表、凭证、票据、现金管理等。

5.3.2.2 应建立关于费用支出管理、固定资产管理等有关财务工作的管理制度。

5.3.3 关联单位联系管理

5.3.3.1 应建立关联单位联系制度。关联单位为全球溯源体系所有共建方，包括当地政府部门、电力和通信设施保障机构、软硬件供应商、技术服务商和物业公司等。

5.3.3.2 应建立关联单位联系表，表的内容至少包括单位名称、业务事项、联系人、联系方式、备注等，并及时更新。

5.3.4 档案管理

5.3.4.1 应按照 Q/QQSY 025 的要求做好档案管理工作，保障中心正常运行。

5.3.4.2 电子档案的归档和管理应符合 GB/T 18894—2016 的要求。

5.3.5 安全管理

5.3.5.1 应配备专、兼职安全管理人员，定期组织安全教育培训。

5.3.5.2 应配备相应的安全设施设备，包括监控装置、报警装置、应急照明灯、消防器材、消防通道等。

5.3.5.3 应制订安全应急预案，并定期组织所有员工进行演练。

5.4 信息系统管理

应按照 Q/QQSY 042 的要求对信息系统进行管理。

5.5 设备设施（运维）管理

应按照 Q/QQSY 021 的要求对中心设施设备进行管理。

6 资源管理

6.1 基础设施

中心基础设施用于满足全球溯源中心开展溯源业务，应至少包含以下设备：

——视频监控：满足中心的安防需要，在主要出入口、电梯厅等地设置，监控室设在保安值班室。

——门禁系统：满足中心重点单元的出入管理，包括强弱电间、机房等。

——办公设施设备：满足中心人员日常工作的需要。

——培训系统：满足中心相关业务的培训需要。

——多媒体展示系统：满足全球溯源中心参观展示的需求。

6.2 功能分区

6.2.1 展示体验区：以“视频 + 展板 + 模型”等多种方式，对全球溯源中心理论支撑体系及其应用进行系统化、具象化展示，包括但不限于全球溯源体系内涵、发展历程、运行机制、优势能为，全球溯源中心架构设计、应用成效，全球溯源中心复制推广、未来愿景等。

6.2.2 应用推广区：配备相应的软硬件设备，用于开展公共培训、交流研讨、成果发布、技术应用演练等。

6.2.3 公共服务区：全球溯源中心四大公共服务平台（检验检测、知识产权保护、消费者权益维护、溯源产业公共服务平台）展示及对外服务窗口。

6.2.4 其他配套区：包括办公区、会议区等，办公区域承担全球溯源中心运营团队办公用途，配备办公设施设备；会议区配备会议室环境系统等。

6.3 信息数据

应符合 T/GNDECPA 0019 的要求，以及遵守全球溯源体系数据规则。

7 服务管理

7.1 应实现从接受咨询、受理申请到办结归档的溯源业务全流程可控、可见、可追溯、可评估的生命周期管理。

7.2 应设立投诉渠道与意见反馈机制，及时受理与反馈处理结果，具体应符合 Q/QQSY 040、Q/QQSY 044 的要求。

7.3 应接受当地政府及相关主管部门的监督和指导。

Q/QQSY

企　　业　　标　　准

Q/QQSY 042—2022

全球溯源中心　信息系统运行管理规范

2022－10－25 发布　　　　2022－10－25 实施

中共中国（广东）自由贸易试验区广州南沙新区片区
工作委员会政策研究和创新办公室　发布

前　言

本文件按照 GB/T 1. 1—2020《标准化工作导则　第 1 部分：标准化文件的结构和起草规则》的规定起草。

本文件由全球溯源中心标准化建设办公室提出并归口。

本文件起草部门：全球溯源中心标准化建设办公室。

本文件主要起草人：刘家君、吴瑞坚、沈薇、黎秀婷、田佳明、黄殷瑜。

本文件于 2022 年首次发布，本次为第一次修订。

全球溯源中心　信息系统运行管理规范

1　范围

本标准规定了区域或行业全球溯源中心管理系统（以下简称“中心管理系统”）运行管理的总则、运维保障、运行维护管理和运行维护活动的内容。

本标准适用于区域或行业全球溯源中心管理系统。

2　规范性引用文件

下列文件中的内容通过文中的规范性引用而构成本文件必不可少的条款。其中，注日期的引用文件，仅该日期对应的版本适用于本文件；不注日期的引用文件，其最新版本（包括所有的修改单）适用于本文件。

GB/T 24405.1—2009　信息技术　服务管理　第1部分　规范

GB/T 32926　信息安全技术 政府部门信息技术服务外包信息安全管理规范

3　术语和定义

GB/T 24405.1 界定的以及下列术语和定义适用于本文件。

3.1　事件

不属于某项服务的标准操作，导致或可能导致服务中断或服务质量降低的任一事态。

[来源：GB/T 24405.1—2009，定义2.7]

3.2　问题

一个或多个事件的未知的潜在原因。

[来源：GB/T 24405.1—2009，定义2.8]

3.3 策略

为区域或行业全球溯源中心管理系统运行管理制定的行动方针、路线、工作方式、指导原则或程序。

4 总则

对中心管理系统的运行维护工作进行整体规划，并提供必要的资源支持，建立和完善运行维护保障体系，确保中心管理系统安全、持续、可靠地运行。

5 运维保障

5.1 管理制度

5.1.1 应建立健全覆盖管理工作各个环节、体系化的管理制度和操作流程。

5.1.2 管理制度应包括但不限于人员管理、设施设备管理、机房管理、网络与系统管理、数据和介质管理、安全管理、文档管理、变更管理、备份与恢复管理、事件管理、应急预案管理、值班管理、监控管理、关系管理、检查审计等制度。

5.1.3 操作流程应包括但不限于日常操作、事件处理、问题处理、系统变更、日志管理、应急处置等流程。

5.1.4 应建立管理制度和操作流程的制定、发布、维护和更新的机制。至少每年一次评审、修订系统管理制度和操作流程。

5.2 管理机构

5.2.1 管理职责

5.2.1.1 设立中心管理系统管理组织或部门，主要职责如下：

a）负责中心管理系统的运行维护、协同应用对接等工作；

b）负责中心管理系统安全；

c）遵守全球溯源体系理论、标准和规则，负责本中心管理系统与其他中心管理系统节点的安全。

5.2.1.2 应设置管理岗位，至少包括机房管理员、系统管理员、数据库管理员、安全管理员、网络管理员、审计管理员等关键岗位。实施主岗备岗制，关键岗位应进行分离，兼岗时应满足岗位相互制约的要求，保障中心管理系统管理工作顺利开展。主要职责如下：

a）机房管理员的主要职责：

1）负责机房的日常管理，严格执行机房安全管理制度及有关规定；

2）保持机房环境整洁卫生，设备器材摆放整齐、排列有序；

3）熟练掌握机房仪器设备的规范操作，做好相关维护、维修工作，并做好维修记录；

4）定期进行防火、防水、防雷、防鼠等安全检查，发现问题应及时处理并立即上报；

5）为保障设备正常运行，完成机房值班工作。

b）系统管理员的主要职责：

1）负责操作系统的维护，制定和实施操作系统的网络配置，各种系统服务，数据、日志和配置信息的备份、恢复，系统软件、硬件运行环境等的方案或细则；

2）对网络系统进行用户账号、口令、权限管理并设置权限的制约机制，对网络系统日志、账户、配置等数据定期备份并分设管理权限；

3）协助安全管理员定期查杀病毒、检查系统配置漏洞，保障系统与安全设备协调工作，确保系统管理操作符合安全管理制度；

4）进行合理的系统配置，协助用户正确地使用系统提供的各种应用，并为这些应用提供系统资源；

5）负责网络运行监控、故障分析及处理，系统出现故障后，及时发现并排除故障；

6）负责网络信息统计及分析，编写网络运行报告。

c）数据库管理员的主要职责：

1）负责数据库的系统管理和维护；

2）负责数据的收集、使用、备份、检查等策略的制定和执行工作；

3）安装和升级数据库，配置服务器和客户端（PC终端、手机App、其他定制终端等）实用程序；

4）创建系统数据库，配置数据库系统参数、建立用户账号、分配应用空间、分配数据库管理权限；

5）备份和恢复数据库系统，执行和维护数据复制、数据导入和导出；

6）监视和优化数据库性能，及时诊断系统问题，排除系统故障。

d）安全管理员的主要职责：

1）负责网络系统安全运行和维护；

2）制定和实施安全策略，分配用户权限，制定实施日志审核策略；

3）检查和分析操作系统日志，协助系统管理员完成操作系统的各项配置、实施安全策略及定期数据备份；

4）制定、实施网络防火墙、防病毒安全策略，正确安装防火墙，定期查杀病毒，并进行安全扫描检测，分析扫描结果、弥补安全漏洞；

5）定期更新入侵检测、漏洞扫描和防病毒软件。

e）网络管理员的主要职责：

1）负责网络维护及网络用户的前端配置；

2）负责处理网络用户故障，填写故障维修记录；

3）协助系统管理员、数据库管理员和安全管理员做好系统维护工作，共同保障网络正常运行。

f）审计管理员的主要职责：

1）负责对网络、应用及安全系统的审计，确保系统的安全性、有效性及完整性；

2）协助系统管理员配置各系统的审计策略；

3）管理和分析系统的审计信息并对出现的问题作出分析判断和处理；

4）监察各系统管理员的工作、操作及日志记录。

5.2.1.3　中心管理系统的运行管理中如需外包方参与，应按照第5.5.2条的要求对外包方进行有效管理。

5.2.1.4　各岗位工作人员应各司其职，不得做超越权限的操作，应及时记录有关系统设置、配置、变更、维护、审计的内容，并定期总结上报中心主任。

5.2.2　人员要求

5.2.2.1　应制定人员管理制度，对各岗位工作人员的上岗、考核、离岗等进行严格规范。要求如下：

a）上岗人员应具有专业的资质、工作技能和经验，并对资质进行审查，上岗前签署保密协议；

b）应定期对上岗人员进行考核，考核记录归档；

c）人员离岗时，应及时终止离岗人员的所有访问权限，关键岗位人员离岗应签订离岗后的保密协议；

d）与相关人员签订的保密协议应至少包括保密范围、保密期限等内容。

5.2.2.2　应制订年度培训计划，应对各岗位人员进行安全意识教育、岗位技能培训和相关安全技术培训，对培训周期、培训方式、培训内容进行记录并归档。

5.2.2.3　外部专业技术支持人员的要求如下：

a）应取得相应资质；

b）在访问受控区域前得到授权或审批，并保存授权或审批记录；

c）进入访问受控区域时应进行登记，登记内容包括进入时间、离开时间、访问区域、访问设备等。

5.3　支撑系统

5.3.1　应配备运行维护支撑系统，对中心管理系统运行维护工作进行全面的支持。支撑系统宜至少具备下列功能：

a）自动监控：对中心管理系统机房物理环境、网络、主机、存储备份、安全设施、基础软件、业务应用等进行全面监控。

b）风险预警：对中心管理系统发生的故障或潜在故障进行告警，对安全威胁进行预警。

c）分析评估：对中心管理系统运行状况、运行维护工作和安全风险进行评估。

d）安全管理：对安全设施策略进行统一管理，对安全事件统一收集、处理、分析，对中心管理系统脆弱性进行自动或半自动评估。

e）应急管理：对应急预案进行管理，开展应急响应预案演练，并可部分实现应急处置措施的自动执行。

f）知识库：对运行维护经验进行积累，提供便捷的查询检索。

5.3.2　应定期对运行维护支撑系统进行更新，更新费用可纳入运行维护经费。

5.4　经费管理

5.4.1　应制订中心管理系统运行维护年度预算计划，每年进行核算，预算和核算应接受监督和审计。

5.4.2　应将中心管理系统运行维护的各项费用纳入预算管理。费用至少应包括机房物理环境、中心管理系统软硬件、网络与通信设施的使用费和维修费，支撑系统更新费用，应急保障费用，技术服务费用，人员培训费用等。

5.5 关系管理

5.5.1 应建立供应商管理制度，对供应商支持运维服务的相关活动进行统一管理。

5.5.2 应在与供应商签订的合同中明确其应承担的责任、义务，并约定服务要求和范围等内容。

5.5.3 应与供应商签署保密协议，不得泄露中心的保密信息，并要求供应商签署承诺书，承诺产品不存在恶意代码或未授权的功能，不提供违反我国法律法规的功能模块，并符合行业有关技术规范和技术指引。

5.5.4 应定期收集、更新供应商信息，组织对供应商的服务质量、合同履行情况、人员工作情况等内容进行评价，形成评价报告，并跟踪和记录供应商改进情况。

5.5.5 政府部门采购和使用信息技术外包服务时，应符合 GB/T 32926 的要求。

6 运行维护管理

6.1 机房管理

6.1.1 应建立机房管理制度，明确机房管理的责任人，对机房环境，供电、空调、消防、安防等基础设施的运行维护，设备和人员出入、机房工作人员等进行规范管理。

6.1.2 应确保机房环境整洁和安全，包括：

a）应定期检查防水、防雷、防火、防潮、防尘、防鼠、防静电、防电磁辐射等措施的有效性；

b）应保持机房环境卫生，采取防尘措施，定期进行除尘处理；

c）工作时间内不得进行机房施工、保洁操作。

6.1.3 应加强用电安全管理，至少包括：

a）机房管理员应根据国家有关规定和标准进行用电管理，应重点保障核心业务系统用电安全；

b）机房管理员应掌握常规用电安全操作和知识，了解机房内部供电、用电设备的操作规程，掌握机房用电应急处理步骤、措施和要领，有条件的可配备专业电工或与相关电力机构或物业机构签署服务协议；

c）应在危险性高的位置张贴相应的用电安全操作方法、警示及指引；

d）应每季度至少一次对机房供配电、备用电源系统进行全面检查和维护管理，及时更换老化的电路元件及线缆，应定期测试备用供电系统，确保持续供电设施的有效性，并保存相关检查和维护记录；

e）未经审批不得接入其他用电设备。

6.1.4 应制定符合国家要求的机房消防安全管理制度，至少包括：

a）机房工作人员应熟悉消防设施及操作要点，掌握消防应急措施，熟悉逃生路线和自我保护措施，防止发生人身安全意外；

b）应将消防安全警示和指示张贴于机房明显位置，将消防设施的操作要点张贴于消防设施旁边；

c）应每季度至少一次对机房内消防报警设备进行检查，保证其有效性；

d）应定期进行消防设施的使用培训和演习。

6.1.5 应对设备和人员出入进行严格管理，包括：

a）应指定人员负责控制、鉴别和记录设备和人员的进出情况，未经允许的人员不能进入机房，外来设备未经批准不得接入中心管理系统，并记录进出人员、进出时间、工作内容，并留存记录至少 90 天；

b）进入机房人员不应携带任何易燃、易爆、腐蚀性、强电磁、辐射性、流体等对设备正常运行构成威胁的物品；

c）设备的维护应由专人负责，其他人不可随意操作机房进行任何网络调整和电源调整；

d）机房出入口的监控录像至少保存 90 天；

e）外来人员进入机房应经过申请和审批流程，并限制和监控其活动范围，并由专人陪同。

6.2 设备与软件管理

6.2.1 应建立配套设施、软硬件维护方面的管理制度，对其维护进行有效的管理，包括明确维护人员的责任、验证性测试、出入库、安装、盘点、涉外维修与报批、维修过程的监督控制、报废等。

6.2.2 应明确设备和软件管理责任人，对中心管理系统相关的各种设备（包括备份和冗余设备）、线路等指定专人定期进行维护和更新。

6.2.3 应在设备和软件投入使用前进行必要的验证性测试，并保留测试记录。

6.2.4 应编制中心管理系统设备清单，主要包括设备名称、设备编号、入库时间、设备主要参数、设备序列号、设备状态、设备保修期、设备位置、设备用途和设备使用责任人等内容，并保留设备启用、转移、维修、报废等过程的记录。

6.2.5 应使用正版软件并保存软件授权证书和许可协议，应编制软件清单，主要包括软件名称、软件编号、入库时间、软件版本、授权和许可情况、软件序列号、软件状态、软件维护期、软件安装设备、用途和使用责任人等内容，并保留软件启用、转移、升级、报废等过程的记录。

6.2.6 应对设备进行标识，标识应放在设备明显位置。

6.2.7 应规定设备和软件的使用年限，定期进行盘点，并对设备状态进行评估和更新。

6.2.8 应对外送设备的维修进行严格管理和控制，防止数据泄露。

6.2.9 确保信息存储介质或处理设备必须经过批准才能带离机房或中心。

6.2.10 应将拟下线和拟报废设备的存储介质中的全部信息进行清除或销毁。将正式下线设备和软件交指定部门统一管理、保存或处置，并保留相应记录。其中，设备和软件报废应符合资产管理规定。

6.3 数据与介质管理

6.3.1 数据管理

6.3.1.1 应建立中心管理系统数据管理制度，对在线和离线数据的使用、备份、存放、保护及恢复验证等活动进行规范。

6.3.1.2 应按照国家和监管部门的有关要求，制定数据备份及验证策略，明确备份范围、备份方式、备份频度、存放地点、存放时限、有效性验证方式和管理责任人。

6.3.1.3 在线数据管理要求如下：

a）中心管理系统业务数据和日志数据应至少每工作日备份一次，安全服务数据应至少每周备份一次；

b）中心管理系统业务数据应永久保存；

c）未经授权不得访问、复制。

6.3.1.4 离线数据管理要求如下：

a）离线数据不得更改；

b）应至少每季度对核心业务系统的备份数据进行一次有效性验证，如发现问题应采取措施修复备份数据，并查明原因；

c）离线数据的调阅、复制、传输、查询应按照拟定的流程办理审批手续，并进行登记；

d）备份数据带离存储环境时应采取必要的安全措施。

6.3.2 介质管理

6.3.2.1 应建立介质管理制度，对介质的存放、使用、维护和销毁等活动进行规范。

6.3.2.2 应明确介质管理责任人，对介质的使用、转储、送修、销毁及存储环境进行管理。

6.3.2.3 介质管理要求如下：

a）应在安全环境中存放介质，并采取控制和保护措施；

b）离线备份介质应当在本地机房、同城、异地安全可靠存放；

c）应对介质在物理传输过程中的打包、交付进行控制；

d）应根据所承载数据和软件的重要程度对介质进行分类和标识管理，并对介质进行归档登记，对存档介质依目录清单定期核对；

e）涉及敏感信息的介质送修时应由专人全程陪同，并保证修复过程可控；

f）介质销毁前应清除介质中的敏感数据；

g）涉密信息的存储介质不得自行销毁，应按国家相关规定另行处理；

h）在业务网使用的移动介质应专网专用，不得接入可以访问互联网的主机。

6.4 网络与系统管理

6.4.1 应建立网络与系统管理制度，对网络、系统的运行维护进行规范。

6.4.2 网络管理应包括：

a）应合理设置安全域，绘制网络拓扑图，并保持更新；

b）应定期检查安全隔离情况，确保各安全域之间有效隔离；

c）应保持网络设备的可用性，及时维修、更换故障设备；

d）应负责网络系统的参数配置、调优；

e）应定期对系统容量进行检查和评估，形成评估报告；

f）应定期检查网络设备的用户、口令及权限设置的正确性；

g）应定期对整个网络连接进行检查，确保所有交换机端口处于受控状态；

h）应对网络信息点进行管理，编制信息点使用表，并及时维护和更新，确保与实际情况一致，计算机网络跳线应整齐干净，跳线标识清晰；

i）应制定网络访问控制策略，应合理设置网络隔离设施上的访问控制列表，关闭与业务无关的端口，编制文档并保持更新，访问控制策略的变更应履行审批手续。

6.4.3　系统管理应包括：

a）应保持系统的可用性，及时维修、更换故障设备和更新软件；

b）应负责应用系统、操作系统的参数配置、调优，编制文档并保持更新；

c）应定期对系统容量进行检查和评估，形成评估报告；

d）应负责管理系统和应用程序服务进程，并关闭与业务无关的服务；

e）应定期检查应用系统、操作系统的用户、口令及权限设置的正确性。

6.4.4　数据库管理应包括：

a）应保持数据库的可用性，及时维护、更新软件；

b）应负责数据库的参数配置、调优，编制文档并保持更新；

c）应定期对数据库容量进行检查和评估，形成评估报告；

d）应负责管理数据库、表、索引、存储过程，数据库的升级、优化、扩容、迁移；

e）应定期检查数据库的用户、口令及权限设置的正确性。

6.4.5　用户和口令管理应符合如下要求：

a）不得设置弱口令，若系统条件允许，口令应采用数字、字母、符号混排且无规律的方式，管理员口令长度原则上不低于12位，核心业务系统应提示并阻止用户使用弱口令登录；

b）应每季度对管理员口令进行修改，更新的管理员口令至少5次内不能重复；

c）应用系统的账户及口令应采用加密方式存储、传输，加密产品的使用应符合国家有关规定；

d）应重点加强对匿名/默认用户的管理，防止被非法使用；

e）应及时注销不再使用的账户；

f）应明确责任人，负责统一保管、安全存放管理员口令，不得泄露。

6.4.6　权限管理应包括如下要求：

a）权限分配应履行审批手续，权限设置后应复核；

b）应按照最小安全访问原则分配用户权限；

c）应建立权限分配表，对用户的访问权限进行合理分配，对文件系统访问权限进行合理设置，编制文档并保持更新；

d）应在用户账户变化时，同时变更或撤销其权限；

e）应定期检查权限设置的有效性。

6.5 事件与问题管理

6.5.1 应建立事件管理流程，对管理事件的处理进行规范。
6.5.2 应指定人员负责设计和管理事件的记录、分级、分派、处理、监控和结束整个流程。
6.5.3 应记录管理过程中发生的所有事件，根据事件的影响程度和影响范围评估事件处理优先级及时处理。
6.5.4 应对所有事件响应、处理、结束等过程进行跟踪、督促及检查。
6.5.5 应定期回顾、分析事件处理记录，完成事件分析报告。
6.5.6 应将管理过程中重复发生的事件、重大事件纳入问题管理。
6.5.7 应建立问题管理制度，对管理中发现的问题进行根本解决，并建立问题库。
6.5.8 应对问题的处理过程进行跟踪和管理，包括问题的识别、提交、分析、处理、升级、解决、结束。
6.5.9 应将监控、分析、自查、检查、测评、评估和事件处理中发现的问题进行汇总，并纳入问题库。
6.5.10 应组织对问题进行分析、提出解决方案、通过变更管理审批后部署实施，并将解决过程归纳整理并纳入问题库。

6.6 信息安全管理

6.6.1 应建立安全管理制度，对用户身份、权限、密码、外部人员访问等进行管理，对设备状态、网络与系统安全、恶意代码、补丁升级、备份与恢复、安全审计等安全相关事项进行控制。
6.6.2 应指定专人担任安全管理员，或聘请外部专业技术支持人员，负责中心信息安全管理工作，维护中心管理系统正常运行。
6.6.3 应采取安全防护措施，至少包括：

a）应对所有服务器和终端设备安装防病毒软件，建立统一病毒防护机制，因故不能安装防病毒软件的，应采取其他等效的安全防护措施；

b）应在充分评估的基础上，对所有服务器和终端设备进行补丁升级；补丁升级前进行测试验证；

c）应综合运用防火墙、入侵检测等安全设备，保护网络与系统；

d）应对新上线的设备在接入运行网络前进行全面的安全检查；

e）应对门户网站建立防篡改机制，防止网页内容、可下载的客户端软件等被未经授权的修改。

6.6.4 应定期进行安全检查，至少包括：

a）应定期对服务器进行全面病毒扫描，但不得在工作时段内进行；

b）应建立定期扫描并修补漏洞的工作机制，定义扫描检测的内容和程序，明确漏洞扫描工具和扫描频率，记录扫描结果及处理情况；

c）应按规定开展中心管理系统安全等级保护自查或测评。

6.6.5 中心管理系统的应急管理应做到：

a）制定应急预案，包括启动应急预案的条件、应急处理流程、系统恢复流程、事后教育和培训等内容；

b）从人力、设备、技术和财务等方面评估并确保应急预案的执行有足够的资源保障；

c）定期对相关人员进行应急培训，至少每年培训一次，并组织应急预案演练；

d）及时补充和完善应急预案，根据实际情况调整相关内容，并按照执行。

6.7 日志与文档管理

6.7.1 留存日志应满足审计的需要，记录并集中分类存储必要的操作日志、系统日志、应用日志、安全日志、监控日志、报警日志等。日志管理包括：

a）将所有的系统运行情况和用户操作记录自动生成系统日志，且所有日志能够导出，并保留一定期限，不能被改变，只允许授权用户访问；

b）中心管理系统应使用统一的时间，以确保记录日志准确；

c）日志应有脱机保存的介质，日志应定期处理并产生报告；

d）审计日志须经授权方可查阅。

6.7.2 应对建立的管理制度、操作规程、技术文档及记录按照相关管理要求保存和处理，并进行版本控制，限制分发范围，并及时更新。

7 运行维护活动

7.1.1 值班管理

7.1.1.1 应建立中心管理系统值班管理制度，保障日常操作、监控分析、监督检查等工作顺利开展，确保数据和介质管理、机房管理、网络与系统管理、事件处理、问题处理、安全管理、应急处置等中心管理系统运行维护管理工作得到有效处理。

7.1.1.2 应指定中心管理系统值班负责人，负责日常操作的部署、检查、风险控制、业务衔接等工作。

7.1.1.3 应制定值班安排表和交接班流程，可根据实际情况实施倒班制度。

7.1.1.4 应设置值班电话，并保持畅通。

7.1.2 日常操作

7.1.2.1 应制定各项工作的操作手册和规程，及时更新修订，经审批通过后方可遵照执行。

7.1.2.2 特殊操作、临时操作应经批准后方可双岗执行。

7.1.2.3 操作过程应进行记录留痕，记录的保存时间不少于一年。

7.1.3 监控分析

7.1.3.1 应采取监控措施，配备监控和报警工具，对影响中心管理系统正常运行的关键对象，包括机房环境、网络、通信线路、主机、存储、安全设备、数据库、业务相关的应用系统、门户网站等进行监控。报警方式可包括声光、电话、短信、邮件等。

7.1.3.2 主要监控指标具体如下：

a）机房：电力状态、空调运行状态、消防设施状态、温湿度、漏水、人员及设备进出等。

b）网络与通信：设备运行状态、中央处理器使用率、通信连接状态、网络流量、核心节点间网络延时、丢包率等。

c）主机：设备运行状态、中央处理器使用率、内存利用率、磁盘空间利用率、通信端口状态等。

d）存储：设备运行状态、数据交换延时、存储电池状态等。

e）安全设备：设备运行状态、中央处理器使用率、内存利用率、端口状态、数据流量、并发连接数、安全事件记录情况等。

f）数据库：日志信息、表空间使用率、连接数等。

g）业务相关的应用系统：进程的活动状态、日志信息、中央处理器使用率、内存利用率、并发线程数量、并发处理量、关键业务指标等。

h）门户网站：网页内容、日均访问量等。

7.1.3.3 应组织专业人员定期对监测和报警记录进行分析、评估，发现可疑行为及时形成分析报告，并采取必要的整改和应对措施。

7.1.3.4 应保存监控产生的日志，保存时间不少于一年。

7.1.3.5 应建立辅助的人工巡检工作制度，规定巡检内容、频度、人员等。巡检内容应覆盖电力、空调、消防、安防等机房设施，主机、网络、通信、安全等设备的运行状况。巡检结果应及时记录，如遇异常应及时处理，并按规定要求进行报告。

7.1.4 监督检查

7.1.4.1 应建立检查审计制度，对管理制度的执行情况和管理工作开展情况定期进行检查和审计，以监督系统管理工作持续改进。

7.1.4.2 审计管理员负责对日常操作执行情况进行监督检查和审计，确保系统管理制度和操作流程有效执行。

7.1.4.3 检查和审计范围至少包括对中心管理系统管理制度和操作流程的合理性和完整性进行评估，对中心管理系统的管理制度和操作流程的执行情况进行评估，对文档、配置、数据的有效性进行评估，对整体安全状况进行评估，对管理人员履职能力进行评估等。

7.1.4.4 应对检查和审计的结果采取纠正性和预防性的措施。

Q/QQSY

企　　业　　标　　准

Q/QQSY 043—2022

全球溯源中心　保密要求

2022－10－25 发布　　2022－10－25 实施

中共中国（广东）自由贸易试验区广州南沙新区片区
工作委员会政策研究和创新办公室　发布

前　言

本文件按照 GB/T 1.1—2020《标准化工作导则　第 1 部分：标准化文件的结构和起草规则》的规定起草。

本文件由全球溯源中心标准化建设办公室提出并归口。

本文件起草部门：全球溯源中心标准化建设办公室。

本文件主要起草人：刘家君、吴瑞坚、沈薇、黎秀婷、郭钰霞、黄佩珊。

本文件于 2022 年首次发布，本次为第一次修订。

全球溯源中心　保密要求

1　范围

本文件规定了全球溯源中心保密工作的保密范围、保密级别、保密措施、责任和处罚。

本文件适用于全球溯源中心项目的各项业务及技术机密。

2　规范性引用文件

本文件没有规范性引用文件。

3　术语和定义

本文件没有需要界定的术语和定义。

4　保密范围

全球溯源中心所属组织和全部职员都应有保守全球溯源中心秘密的义务，内容包括：

——全球溯源中心重大决策中的秘密事项；

——全球溯源中心尚未付诸实施的运营战略、运营方向、运营规划、运营项目及运营决策；

——全球溯源中心已经实施但不适合对外公开的内部文件；

——全球溯源中心内控文件和制度、流程、收发文；

——全球溯源中心合同、协议、意见书及可行性报告、主要会议记录；

——全球溯源中心财务预算报告及各类财务报表、统计报表；

——全球溯源中心所掌握的尚未进入市场或尚未公开的各类信息。

5 保密级别

5.1 全球溯源中心秘密的密级分为“绝密”“机密”“秘密”三级：

a）绝密是最重要的全球溯源中心秘密，泄露会使全球溯源中心的权力和利益遭受特别严重的损害；

b）机密是重要的全球溯源中心秘密，泄露会使全球溯源中心的权利和利益遭受严重的损害；

c）秘密是一般的全球溯源中心秘密，泄露会使全球溯源中心的权利和利益遭受损害。

5.2 密级的确定

5.2.1 全球溯源中心运营发展中，直接影响全球溯源中心权利和利益的重要决策文件资料为绝密级。

5.2.2 全球溯源中心的规划、财务报表、统计资料、重要会议记录、运营情况为机密级。

5.2.3 全球溯源中心人事档案、合同、协议、职员工资性收入、尚未进入市场或尚未公开的各类信息为秘密级。

6 保密措施

6.1 属于全球溯源中心秘密的文件、资料和其他物品的制作、收发、传递、使用、复制、摘抄、保存和销毁，由中心领导或中心领导委托专人执行；采用电脑技术存取、处理、传递的全球溯源中心秘密由办公室负责保密。

6.2 对于密级文件、资料和其他物品，必须采取以下保密措施：

——未经中心领导批准，不应复制和摘抄；

——收发、传递和外出携带由指定人员担任，并采取必要的安全措施；

——在设备完善的保险装置中保存。

6.3 属于全球溯源中心秘密的设备或者产品的研制、生产、运输、使用、保存、维修和销毁由全球溯源中心指定专门部门负责执行，并采用相应的保密措施。

6.4 对外交往合作中需要提供全球溯源中心秘密事项的，须经中心领导批准。

6.5 具有属于全球溯源中心秘密内容的会议和其他活动，主办部门应采取下列保密措施：

——选择具备保密条件的会议场所；

——根据工作需要，限定参加会议人员的范围，对参加涉及密级事项会议的人员予以指定；

——依照保密规定使用会议设备和管理会议文件；

——确定会议内容是否传达及传达范围。

6.6 不应在私人交往和通信中泄露全球溯源中心秘密，不应在公共场所谈论全球溯源中心秘密，不应通过其他方式传递全球溯源中心秘密。

6.7 脱密期管理

6.7.1 脱密期限。

涉密人员的脱密期限根据所涉密等级和所承担涉密任务的保密需要综合确定。脱密期起始时间自涉密人员离开涉密岗位之日起算。脱密期限结束，脱密期自行解除。脱密期限如下：

——核心涉密人员 3 年；

——重要涉密人员 2 年；

——一般涉密人员 1 年。

6.7.2 涉密人员因调离单位、退休等原因脱离涉密岗位，应清退所保管和使用的涉密载体及相关物品；未经中心领导批准，严禁私自销毁或做其他处理。

6.7.3 脱离涉密岗位的人员应签署《涉密人员离岗保密承诺书》（样式见附录 A），保证在脱密期限内能够继续履行有关涉密人员的保密义务，并对担负涉密工作期间掌握、知悉、管理的中心秘密继续承担相应的保密管理责任。

7 责任与处罚

7.1 出现下列情况之一者，给予警告，并扣发工作绩效：

——泄露全球溯源中心秘密，尚未造成严重后果或重大经济损失的；

——违反本标准规定的保密要求的；

——已泄露全球溯源中心秘密但采取补救措施的。

7.2 出现下列情况之一的，予以辞退、赔偿经济损失或追究刑事责任：

——故意或过失泄露全球溯源中心秘密，造成严重后果或重大经济损失的；

——违反本标准规定，为他人窃取、刺探、收买或违章提供秘密的。

附录 A
（规范性）
涉密人员离岗保密承诺书

本人已被告知溯源中心各项保密制度，知悉应当承担的保密义务和法律责任。本人郑重承诺：

一、严格遵守国家保密法律法规和规章制度，履行保密义务；

二、本人保证，在脱密期内及以后，除非得到合法授权或批准，永不泄露所知悉的单位敏感信息和国家秘密；

三、本人已履行了工作交接手续，保证没有私自留存任何单位敏感信息或国家秘密及其载体；

四、未经原单位审查批准，不擅自发表涉及原单位未公开工作内容的文章、著述；

五、在脱密期内，保证不受聘、受雇于境外及境外驻华机构、组织、企业、人员或为以上单位和个人提供信息咨询服务；不参加非法组织或非法活动以及其他违反保密规定的活动；

六、在脱密期内，本人因私出境须依照保密规定和程序申报，未经批准不擅自出境；

七、自愿接受脱密期管理，自××××年××月××日至××××年××月××日服从有关部门的保密监督；

八、自愿如实提供联系方式（联系电话、常住地址），如有变动及时告知原单位；

九、若违反上述承诺，自愿接受党纪、政纪处分，以及承担法律后果；

十、本离岗保密承诺书一式三份，单位保密工作机构（组织）、人事部门和承诺人各留存一份，自签字之日起生效。

上述所有条款本人已仔细阅读，明白无误，无任何异议。

承诺人（签名）：

身份证号码：

年　　月　　日

Q/QQSY

企　　业　　标　　准

Q/QQSY 044—2022

全球溯源中心　服务评价与改进规范

2022－10－25 发布　　2022－10－25 实施

中共中国（广东）自由贸易试验区广州南沙新区片区
工作委员会政策研究和创新办公室　发布

前　言

本文件按照 GB/T 1. 1—2020《标准化工作导则　第 1 部分：标准化文件的结构和起草规则》的规定起草。

本文件由全球溯源中心标准化建设办公室提出并归口。

本文件起草部门：全球溯源中心标准化建设办公室。

本文件主要起草人：刘家君、吴瑞坚、沈薇、黎秀婷、郭钰霞、黄佩珊。

本文件于 2022 年首次发布，本次为第一次修订。

全球溯源中心　服务评价与改进规范

1　范围

本文件规定了全球溯源体系服务的管理职能、服务质量评价、服务质量改进。

本文件适用于全球溯源体系的服务质量改进。

2　规范性引用文件

下列文件中的内容通过文中的规范性引用而构成本文件必不可少的条款。其中，注日期的引用文件，仅该日期对应的版本适用于本文件；不注日期的引用文件，其最新版本（包括所有的修改单）适用于本文件。

Q/QQSY 039　全球溯源中心　服务满意度测评规范

3　术语和定义

本文件没有需要界定的术语和定义。

4　管理职能

4.1　研究事业部是服务评价与改进工作的归口及实施部门。

4.2　运营事业部负责服务评价的执行和服务改进工作的落实。

4.3　中心负责人负责服务评价和改进工作的审批监督。

5　服务质量评价

5.1　评价原则

全球溯源中心服务质量评价应坚持以下原则：

a）客观公正；
b）科学严谨；
c）全面准确。

5.2 评价指标

全球溯源中心服务质量评价指标包括但不限于以下内容：
a）客户评议满意率；
b）内部自评满意度。

5.3 评价方法

全球溯源中心服务质量评价方法包括：
a）自我评价；
b）现场评价；
c）社会评价。

5.4 评价准备

5.4.1 研究事业部应成立服务质量评价工作组，并明确其职责、权限。评价工作组组成人员应具有相应的标准化知识和质量管理专业知识，其数量应视评价工作的复杂程度确定。

5.4.2 应准备必要的评价物资以及评价用记录表等，包括：

a）线下在各服务窗口设置服务评价器或评价簿，或在中心大厅设置意见箱（簿）；

b）线上设置服务评价及改进栏目。

5.4.3 应制订评价计划或方案。

5.5 评价实施

5.5.1 客户在全球溯源中心对展厅运营、业务办理等溯源服务工作做出现场评价或者通过全球溯源中心网站对溯源服务工作进行反馈。服务满意度按照Q/QQSY 039的规定进行计算。

5.5.2 研究事业部对运营事业部的溯源服务工作进行监督评价。

5.6 评价报告

全球溯源中心应定期对评价情况进行整理并形成评价报告。评价报告可包含以下内容：

a）评价的时间、范围；

b）服务满意度；

c）提出批评、意见和建议；

d）评价结论。

5.7 评价处置

客户对服务部门或服务工作人员的监督评价情况纳入全球溯源中心对服务窗口的日常考核和年度考核，与工作人员的“评先”“评优”挂钩。

6 服务质量改进

6.1 研究事业部对评价过程中发现的问题和不足进行汇总后，应提出具体的整改措施，并交由相关业务部门进行整改和完善。

6.2 相关业务部门应当在规定时限内完成整改工作，并将有关情况及时反馈给研究事业部。

6.3 研究事业部应当适时根据服务工作中出现的问题，研究和创新评价和改进的方式方法。

Q/QQSY

企　　　　业　　　　标　　　　准

Q/QQSY 045—2022

全球溯源体系　新型离岸国际贸易真实性核验指南

Global traceability system——Guidance for authenticity verification of new offshore international trade

2022-10-17 发布　　　　2022-10-17 实施

中共中国（广东）自由贸易试验区广州南沙新区片区
工作委员会政策研究和创新办公室　发布

前　言

本文件按照 GB/T 1.1—2020《标准化工作导则　第 1 部分：标准化文件的结构和起草规则》的规定起草。

本文件由全球溯源中心标准化建设办公室提出并归口。

本文件起草部门：全球溯源中心标准化建设办公室。

本文件主要起草人：刘家君、徐于棋、沈薇、黎秀婷、包小玲、卢晓军、张乐思、田佳明。

引 言

依托全球溯源中心，协同共建方建设新型离岸国际贸易真实性核验服务平台，协助银行、企业、金融监管部门等全球溯源体系共建方共同开展新型离岸国际贸易真实性、合规性、合理性核验，以防止虚假或构造新型离岸国际贸易，或利用虚假或构造新型离岸国际贸易从事投机套利、违规转移资金、骗取银行融资等行为发生。

全球溯源体系　新型离岸国际贸易真实性核验指南

1　范围

本文件提供了基于全球溯源中心开展新型离岸国际贸易真实性核验的建议和指导，包括角色和权责、分级分类、核验内容、核验流程、核验结果应用，以及资料归档等方面。

本文件适用于依托全球溯源中心开展新型离岸国际贸易真实性核验工作的全球溯源体系共建方。

2　规范性引用文件

下列文件中的内容通过文中的规范性引用而构成本文件必不可少的条款。其中，注日期的引用文件，仅该日期对应的版本适用于本文件；不注日期的引用文件，其最新版本（包括所有的修改单）适用于本文件。

T/GNDECPA 0014　全球溯源体系共建方　通则

T/GNDECPA 0016　全球溯源中心建设指南

T/GNDECPA 0021　全球溯源体系　开放应用指南

Q/QQSY 027　全球溯源体系　溯源共建方共建规范

3　术语和定义

T/GNDECPA 0014、T/GNDECPA 0016 界定的以及下列术语和定义适用于本文件。

3.1　新型离岸国际贸易　new offshore international trade

中国居民与非居民之间发生的，交易所涉货物不进出中国一线关境或不纳入海关统计的贸易。

注：如离岸转手买卖、全球采购、委托境外加工、境外承包工程购买货物等。

3.2 其他新型离岸国际贸易 other new offshore international trade

不属于离岸转手买卖、全球采购、委托境外加工和境外承包工程购买货物的新型离岸国际贸易。

注： 如公务机离岸融资租赁业务、“中欧班列”返程与海铁联运业务、数字技术支持下的“离岸跨境电商”新业态、海外仓、智慧产业开发交付的数字化产品等。

3.3 离岸转手买卖 offshore resale

居民从非居民处购买货物，随后向另一非居民转售该货物，但货物始终未实际进出中国关境（含海关特殊监管区域）或不纳入中国海关统计的货物贸易。

3.4 全球采购 global procurement

跨国公司承担地区总部、销售中心、采购中心、结算中心等功能性机构职能，或制造型企业基于生产、制造、销售配套需求等衍生出的全球采购和销售活动。

3.5 委托境外加工 entrusted overseas processing

境内企业作为委托方，将产品的生产加工环节转移至境外，并从境外（或境内）将原材料运至生产国，加工后产品由生产国直接运至消费国的活动。

注： 委托境外加工的原材料或产成品不经过中国境内，资金进行跨境收付。

3.6 境外承包工程购买货物 goods purchased for overseas contracted projects

承接或参与境外建设工程项目的境内企业直接在境外购买用于建设工程的设备、材料等货物，并直接运至海外工程所在地，不进入中国境内，货款由境内企业支付的交易模式。

3.7 全球溯源体系共建方 global traceability system co-construction sponsor

自愿加入全球溯源体系，秉持“共建共享、真实安全、开放便利”的基本原则，在商品全生命周期价值传递过程中，提供数据或服务的组织或个人。

［来源：T/GNDECPA 0014，定义 3.2］

4 角色与权责

4.1 角色分类

基于全球溯源中心开展新型离岸国际贸易真实性核验的角色包括核验审查方、被核验方、核验协同方和全球溯源中心。根据 T/GNDECPA 0014 中对全球溯源体系共建方的分类及其功能定义，被核验方是全球溯源体系中的溯源共建方，核验审查方和核验协同方是全球溯源体系中的协同共建方，全球溯源中心是由全球溯源体系中的支撑共建方建设和运营。

4.2 核验审查方

4.2.1 核验审查方是对新型国际离岸贸易真实性、合规性、合理性进行核验审查的机构或组织，包括但不限于银行、金融监管部门。核验审查方主要权责包括：

——通过新型离岸国际贸易真实性核验服务平台，根据企业授权信息，开展新型国际离岸贸易的真实性核验；

——根据核验结果，拓展跨境供应链金融服务的应用。

4.2.2 核验审查方宜设立以下机制：

——主办银行制度。企业通过签署承诺书（见附录 A）的方式选择一家银行作为主办银行，承诺在一家银行办理某一类型或某一合同项下的新型离岸国际贸易业务。

——闭环管理模式。银行对愿意签订主办银行协议的企业的相应资金收付采取闭环管理模式，对于愿意签约按照闭环管理的优质企业，银行宜考虑提供有关法规规定的最优便利化政策。

——其他不具备主办银行制度、闭环管理模式条件的企业，按现行规定办理。

4.3 被核验方

被核验方是开展新型离岸国际贸易业务的企业及其上下游相关方，主要权责是在全球溯源中心发布新型离岸国际贸易有关数据，授权新型离岸国际贸易真实性核验服务平台相关方使用，并获取相关服务。

4.4 核验协同方

4.4.1 核验协同方是建设运营新型离岸国际贸易真实性核验服务平台的协同

共建方，主要权责是包括：

——建设新型离岸国际贸易真实性核验服务平台；

——根据 T/GNDECPA 0021 的应用实现流程，将新型离岸国际贸易真实性核验服务平台接入全球溯源中心，并经核验审查方和被核验方授权它们提供服务。

4.4.2 核验协同方建设的新型离岸国际贸易真实性核验服务平台，宜实现以下基础功能：

——已生效的数字化贸易单证的一次性提交；

——可关联全球溯源中心原有的贸易流、货物流、资金流信息凭证。

4.5 全球溯源中心

全球溯源中心主要权责包括：

——建设数字经济公共基础设施，面向全球溯源体系共建方全面开放应用；

——支持协同共建方建设的新型离岸国际贸易真实性核验服务平台接入；

——支持共建方数据的发布、授权、流通、追责、共享、应用、交互等。

5 分级分类

5.1 基本原则

核验审查方宜对新型离岸国际贸易采取分类分级管理，根据业务类型或内容区分优先等级和风险等级。

5.2 优先等级

被核验方开展以下业务时，核验审查方宜给予支持并提高其优先等级。

a）南沙制造业企业海外经营：

- 为提升产业链供应链完整性，在海外布局生产、采购后开展的新型离岸国际贸易；
- 从境外采购成品或零部件，直接运送至有关大型设备或高端装备制造国的零部件组装模式项下的新型离岸国际贸易；
- 对于高价值电子产品或元件（IC 集成电路、内存卡、LCD 屏、服务器等），被核验方在南沙当地已投产或建设生产基地，并与母公司开展部分业务。

b）工程承包类企业：

● 对注册在南沙的央企海外开展主权项目，实行“总清单”备案制服务；

● 对于海外商业项目，被核验方在境外实施工程项目期间，充分利用境内外“两个市场、两种资源”，直接在工程所在地或第三国采购建设工程的设备、材料等。

c）实体商贸类企业海外布局：

● 在全球范围内的采购和销售；

● 跨国公司设置全球集采中心，根据集团全球各关联分公司的采购要求，在全球范围内采购原材料和产成品，并按照各分公司要求发货到指定的交货地址，全球集采中心负责资金跨境收付结算。

5.3 风险等级

被核验方出现以下情况时，核验审查方宜提高其风险等级：

a）被核验方财务有关人员为新招团队；

b）交易标的为贵金属、有色金属、大宗商品的离岸国际贸易，以及离岸转手买卖业务或资金收付形态为“一收一付”；

注：贵金属主要指金银、珠宝等；有色金属主要指电解铜、锌、铝等；大宗商品主要指矿石、大豆等。

c）交易对手注册地在全球离岸金融中心，或企业本身为贸易类公司，交易对手为设立在全球离岸金融中心的境外关联公司。

6 核验内容

6.1 关联度调查

核验审查方宜对被核验方的设立及行业关联度进行调查，包括但不限于以下方面：

a）开展的新型离岸国际贸易合同标的与被核验方生产经营的关联性，合同标的价值与被核验方经营规模的匹配度；

b）被核验方提供的境外运输单据、海关凭证、税务凭证及其他商业单据；

c）被核验方财务有关人员在本行业内的从业经验。

6.2 业务模式调查

核验审查方宜对被核验方的业务模式进行调查，针对不同的业务模式，核验以下不同的内容：

a）对于制造业企业海外经营，调查被核验方的海外生产情况、海外采购和销售情况。必要时，调查被核验方的海外有关生产经营记录及与之相匹配的账户交易记录。

b）对于工程承包类企业海外商业项目，调查被核验方的境外运输单据和境外关单，境外承包工程交易真实性、合规性，以及境外采购情况。

c）对于实体商贸类企业海外布局，调查被核验方的海外采购和销售历史记录、客户布局情况及本地税务水平是否支持有关交易的发生。必要时，调查被核验方的海外销售、商务洽谈的记录。

6.3 上下游调查

核验审查方宜对交易环境及上下游行为进行调查，包括但不限于以下方面：

a）交易对手关联关系的合理性；

b）被核验方往来交易对手之间的交易历史，交易对手宜为其长期合作伙伴；

c）被核验方委托的运输公司的真实性，制式单据的样本符合一般常识；

d）在其他银行办理新型离岸国际贸易的情况。

7 核验流程

7.1 加入

基于全球溯源中心开展新型离岸国际贸易的相关方，按照 T/GNDECPA 0014 加入成为全球溯源体系共建方，同时响应并遵守附录 B 的约定。

7.2 数据发布

被核验方宜根据 Q/QQSY 027 的共建机制，在全球溯源中心发布与新型离岸国际贸易相关的真实数据、单证等信息，并自愿授权给对应的核验审查方。

7.3　单证表面真实性核验

核验审查方宜根据被授权的数据，进行单证表面真实性核验，包括但不限于以下方面：

a）核验合同、运输单据、发票、境外关单等单证的表面真实性、一致性；

b）境外承包工程项下宜重点核验具体项目合同和进口合同，确认付汇方、进口方与境内工程承包方的一致性，或付汇系境内母公司替境外子公司或分支机构从第三国/工程所在地采购的，在境外承包合同补充合同中明确；

c）查证运输单证信息与企业提供的运输单据所载的一致性；

d）查证运输工具轨迹等信息与运输单据所载的一致性；

e）提单号、集装箱号等单证的重要号码是否在不同的业务中重复出现。

7.4　单证商业合理性和逻辑性核验

核验审查方宜根据被授权的数据，进行单证商业合理性和逻辑性核验，包括但不限于以下方面：

a）关注境外承包工程项目合同和进口合同、采购的工程设备和材料与施工要求、工程进度、规模等的匹配度。

b）关注货物合同标的价格、运费以及利润的合理性和逻辑性，包括但不限于：

- 价格、运费等与当前市场价格是否符合；
- 离岸转手买卖的价差是否在合理范围内；
- 同一笔合同项下闭环管理的资金“收”是否大于“付”。

c）关注运输单据的合理性，尤其是所载货物的品类、数量、重量、体积的合理性，包括但不限于：

- 货运方式是否与常理相符；
- 船舶类型是否与所运货物匹配；
- 船舶类型是否与路线相匹配；
- 运输工具运力与实际是否相符。

d）关注办理业务频率的合理性，当频繁提交业务申请时，关注是否与货运频率相匹配。

e）关注被核验方在整个贸易链条中货权的掌控（含转让）情况，如果被核验方无法掌控货权，宜有合理的解释或在合同中有相关约定。

8 核验结果应用

8.1 核验审查方宜基于核验结果提供新型离岸国际贸易相关的金融服务，包括但不限于对接符合境外贷款新规定的银行和政策性保险机构，创新出口押汇、出口卖方信贷、出口买方信贷、出口信贷保险等跨境金融服务。

8.2 核验审查方不宜办理有关资金反复质押带来企业存款规模持续扩大，或是交易目的为获得银行授信而做大规模的贸易融资。

8.3 核验审查方对于每笔贸易融资，宜在有关款项结清后再办理下一笔贸易融资，每笔贸易融资对应的金额、期限宜根据交易合同及订单合理确定。

9 资料归档

9.1 核验审查方宜指导被核验方对资料进行归档留存备查，包括但不限于制发的合同、形式发票、提交核验的单证。

9.2 全球溯源中心与核验协同方宜支持数据的安全存储和不可篡改，存储时间不少于5年。

附录 A
（资料性）
关于落实自律倡议加强银企合作的承诺书

关于落实自律倡议加强银企合作的承诺书

银行：

根据全球溯源中心离岸贸易自律机制（南沙）框架内容指引，我司拟请贵行作为主办银行，合作开展新型离岸国际贸易业务，在享受贵行优质、便利的金融服务基础上，共同落实全球溯源中心离岸贸易自律机制（南沙）关于开展新型离岸国际贸易真实性核验服务的有关倡议，重点涉及以下业务类型（可多选）：

□离岸转手买卖

□全球采购

□委托境外加工

□境外承包工程购买货物

□其他新型离岸国际贸易

上述业务相对应的人民币和外币业务均在贵行办理并郑重承诺如下。

一、上述业务的各类经营活动符合中华人民共和国法律、行政法规及监管规定，均不涉及逃税、洗钱、恐怖融资等危害国家风险防范体制及经济金融秩序的行为。

二、上述业务提供给贵行的尽调材料真实有效，各类制式单据样本真实，无伪造情况。基于全球溯源中心开展的上述业务，将与全球溯源中心运营主体、贵行协商一致并妥善保管与新型离岸国际贸易申请相匹配的业务背景资料。

三、上述业务均具有合法真实有效的交易背景，且不会为了融资、提高授信额度、做大流水等目的而虚构贸易。资料均合法、真实、有效，且提交的汇划指令各项要素与业务背景资料中对应要素完全一致。

四、本承诺书自签署之日起生效。

企业名称（公章）：

负责人（签字）：

年　　月　　日

附录B
（规范性）
全球溯源中心离岸贸易自律机制（南沙）关于开展新型离岸国际贸易真实性核验服务的倡议

全球溯源中心离岸贸易自律机制（南沙）
关于开展新型离岸国际贸易真实性核验服务的倡议

为贯彻落实《中国人民银行　国家外汇管理局关于支持新型离岸国际贸易发展有关问题的通知》（银发〔2021〕329 号），基于实体经济的创新发展和制造业转型升级需求，本着“实质重于形式”原则发掘行业潜在需求，全球溯源中心推动企业、银行、保险等机构联合发起离岸贸易自律机制（南沙），并倡议各成员单位参考本文件和最佳实践，结合实际情况作出以下承诺。

一、自主自愿参与全球溯源体系，共享新型离岸国际贸易信息并推动其高效流通，实现“信息流通、政策沟通、贸易畅通、民心相通”。

二、共同承诺遵守全球溯源体系规则标准，按照溯源信息共建共享机制，提供真实、完整、及时的新型离岸国际贸易信息，享受相关权利和承担义务，依约履责，实现价值共享、发展共赢。

三、承诺严格遵守国家法律、法规和政策，严格遵照展业原则，配合落实“三反”要求（反洗钱、反恐融资、反逃税），在客户尽职调查、业务核验、审慎经营、持续监控和内控管理等方面，坚持围绕“真实性”“合理性”的要求合规开展新型离岸国际贸易业务。

四、承诺愿意参照本文件合规推动新型离岸国际贸易健康发展。

五、承诺加强从业人员对本文件的培训，协助定期更新最佳实践，提高相关分支机构展业水平。

全球溯源中心离岸贸易发展自律机制（南沙）

年　　月　　日